1.追え真実
2.学べ「新(ニュー)」
3.自分受け入れれば他人(ひと)も
4.愛を輝かせ
5.プライド掲げ
6.自分が変われば世界も変わる！

「キンキーブーツ」

俺に任せろ
俺についてこい！

「天外者」

加勢いたす
ならば
その道を進め！

「ブレイブ-群青戦記-」

いや、これからだって。
さよならしたならさ、
きっと新しい、
いい出会いがあるよ…

「おカネの切れ目が恋のはじまり」

この線を切り取ってカードにして下さい

THAILAND
Haruma

忘れ物ですよ、
僕のシンデレラ

「ラスト♡シンデレラ」

僕が欲しかったのは、
とっくの昔にそこにあった。
僕は絆が…絆が欲しいだけ
だった。

「銀魂2 掟は破るためにある」

大切なものや
好きなものは、
永遠であると
信じたい

「三浦春馬」

振り向くよう
念かけてた

「tourist(ツーリスト)」

この線を切り取ってカードにして下さい

「藍染め」プロジェクトに届いた春友さんのメッセージ

三浦春馬さんの1周忌（7・18）へ向けて『創（つくる）』編集部が企画したのが【春友さん「藍染め」プロジェクト】だ。

映画「天外者」に出てくる藍染めを入手したいという声が春友さんたちの間で広がっていたため、徳島在住で藍染めを行っている春友さんと相談して、オリジナルの藍染めを仕上げ、春友さんに送ったのだ。「天外者」で五代さんが手にしていた雪花絞り（写真下）と、キセル柄のハンカチに馬を添えた抜染（ばっせん）（上）。2人の女性が1カ月がかりで染めあげた。

当選した方からたくさんのお礼が寄せられたが、ひとつ紹介しよう。

《当選のお知らせはとてもとても嬉しく、息子と喜びのハイタッチをしたのですが、そのあとは感動して胸がいっぱいになり…春馬くんの顔も頭をよぎり…最後は涙が溢れました。こんなに嬉しいことはありません！　春馬くんを失ってから初めて嬉し泣きを経験しました》

春友さんへの企画は今後も考えるが、今回、本書には海扉アラジンさんの切り絵のカードを綴じ込み付録として付けた。

目次

第1章 春友さんとグリーフワーク

第2章 三浦春馬ファンたちの声

海扉（カイト）アラジン作「切り絵」

第3章 三浦春馬さんへの想い 空羽(くう)ファティマ

切り絵（海扉アラジン）と刺繍（utaみどり）

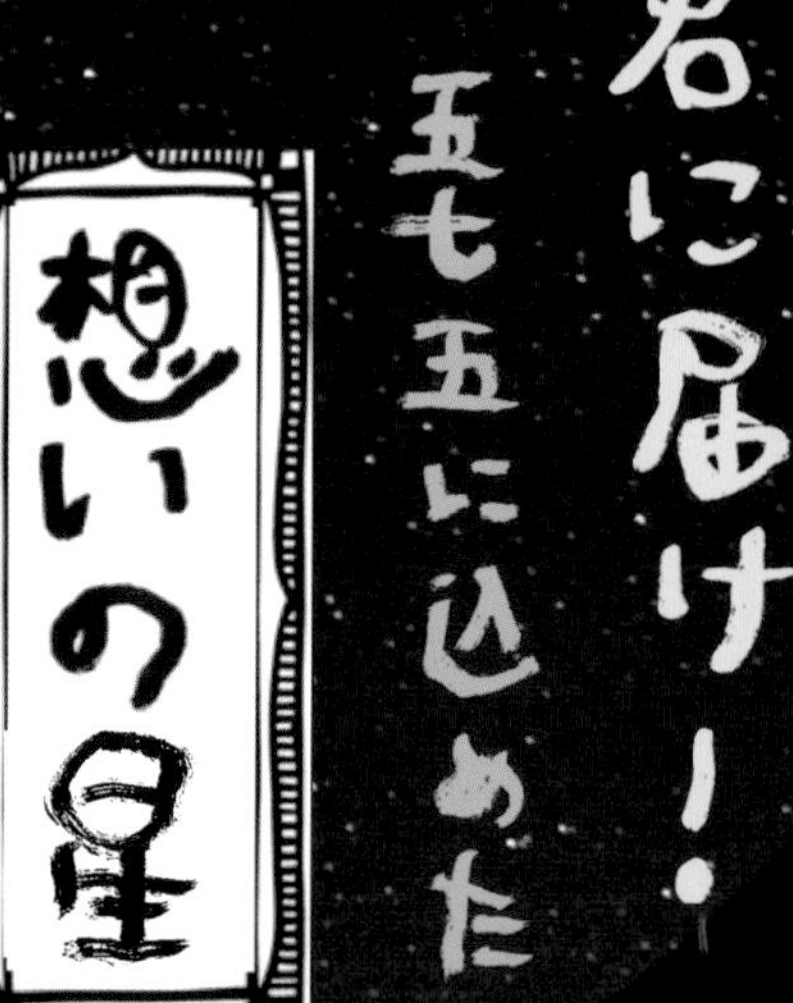

天翔ける　若駒の如　春行きぬ

青空に　手を伸ばしては　彼想う

星になり　世界に届け　春の夢

幾千の　あふるる想い　君に届け
君のいた　時間は永遠に　輝けり
桜咲く　『天外者』の　君に咲く

あの日から一年以上が経ち、落ち込んでいる春友さんのために、命日七月の七夕にちなんで彦星を春馬さんとして皆さんから彼への思いを川柳にして募集しました。（本文P42に続く）

春友さん「藍染め」プロジェクト

春馬さんをイメージした「藍染め」全工程

藍染めプロジェクトで徳島在住の女性が挑戦した「天外者」で使われた雪花絞りと、馬とキセルをあしらった藍染め抜染、2つの作業工程を紹介しよう。

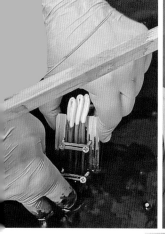

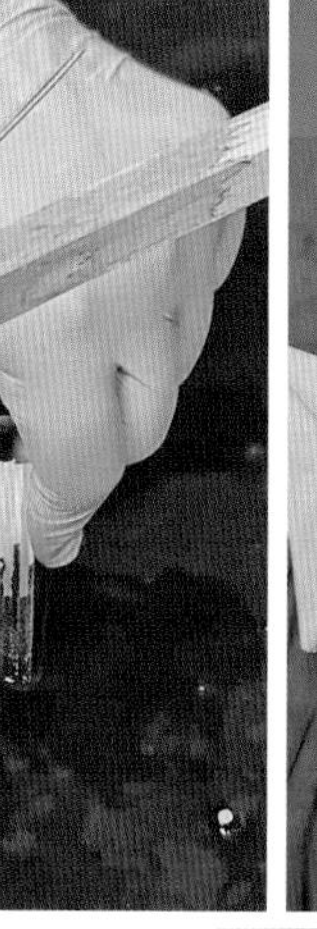

　上が雪花絞り完成品だが、布は京都の染物屋さんから購入。板締め用の板は家具職人にお願いした。まずアイロンで折をつけながら三角に折る。それを板で挟んで輪ゴムで固定（中右）。そして藍染液につける（中左）。空気

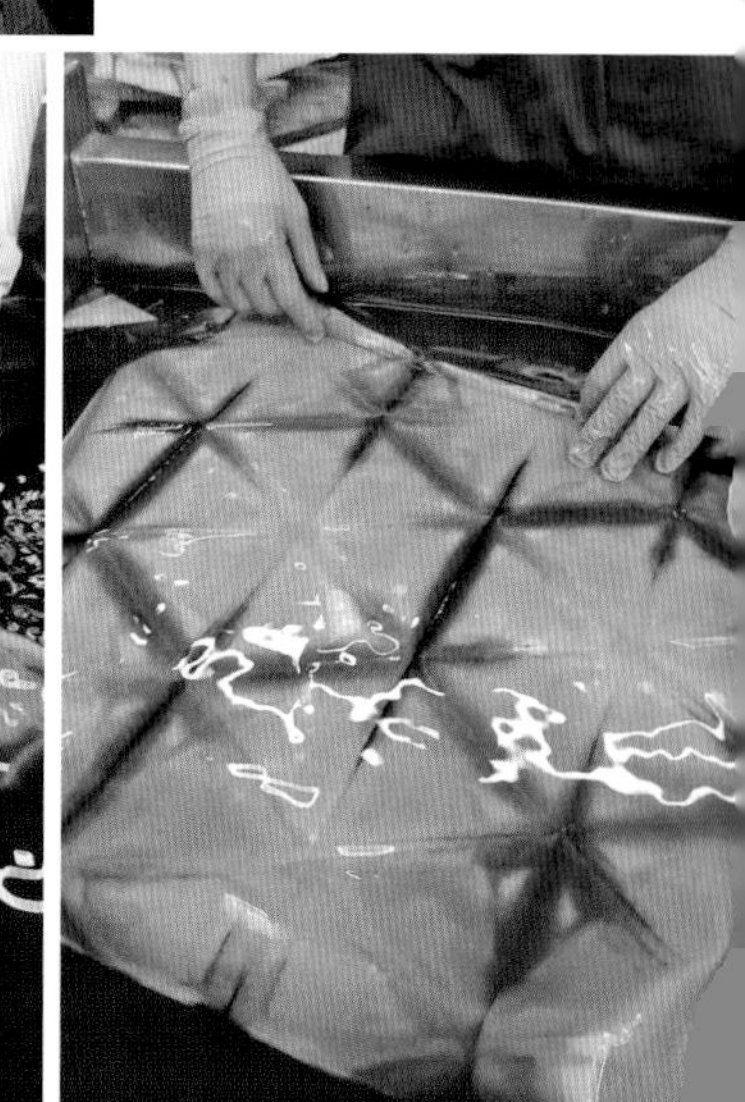

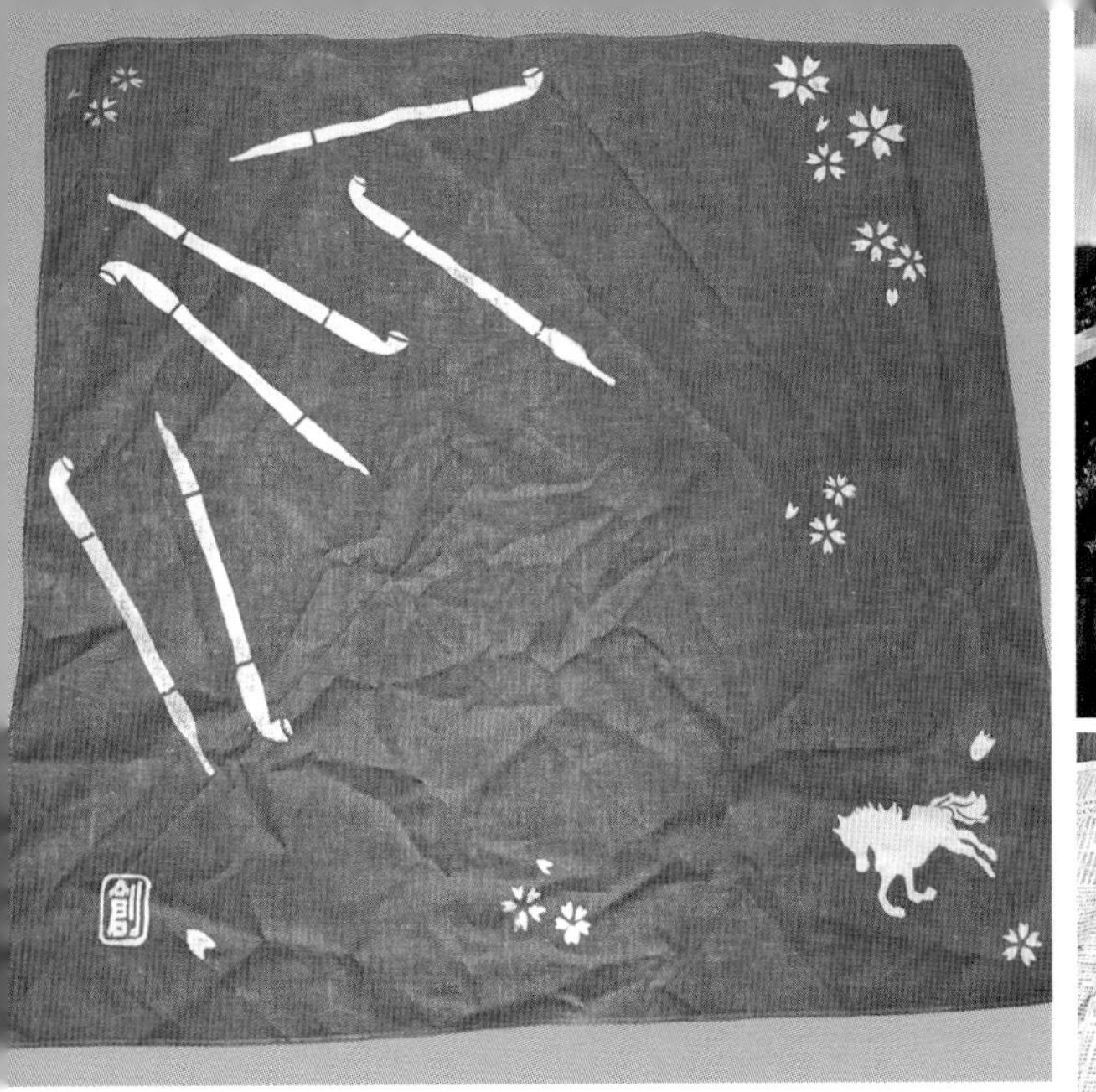

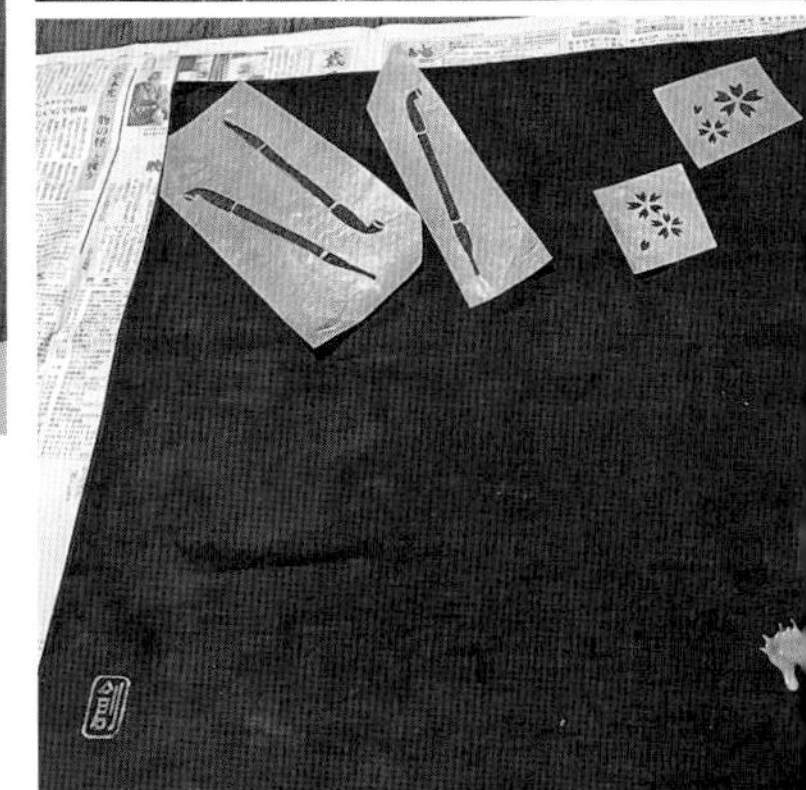

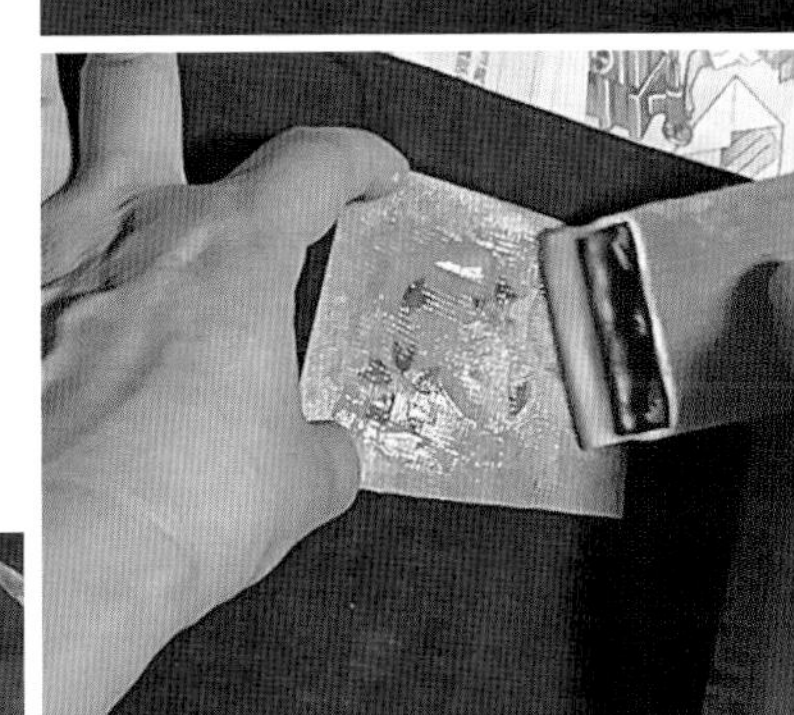

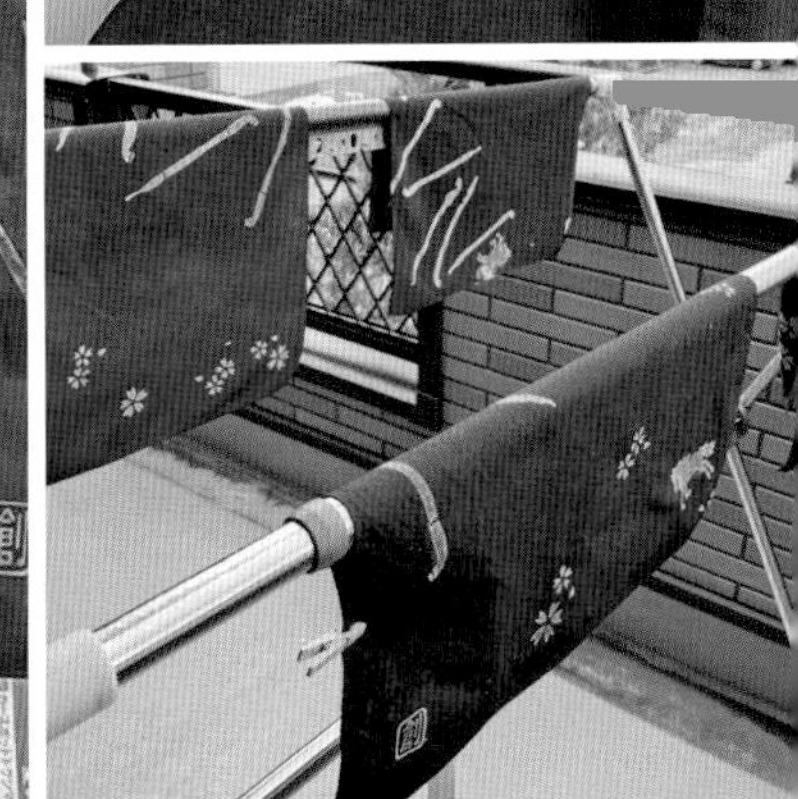

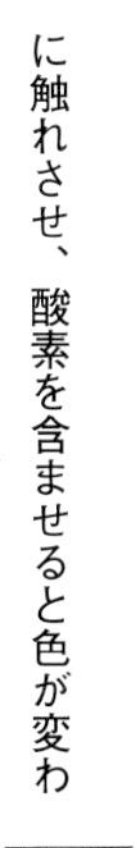

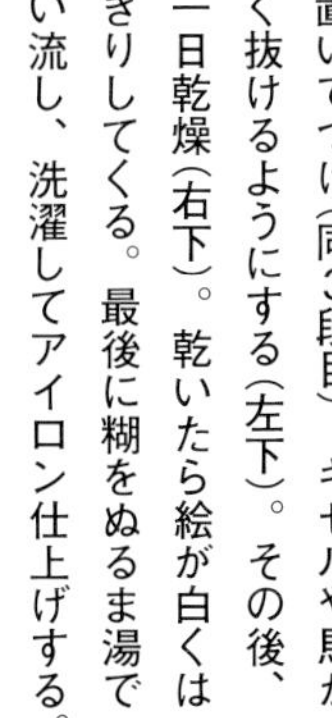

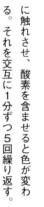

に触れさせ、酸素を含ませると色が変わる。それを交互に1分ずつ5回繰り返す。これによって藍色が深くなる。そして板締めを外し水洗い（右ページ下）。最後に仕上げ洗濯とアイロンだ。

もう一つ、馬とキセルをあしらった抜染。まず布を事前に藍染めしておく（右上）。次に事前に図案をカットして作っておいた型を配置しデザインを決める（右上から2段目）。抜染用の漂白のりを型を置いてつけ（同3段目）、キセルや馬が白く抜けるようにする（左下）。その後、丸一日乾燥（右下）。乾いたら絵が白くはっきりしてくる。最後に糊をぬるま湯で洗い流し、洗濯してアイロン仕上げする。

いまや三浦春馬ファンたちの〝聖地〟
土浦の映画館に全国から「春友」さんが集まった

『森の学校』少年時代の三浦春馬さん © 森の学校製作委員会

ここに掲げた写真は今年4月4日、三浦春馬さんの出身地・土浦の土浦セントラルシネマズで撮影したものだ。約20年前に公開された映画『森の学校』が上映されている。右ページ上は当時10代の春馬少年の映画での1シーン。中段は入場券を求める人たちの行列だ。

春馬さんの誕生日前日とあって、会場にはファンからの「誕生祝」の花輪も（右ページ下左）。上映後には西垣吉春監督とつくばアクターズスタジオ元代表・加藤麻由美さんのトークも行われた（下右）。会場にはファンのメッセージの掲出されたボード（写真左上）、プレゼントなど（中）、『天外者』のコーナーにも花束が並ぶ。「春友」さんたちの熱い思いに満ちたこの映画館はいまや三浦ファンの聖地となっている。

広がる春友さんたちのコミュニティ

春友さんたちの癒しの場と思い出の表現物

いろいろなところに春友さんのコミュニティや「癒しの場」、思い出グッズが広がっている。主なものを紹介しよう。

本書は4月に刊行された『三浦春馬　死を超えて生きる人』の第2弾だが、その第1弾発売後に店頭で三浦春馬コーナーを開設したのが大阪の紀伊國屋書店梅田本店(写真上)。SNSで大きな話題になった。

同書を『創』本誌とあわせて取り上げてくれたのがYouTubeの配信番組「ほっこりカフェ」だ(中段写真)。シンガーソングライター堀内圭三さんが配信しているものだが、毎回、三浦春馬さんのことを語り合い、春友さんたちの憩いの場となっている。

右下の写真は「愛を届けよう!!ありがとうツアー」。滋賀県で旅行会社を営む春友さんが企画し、琵琶湖畔で参加者が作ったボードを飾り追悼セレモニーを行う。参加した春友さんの投稿を本書P104に掲載した。

左ページ中段の写真は京都の春友さんが作った春馬さん陶器。下段は福岡で洋菓子店を営む春友さんが焼いたクッキーだ。編集部にも馬のクッキーを送ってきてくれた。長旅で何頭かは脚を骨折していたが、味は上々だ。

左上に紹介したのは、空羽ファティマさん

創作物語〈もしもあの日に戻れるならば…〉左のQRコードがCD販売サイト、右が音源配信サイト
https://linkco.re/fMeuXxRp

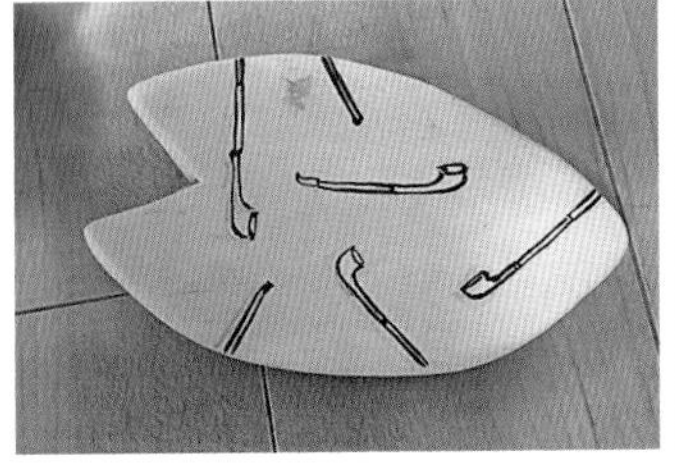

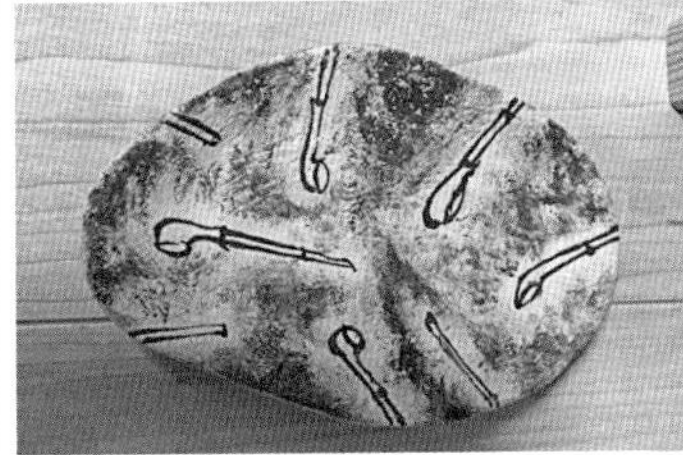

による創作物語「もしもあの日に戻れるならば…」の10月発売予定の朗読CDだ。音源はiTunesとAmazonにて配信済みだが、作者による朗読とオリジナル音楽に加えて、CD特典として【飾れる切り絵の3面ジャケット】と、【演奏のみのトラック】が付いている。

▲三浦春馬さんドラマ「TWO WEEKS」のイメージ（海扉アラジン・作）

▲「TWO WEEKS」レッピーをイメージした切り絵（海扉アラジン・作）

▲「森の学校」イメージした切り絵（海扉アラジン・作）

▲「キンキーブーツ」ローラの刺繍（utaみどり・作）

恋するファン　極上リスト
世界は
三浦春馬に
あふれてる

▲「世界はほしいモノにあふれてる」のイメージ（海扉アラジン・作）

第1章

「春友」さんとグリーフワーク

広がるグリーフワーク

7・18三浦春馬さん一周忌を春友さんたちはどう過ごしたか

篠田博之『創』編集長

1年前の7月18日、三浦春馬さんが突如亡くなったことに衝撃を受けた人たちの喪失感はいまだに続いている。しかしこの1年間、そこからの回復のための取り組みに関わる人も増えた。

「お別れ会」は開かず特別映像を公開

2021年7月18日がやってきた。1年前のその日、三浦春馬さんが突如亡くなったことに衝撃を受け、その喪失感からいまだに回復できないという「春友」さんたちにとっては、特別な日だった。

本当はその日、悲しみに暮れる多くの人たちが集い、春馬さんの遺影に手をあわせて献花するという「お別れ会」を望んでいた人が多い。そうしなければ心の空洞も埋まらず、気持ちの区切りもつかないというのが多くの人たちの思いだった。

しかし、6月26日、アミューズは、コロナ禍を理由に「お別れ会」は開催しないと発表。追悼サイトに特別な映像を公開することを明らかにした。

7月18日を前にした1週間ほど、久々に多くの週刊誌が三浦春馬さんの特集を組んだ。特に扱いが大きかったのは『週刊文春』7月22日号で、「最も彼を知る15人核心証言」という大きな特集を組んだ。証言の15番目は、春馬さんの実の母親だった。その特集記事のタイトルも「実母が初めて明かす三浦春馬の『遺影』」だった。

証言の最後に母親はこう語っていた。

「納骨はまだできていませんが、息子の在りし日を偲(しの)びながら、これからは静かに暮らしていきたいと思います。遺影は事務所の方が選んでくれたものですが、くしゃくしゃの満面の笑顔の春馬らしい写真で私も気に入っています」

母親のコメントを掲載したのは同誌のほかには『週刊新潮』だ。両誌とも昨年末以降、母親にアプローチしてインタビューを掲載していた。

ただ『週刊文春』のタイトルを見ると、母親が正式に取材に応じたかのように見えるが、実際はそうではなかったらしい。今回、他の女性週刊誌なども取材依頼をしていたようで、取材攻勢に母親は困惑していたようなのだ。

アミューズは7月14日にホームページに厳しい警告文を公開した。

《再三のお願いにも関わらず、いまだに一部メディアにおける関係者への執拗な尾行、許可のない取材行為は一向に収まる気配がありません。

ご遺族、特にお母様に関しては、週刊誌等の記者による度を超した取材行為により、度重なるプライバシーの侵害が続いております。》

昨年、『週刊文春』が母親のインタビューを掲載した時にもアミューズが同様の警告文を掲載した。母親を直撃して執拗に迫り、話した内容を独占スクープとして掲載する週刊誌のやり方に、当の母親自身が反発しているらしい。

これ以上週刊誌が追ってくるのを防ぐ意味もあったのだろう。アミューズ自身が今回、ホームページに母親のコメントを発表した。そしてその中でも母親自身が取材の自粛を訴えたのだった。

《突然の春馬の死から一年が経った今でも息子が亡くなったことを受け入れられずにおりますが、ようやく少しずつ気持ちの整理ができるようになり普通の生活を送りつつあります。一周忌も目前ということもあり、ただ静かに故人を偲びたいという思いです。

ファンの皆様におかれましては、春馬自身のこと、そして死後も公開される作品にも多大な愛を注いでいただいていることは承知しており、母親として大変感謝しております。ファンの方々の応援やメッセージは、生前から本人の活動の糧になっていたと思います。この一年間、ファンの皆様におかれましても深い悲しみを背負い、色々と想いが巡ることがあったことと思います。願わくば、彼が生涯を捧げた演技とその作品をこれからも忘れずに、愛され続けていることが俳優三浦春馬としての喜びとなり、私自身も一番の追悼になると思っております。

他方で、記者の皆様をはじめとした方々におかれましては、自宅や勤務先まで押しかけられることには不安と共に恐怖を感じずにはいられません。

どうかこれ以上、日常生活にまで踏み込むような取材は控えていただき、静かな日常に戻り、故人を偲ばせていただければ幸いです。》

一周忌を春友さんたちはどう過ごしたか

7月18日、アミューズは追悼サイト内に特別の映像を公開した。1週間限定だったが、出演したドラマや映画などのシーンや、写真など、春馬さんの遺した作品が一望できる、なかなかすごい特設サイトだった。1週間でなく、ずっと見られるようにしてほしいという声がＳＮＳ

などにたくさん上がった。まだ辛くて見られないから今後も見られるような配慮をしてほしいという声もあった。

「春馬ロス」にいまだに苦しむファンたちにとって、7月18日は特別な1日だった。『創』編集部では、春友さんたちに呼びかけ、その1日をどう過ごしたか、体験記を募集した。春友さんたちが思い思いの方法でその日をどう過ごしたか。その投稿は本書Ｐ56以下に収録したのでご覧いただきたい。

とても一人で過ごす勇気はないとＳＮＳで呼びかけ、数人で集まって春馬さんを偲んだという人もいる。春馬さんの出身地である土浦を訪れ献花を行った人たちもいた。その1日だけでなく、7月に入った頃から春友さんたちは、いまや「聖地」となっている春馬さんゆかりの場所、例えば生前、サーフィンに通った海岸や、春馬さんの著書『日本製』に出てくる場所などを〝巡礼〟する人たちが増えていった。

7月7日、春馬さん最後の主演映画『天外者』が全国１６９館の映画館で特別上映されたことはファンたちを喜ばせた。春馬さんの出演映画は、今もいろいろな作品が各地で上映されているのだが、終了直後に拍手が湧きおこり、「みんなで黙とうしましょう」という声が上がるといった光景があちこちで見られるという。

大切な人を突然失い、激しい喪失感に襲われることを「グリーフ」、そこからの回復を促すことを「グリーフケア」と呼ぶ。また自ら回復を求める取り組みを「グリーフワーク」と言う。

この1年間、春友さんたちはいろいろな方法でグリーフワークに取り組んできた。映画の再上映を求めるドリパスという仕組みを利用して春馬さんの出演作品を次々と上映させたのもそのひとつだ。様々な作品がこの間、上映されてきたのだが、象徴的とも言えるのが約20年前に公開された『森の学校』だ。子役で登場する春馬さんにとっては本格的なデビュー作でもあるこの映画は、監督の意向でＤＶＤなどになっていないこともあって、各地で上映が広がった。20年も前の映画作品がこんなふうに上映されるのはかなり異例なことと言える。

また、三浦さんが舞台を務めた『キンキーブーツ』は、その映像の一部がＹｏｕＴｕｂｅで観られるが、全編は観ることができない。その代わりと言うべきか、本家本元のブロードウェイ版の映画が各地で上映されている。

春友さん「藍染め」プロジェクト

そんなグリーフケアの一環としてその時期、『創』編集部が提案したのが「藍染めプロジェクト」だった。

きっかけは、『創』7月号に掲載された兵庫県の55歳の女性の投稿だった。三浦春馬さんは藍染めが好きで、『日本製』でも徳島県のＢＵＡＩＳＯＵという工房を訪れていた。そして映画『天外者』出演にあたって藍染めを登場させたいと、ＢＵＡＩＳＯＵに依頼して、伝統の雪花絞りのハンカチを特注で製作。映画に登場させたのだった。

その藍染めをほしいとＢＵＡＩＳＯＵ

には全国のファンから問い合わせがあったというが、販売は行っていないと、提供には応じていなかったのだった。『創』7月号に掲載したのは、何とかしてその藍染めがほしいというファンの投稿だった（本書P82に再録）。

『創』はもう1年近く、三浦春馬特集を掲載しており、全国の春友さんとやりとりしているのだが、その中に、徳島在住で趣味で藍染めをやっている女性がいた。筆名ｈａｒｕｒａさんというその女性に、編集部から連絡し、全国の春友さんたちに藍染めを送るというプロジェクトを提案したのだった。

結果的には、ｈａｒｕｒａさんの同意を得て、彼女と藍染め仲間が約1カ月かかって、『天外者』に登場した雪花絞りを１００枚、映画をイメージして馬とキセルを描いた抜染を20枚仕上げた。布を選んで京都に発注するところから始まったこのプロジェクト、藍染めを包むきれいなパッケージも含め、全てオリジナルで作ったものを、実費で希望者に送ったのだった。

最初に送った人たちには何と、1周忌の7月18日に藍染めが届いたようで、感激したというお礼がたくさん寄せられた。なかには、もったいなくて開封せずに飾っているという人も少なくないらしい。

カラーグラビアに掲載した写真は、福岡市の洋菓子店の春友さん特製の春馬クッキーだが、その藍染めのお礼にと、ｈａｒｕｒａさんや編集部に送られてきた。残念ながら非売品だが、馬のほかにキンキーブーツのクッキーもある。

このほか編集部には全国の春友さんからいろいろな物が送られている。京都の春友さんは『天外者』に出てくるキセルを自分で陶器に描いたものの写真を送ってきた。

春友さんたちが連携し様々なコミュニティを形成

4月に刊行された『三浦春馬　死を超えて生きる人』に「『天外者』と三浦春馬さんのクロスワードパズル」を載せた脇屋恵子さんのメールも紹介しよう。

《私が葵麻呂のハンドルネームでチャンネル登録し、視聴している「堀内圭三音楽事務所」というＹｏｕＴｕｂｅ番組があるのですが、5月9日、その番組のｌｉｖｅ配信中に、私のクロスワードパズルが紹介されました。

その番組の視聴者（私含む）のみなさまはほぼ、三浦春馬さんのファンなので、『創』を毎月購入している方、そして『三浦春馬　死を超えて生きる人』もお手持ちの方が多かったようです。

チャンネル配信者の堀内圭三さんが『三浦春馬 死を超えて生きる人』に手を添えて「ここに載っているクロスワードパズルは葵麻呂（さん）が作りました」と紹介すると、チャットのコメント欄は一時、えっ、葵麻呂(さん)が⁉　とびっくりされた方々のコメントが続きました。

チャットのコメント欄には

・既にパズルを解いていて大泣きした

・最後の答えに涙腺崩壊した

・本に書き込むのは勿体ないのでコピーして解いた

・別冊は持っているがまだ解いていないのでこれから挑戦する

・読むと泣いてしまうのでなかなかページが進まない
・別冊をまだ買っていなかった（別冊のことを知らなかった）のですぐに注文する
・ネットで注文しようとしたが売り切れだった
・明日書店に買いに行く
・すごいすごい etc.

さまざまな嬉しい反響がありました。パズルで号泣しました、とのコメントを見て、私も思わず涙がこぼれました。

ＹｏｕＴｕｂｅ番組「堀内圭三音楽事務所」を配信している堀内圭三さんは京都在住のシンガーソングライターです。番組自体は以前からあったようですが、『天外者』を観て三浦春馬さんの魅力に心を奪われた堀内さんがご自身の歌や近況の他に、『天外者』の話題を中心とした三浦春馬さんのことを配信するようになりました。

昨年〝あの日〟以来のファンから、舞台に何度も足を運び春馬さんと会話や握手もしたことのある長年のファンまで、多くのみなさまが堀内さんの〝ほっこりカフェ〟に来店し癒されております。決して何万人、何十万人もの登録者数を誇るようなチャンネルではありませんが、私は心優しい春馬さんファンが集う堀内さんの番組で、自分のクロスワードパズルを紹介して頂けたことを誇りに思います。》

春友さんたちはＳＮＳで発信しており、ツイッターで三浦春馬と検索するとたくさんのツイートがヒットする。そうした人たちは少しずつ交流を拡大しており、いろいろなコミュニティが生まれつつある。『創』に連載している空羽(くう)ファティマさんのインスタグラムにもいまや多くの春友さんが集まっており、ある種のコミュニティができている。

春友さんたちのグリーフワークにかける熱量は大変なものだ。本書に掲載した投稿を見ればわかるように、春馬さんの通っていた海や生まれ故郷を、〝聖地巡礼〟のように訪れる人はかなりの数にのぼる。春友さんたちのこうした行動力の発露は、彼女たちが春馬さんの死によって抱えた内面の渇望の激しさが現れたものなのだろう。

土浦の映画館に全国から「春友」さんが集合

そんななかで、いまや「聖地」として全国の春馬ファンが足を運んでいる土浦市にある映画館、土浦セントラルシネマズについてここで紹介しよう。

4月4日にそこを訪れた。その日、三浦春馬さんの出演する映画『森の学校』と『天外者』が上映されたからだ。『森の学校』の上映は11時からだが、10時20分くらいに着くとOh My GOD! 劇場前は長蛇の列。受け取った整理券が１９１番で、もう２００人近いファンが並んでいたのだった。

三浦春馬さんの地元のその映画館は、18年前、『森の学校』を最初に上映したところだという。春馬さんの出演する映画をずっと上映しているため、ファンたちのメッセージカードや花束、花輪が会場に飾られている。

その日は『森の学校』の西垣義春監督と、春馬さんの俳優としての育ての親でもあるつくばアクターズスタジオ元代表の加藤麻由美さんのトークが行われることになっていた。私はトークの後、おふたりにインタビューするために訪れたのだった。

4月4日の土浦セントラルに大勢のファンが集まったのにはもうひとつ理由があった。翌5日が三浦春馬さんの誕生日だったからだ。5日は月曜日なので来られないファンは前日の4日の日曜日に訪れたのだった。300人近い観客は北海道など全国各地から訪れていた。ちなみにそのうち私を含めて男性は4~5人。ほとんどが女性だった。

『森の学校』で描かれた「命」、そして「死」

春馬さんの映画、特に『天外者』はファンたちにとっては10回20回観るのは当たり前となっており、『森の学校』も何度も観ている人が多い。私は2回目だったが、1回目と違う発見がいろいろあった。この映画のテーマは「命」だと前回も思ったが、2回観てその思いをさらに強くした。クライマックスは12歳の春馬さん扮する主人公の少年の祖母が他界して、6人兄弟が口々に「みんないつか死ぬんや」と語り合うシーンなのだが、すごいのはその後で母親役の神崎愛さんがこう息子に言うシーンだ。「一生懸命生きた人が亡くなった時には『ご苦労さま』『ありがとう』と言うんや」……これは昨年亡くなった春馬さんへのメッセージそのものだ。

このシーンになるとファンで埋まった会場にはすすり泣きが漏れた。みんな昨年7月18日の衝撃を抱えたまま観に来ているから、どうしたって感情移入するのだろう。終了時には場内が拍手に包まれた。こういう場内の空気というか、一体感を味わうこともファンたちの楽しみであるらしい。実際、私の周囲の客席でも、皆が春馬ファンと認識しているから「どちらか来られたのですか?」などと会話が交わされていた。

上映後のトークでは最初に土浦セントラルシネマズの寺内龍地社長が挨拶。春馬さんの思い出を語り、今後も彼の映画をいろいろ上映していくと語って大きな拍手を浴びた。全員で春馬さんの誕生日を祝ってハッピーバースデイの歌を唱和するなど会場は一体感に包まれていた。

西垣監督と加藤元代表のトークでは、それぞれが話した後、会場からの質疑応答が行われた。その後、春馬さんの写真が飾られたロビーの一角で西垣監督はファンの要望に応えて一人ひとりパンフレットに為書きとともにサイン。これも長蛇の列で全員にサインがなされるのに1時間ほどかかった。

ロビーの一角には、訪れた客が短いメッセージを書いて貼り付けるボードがあるのだが、そこにはおびただしい数のメッセージが掲示されていた。「誕生日おめでとう」と書かれた、ファンからの花輪も飾られていた。

『森の学校』西垣監督にインタビュー

その日、土浦セントラルシネマズで行った加藤元代表のインタビューは別稿に掲載する。ここでは『森の学校』西垣監督へのインタビューを紹介しよう。

——監督は『森の学校』を撮るにあたって、春馬君に会った時からこの子で行こうと決めたと言われていますね。

西垣　恋愛と一緒で最初の出会いというのは大事ですからね。もちろん神崎愛と篠田三郎がいて映画は成立しているわけで、春馬君は主演とはいえないわけですが、でもそれに匹敵するくらいの大役だったと言ってよいでしょうね。彼の俳優としての才能は天性のものだったのではないでしょうか。

　主役の設定は小学5年生だったから、最初に会った時の春馬君はもっと小さかったのですが、制作準備に何年かかかって、撮影に入る時には、ちょうど5年生になっていました。

——親元を離れて京都に泊まりながら撮影に臨んだのですね。

西垣　劇団からマネージャーがついてきてましたが、撮影所の前に俳優さんが大勢泊まっている旅館があるのです。そこに劇団の人と一緒に泊まっていました。

——上映後のトークで、20年前の作品がこんなふうに復活するのは異例なことだとおっしゃっていました。

西垣　20年前の作品が上映されるだけでも異例なうえに、1月からずっと上映が続いていますからね。とても信じられないことです。これもファンの方たちのおかげです。上映についての問い合わせはまだ増えています。

——三浦春馬さんが昨年亡くなったことについてはどう思われていますか。

西垣　残念としか言いようがないですね。日本の映画界・演劇界を背負っていく一人だったことは間違いないですから、惜しい、残念だとしか言いようがありません。

8月6日に公開『映画 太陽の子』

　映画といえば、8月6日、広島に原爆が落とされたその日に、『映画　太陽の子』が公開された。三浦春馬さんが亡くなった後に残されたノートに、この映画の登場人物になぞらえて自分の思いをつづったくだりがあったことが報じられた、その映画である。ちょうど1年前、この映画はNHKドラマとして放送されたため、いろいろな意味で話題になった。

　日本でも第二次世界大戦中、原爆の研究開発が密かに行われていたのだが、そこへアメリカの原爆が落とされるというストーリーで、主人公の科学者を演じたのは柳楽優弥さん、その弟を三浦春馬さんが演じていた。その二人に有村架純さんを加えた3人がメインキャストだが、監督・脚本を手がけたNHK制作者・黒崎博さんの戦争に対する思いも描かれた映画である。

　そのテーマや演出については、『創』9月号で黒崎監督のロングインタビューを掲載したのでご覧いただきたい。本書に全文を再録することはできなかったが、監督が三浦さんについて語った部分を以下紹介しよう。

「やはり今やっと完成して公開だという時に大事な仲間の一人が作品を見届けることができないというのは、正直とても悔しいです。胸をかきむしられるような、僕自身も、柳楽くんや有村さんも、どう言葉で表したらいいか難しいですね。

ただ改めてお伝えしたいというか、自分で噛み締めるのは、現場での春馬くんの振る舞い、演じる時の姿勢、彼自身があの役に込めようと思ったものは、きっと悲しみじゃなくて、前を向いて生きるということだったと思います。演じる前や最中にもたくさん話し合いましたけど、前を向いて生きることをどういう風に伝えたいかを熱く語ってくれました。

常に全身全霊で、1テイク1テイクに全てをかけている姿勢に、僕は心を打たれたし、それが柳楽くんや有村さんに伝播して、これこそ裕之という役だなとみんな感じながら進めたように思います。そのエネルギーを作品を見て感じていただけたら、彼が伝えたいと思っているであろう大事なことの一端が伝わるんじゃないかなと思います」

既に公開直後から、春友さんたちは何回も映画館に足を運んでこの映画を鑑賞しているようだ。

警察庁の統計によると、ちょうど春馬さんが亡くなった頃から女性の自殺が増加した。コロナ禍の中での女性の自殺の増加は、政府も深刻に受け止めているようで、対策に乗り出している。春馬さんの死に衝撃を受け、自分も後を追いたいという女性が多いこともそれと通底しているのは明らかだ。

現役の僧侶からも死についての投稿が

『創』が毎号ページをさいていることを知って投稿してくる女性の多くが、春馬さんの死によって受けた衝撃とともに、自身の人生について思いを馳せている。死がひとつのキーワードとなっているゆえか、僧侶や医療関係者の投稿も少なくない。

現役の僧侶の方から長いメールを受け取ったので一部を紹介しよう。「毎日、春馬クンを思い、彼が命をすり減らしながら残した作品を観ては、心を揺さぶられ続けています」という。そして長いメールの最後にこう書いていた。

《僧侶なので、死について考えることは日常です。終活も始めています。生まれたら死ぬのは自然なこと、と常日頃語っているのに、今回はいつもと違うのです。とても多くのことを学ばせていただいたと感じています。自分の半分も生きていない彼から、こんなにも多くのことを教えてもらったことに感謝しています。彼の失われた未来を残念に思う気持ちも薄れてきました。できることは、残された作品を観続けること。そして「ありがとう」と感謝し続けることです》

昨年増加した自殺はこのところ落ち着いてきているようだ。『創』に寄せられる投稿を見ていると、同じ思いの人が全国にこんなにいることを知って救われた、自分だけが孤立しているのでないことがわかったというものが多い。

様々な立場の様々な方からの投稿を毎月読んでいると、昨年の三浦春馬さんの死が社会の何かを引き出し、それが「共振」現象となって広がっていることを感じる。本書は『創』のこの半年ほど掲載した記事に新たなものを加えて編集したものだ。これが多くの人たちを勇気づけ、生きていく背中を少しでも押してほしいと願って刊行した。

三浦春馬を育てた元代表インタビュー

最期に対面した春馬の顔に意志の強さが感じられた

加藤麻由美［つくばアクターズスタジオ元代表］

三浦春馬さんが俳優として羽ばたくようになった背景には、この女性の存在が大きい。アクターズスタジオ元代表の加藤さんだ。三浦春馬さんが子役だった時代の話を語っていただいた。

放課後、毎日のようにスタジオに来ていた

春馬がお母さんに連れられてつくばアクターズスタジオを訪れたのは5歳になる頃だったと思います。笑顔が可愛くて、ちょっとおませでやんちゃな男の子でした。

お母さんの話では、息子を芸能界に入れたいというよりも、彼は一人っ子で、一人で留守番をすることが多かったので（お母さんはお仕事をしていましたから）友達ができればいいなあ、ということで連れてこられたようでした。

まだ小さいので、本人も最初は、スタジオを走り回って遊んでいただけでした（笑）。お兄ちゃんたちがいるので楽しくて…という感じでした。放課後、学校が終わるとやってきて、歌ったり踊ったり、そこにいるのが楽しかったようです。うちに帰っても一人だったようで、スタジオに結構長くいましたね。

一時期サッカーに熱中した時期があって、その頃は週1回くらいでしたが、それ以外は学校が終わるとほぼ毎日、アクターズスタジオに来ていました。

私は彼を見て最初から、この子はできると思いました。私自身が連れて歩いていろいろなところにご挨拶させて、割と早い時期からお仕事が入ったと思います。演技といったことの前にモデルの仕事もできますからね。最初はちょっとした役でしたが、子役として東映やNHKの番

『森の学校』上映後のトークで西垣監督と加藤さん（4月4日）

組にも出させていただきました。

そういうお仕事をするうちに、俳優としてやっていきたいという気持ちが徐々に強くなっていったようです。映画『森の学校』の撮影が始まったのは10歳を過ぎてからだったと思います（2002年の公開時は12歳）。その前に映画のお仕事もしていましたが、やはり『森の学校』の雅雄役は本人にとっても大きかったですね。母親役の神崎愛さんや父親役の篠田三郎さんの存在は大きかったですから、春馬が主役ということにはならなかったですが、映画を観ていただければ重要な役であることはわかると思います。

撮影は京都のスタジオでした。春馬がお父さんと慕っていたスタッフを一人つけましたが、約1カ月間、京都に寝泊まりして撮影に臨みました。役のために坊主頭になることも含めて、本人にとってこの作品への取り組みは大きなことだったと思います。ほかの子役の子どもたちは関西の劇団の子などが多かったようで、お母さんが送り迎えをしたりしていたようですが、春馬はずっと家を離れて京都生活でした。撮影が終わって帰ってきた時には、一回り大きくなったという印象がありました。

西垣監督にはそれ以前から、アクターズスタジオの大阪校に講師として来ていただいたりして親交はありました。『森の学校』の映画を撮る準備をしていた時期につくばアクターズスタジオに来られた時に春馬を目にとめていただいたようです。一目パッと見た時に「ああこの子や」と思ったとも言っておられますから、西垣監督との出会いも運命的だったのかもしれません。

映画には子どもたちがたくさん出演しており、春馬も含めて最終的にはオーディションで選ばれたのですが、雅雄役には春馬を選んでいただきました。

「俳優をやりたい」という気持ちが固まっていった

その頃にはもう春馬自身にも、俳優をやっていきたいという気持ちが固まっていたようです。歌や踊りのレッスンもやっていましたが、あの子の場合は、そういうものよりも芝居をやりたいという気持ちが強かったですね。

そういう年齢の子は、歌ったり踊ったりという活動を好むことが多いのですが、春馬にも一時期、3人のグループを作ってやらせていました。でも、ある時私に「僕は芝居がやりたいんだ」と言ってきたのです。私はその時、「やりたいことをやればいい。でも歌や踊りも俳優をやるためにも役に立つんだよ」と言ったのを覚えています。

それを理解してくれたのかどうか、結果的には、歌って踊れる俳優に、いつのまにかなっていましたね。

春馬は土浦駅前などで行われたイベントなどでは歌ったり踊ったりしていましたが、ファンは100人くらいすぐつきました。当時、つくばの方を中心に「三浦春馬を大きく育てる会」というのを作って、当時の市長や県議、商工会の会長さんなどに応援していただきました。

当時、アクターズスタジオでは発表会というのを定期的にやっていて、業界の方々に見ていただいて、良いと思った子は引っぱっていただくというようにしていました。

俳優の仕事をやっていきたいという思いは、子役としていろいろな作品に出る機会が多かったからでしょうね。『森の学校』のほかにもNHKの大河ドラマ『武蔵MUSASHI』（2003年放送）には、市川海老蔵さんの宮本武蔵の弟子の城太郎役で出ています。時代劇は割と多かったですね。テレビ東京系列で放送された上川隆也さん主演の『宮本武蔵』（2001年放送）にも子役で出演しています。

新人俳優賞をとった時には自宅まで来てくれた

その後、13歳の頃からアミューズからお話をいただいて、2004年に14歳で東京へ出て、高校も堀越学園に通うことになりました。アクターズスタジオで一緒だった仲間たちとはその後も交流はあったようですが、もうその頃には、本人としては、本格的に俳優としてやっていこうという意思が固まっていたようです。

その後の活動はアミューズにお任せしていましたが、春馬は時々顔を見せてくれて、映画『恋空』（2007年公開）で日本アカデミー賞新人俳優賞をとった時には、わざわざ私の自宅まで報告に来てくれました。

俳優として活躍するようになってからも地元の方々は応援してくださいました。そうやってお世話になった方には先日、「せっかく応援していただいたのにこういうことになってしまって残念です」というご連絡をさしあげました（涙声）。

昨年7月、密葬を行うという連絡があって東京へ向かいました。葬儀と言っても読経があるわけでもなくビルの一室でお別れしただけでした。対面はしましたが、もう言葉にならないという感じでした。美しい、きれいな顔でしたが、意志の強さのようなものも感じました。

アクターズスタジオは12年前に閉鎖してしまいましたが、きょうは土浦で『森の学校』が上映されるということで、昔のスタッフも集まりました。この映画は春馬が俳優として成長するきっかけになった作品ですし、雅雄という役は、とても春馬らしい役でした。この映画がいま、各地で上映されていることは、春馬にとってもとても良かったと思っています。

（4月4日収録）

創出版の単行本

三浦春馬　死を超えて生きる人

『創』編集部編　　本体1500円＋税

2020年7月18日のその「死」をいまだに受け入れられない女性たちがなぜこんなにも多いのか。月刊『創』で大反響を呼んだ三浦春馬さんの特集を一挙収録、新たな関係者インタビューなどを加えてまとめた。

パンドラの箱は閉じられたのか

『創』編集部編　　本体1500円＋税

裁判で被告に死刑判決は出されたが、相模原事件の本質はほとんど解明されていない。丹念な傍聴記や接見報告をもとに、障害者殺傷事件に改めて迫った！　２年前に出版され大きな反響を呼んだ『開けられたパンドラの箱』の続編。

開けられたパンドラの箱

『創』編集部編　　本体1500円＋税

2016年７月に障害者施設津久井やまゆり園に植松聖被告が押し入って19人を殺害した凄惨な事件をめぐって、犯行動機や事件の背景にある障害者差別の問題などを、被告や被害者家族、精神科医などの話で解明しようとした本。

皇室タブー

篠田博之　　本体1500円＋税

1961年、右翼少年による刺殺事件が出版界を恐怖に陥れ、小説「風流夢譚」は封印された。皇室を扱った表現がその後も回収や差し替えにあっている現実をたどることで何が見えてくるのか。改元の今、象徴天皇制の意味について、改めて考えてみたい。

同調圧力メディア

森 達也　本体1500円＋税

『創』連載「極私的メディア論」をまとめたもの。「みんなが右に向かって歩いているのに、どうしてあなたは左に行こうとするのだ」という同調圧力が日本社会全体に高まっている。それを促進しているとして、マスメディアのあり方も俎上に載せる。

不透明な未来についての30章

雨宮処凛　本体1500円＋税

『創』連載「ドキュメント雨宮☆革命」をまとめたもの。この３年間、格差・貧困に対する若者たちの反乱、あるいは国会前の抗議行動など、日本の光景は大きく変わった。その激動を著者独自の視点で捉えた１冊。

創出版　〒160-0004　東京都新宿区四谷2-13-27 KC四谷ビル4F　mail : mail@tsukuru.co.jp
TEL : 03-3225-1413　FAX : 03-3225-0898

三浦春馬さん出演映画・ドラマ・舞台年譜

※AAA＝チャリティコンサート「Act Against AIDS」
※ドラマなどの放送が4月5日以前の場合は、誕生日前なので年齢が異なる。＊をつけて示した。

西暦	年齢	映画	ドラマ・ナレーション他	舞台・ライブ	写真集・書籍・DVD・MV他	CM
1990	0	4/5 茨城県つくば市に誕生　23時58分（真夜中の二分前）、3850g（小学生の時に土浦市に移住）				
1994	4	つくばアクターズスタジオに所属				
1996	6		●土曜ワイド劇場 森村誠一の終着駅シリーズ(6)			
1997	7		●朝ドラ　あぐり（31話） ●ボディーガード（2・5・6話）			
1999	9	●金融腐蝕列島～呪縛～ ●Nileナイル	●十津川警部シリーズ「寝台急行銀河殺人事件」＊ ●女探偵・朝岡彩子			
2000	10		●雨に眠れ ●真夏のメリークリスマス（1話）			
2001	11	●千年の恋 ひかる源氏物語	●新春ワイド時代劇 宮本武蔵＊ ●藤沢周平の人情しぐれ町（3・11話）＊ ●小学校教師・沢木千太郎の事件ノート ●監察医・室生亜希子30 震える顔 ●山田風太郎 からくり事件帖（7話）			
2002	12	●森の学校	●はぐれ刑事純情派 第15シリーズ（13話） ●明智小五郎対怪人二十面相			
2003	13		●大河　武蔵 MUSASHI（6～20話） ●水戸黄門32部（3話） ●はぐれ刑事純情派 第16シリーズ（19話） ●夢みる葡萄～本を読む女（1・2・11話）			
2004	14	アミューズに所属				
		●岸和田少年愚連隊 ゴーイングマイウェイ				

西暦	年齢	映画	ドラマ・ナレーション他	舞台・ライブ	写真集・書籍・DVD・MV他	CM
2005	15		●青空恋星＊ ●朝ドラ　ファイト＊ ●いま、会いにゆきます（2・4・5・8・10話） ●空色グラフィティ ナレーション		●ミュージックビデオ「Candy『Promise』」	ベネッセ
2006	16	堀越高等学校入学				
		●キャッチ ア ウェーブ ●アキハバラ@DEEP ●CHiLDRENチルドレン	●アンフェア＊ ●CHiLDRENチルドレン(WOWOW) ●アンフェア the special コード・ブレーキング ●大河　功名が辻（48・49話） ●14才の母	●アミューズハンサムライブ		サークルKサンクス
2007	17	●恋空（2008年に第31回日本アカデミー賞新人俳優賞受賞。釜山国際映画祭スター・サミット・アジア参加）		●アミューズハンサムライブ ●AAA 2007	●ファーストPHOTOBOOK「たぶん。」	
2008	18	●ネガティブハッピー・チェーンソーエッヂ＊ ●奈緒子＊ 第63回毎日映画コンクールスポニチグランプリ新人賞受賞	●貧乏男子ボンビーメン＊ ●ごくせん 第３シリーズ ●ガリレオΦ（エピソードゼロ） ●ブラッディ・マンデイ	●AMUSE PRESENTS「SUPER LIVE 2008 ～今宵 あなたとシンギングー～」 ●AAA 2008	●ミュージックビデオ「GReeeeN『BE FREE』」＊ ●ゆず「うまく言えない」 ●俺さまーズ「根性なし」 ●写真集「Letters」	伊藤園 ブルボン SEGA
2009	19	堀越高等学校卒業				
		●クローズZERO Ⅱ ●ごくせんTHE MOVIE ●山形スクリーム 第33回エランドール賞新人賞受賞	●ごくせん 卒業スペシャル＊ ●サムライ・ハイスクール	●地球ゴージャス vol10「星の大地に降る涙」 ●Amuse presents SUPER ハンサム LIVE 2009		資生堂 JR東日本 伊藤園 CAPCOM 三菱東京UFJ銀行 ブルボン ファシル カシオ
2010	20	●君に届け	●ブラッディ・マンデイ Season2	●AAA 2010 ●Amuse presents SUPER ハンサム LIVE 2010	●写真集「Switch」＊ ●DVD「HT ～N.Y.の中心で、鍋をつつく～」＊	資生堂 JR東日本 伊藤園 CAPCOM カシオ 味の素 クリムゾン

西暦	年齢	映画	ドラマ・ナレーション他	舞台・ライブ	写真集・書籍・DVD・MV他	CM
2011	21	●東京公園	●月9　大切なことはすべて君が教えてくれた＊ ●最後の晩餐 ●陽はまた昇る ●世にも奇妙な物語「JANKEN」	●AAA2011 ●Amuse presents SUPER ハンサム LIVE 2011	●DVD「HT～赤道の真下で、鍋をつつく～」	伊藤園 富士通 東京ガス 味の素 明治製菓 三菱東京UFJ銀行
2012	22		●東野圭吾ミステリーシリーズ第８話「小さな故意の物語」	●地球ゴージャスvol12「海盗セブン」＊ ●Amuse presents SUPER ハンサム LIVE 2012 ●AAA 2012 ●劇団☆新感線「五右衛門ロック３」		東京ガス 味の素 伊藤園 マガシーク 三菱東京UFJ銀行 リクルート 明治製菓 資生堂
2013	23	●キャプテンハーロック(声) ●永遠の０	●ラスト♡シンデレラ	●AAA 2013 ●Amuse Presents SUPER ハンサム LIVE 2013	●C&K「みかんハート」	リクルート 三菱東京UFJ銀行 伊藤園 資生堂
2014	24	ラオス訪問				
		●ゲキ×シネZIPANG PUNK 石川五右衛門ロックⅢ＊ ●真夜中の五分前 釜山国際映画祭参加	●僕のいた時間＊第51回ギャラクシー賞個人賞 ●殺人偏差値70	●AAA 2014	●NICO「バケモノ」	三菱東京UFJ銀行 東京シティ競馬 伊藤園
2015	25	ラオス訪問。映画「永遠の０」で第38回日本アカデミー賞優秀助演男優賞受賞				
		●進撃の巨人 ATTACK ON TITAN ●進撃の巨人 ATTACK ON TITAN エンドオブザ・ワールド		●地獄のオルフェウス ●AAA 2015	●写真集「三浦春馬ふれる」＊ ●プラスアクト「日本製」連載開始	伊藤園 三菱東京UFJ銀行
2016	26	ラオス訪問				
			●わたしを離さないで＊ ●NHKスペシャル「自閉症の君が教えてくれたこと」ナレーション	●キンキーブーツ2017年に第24回読売演劇大賞優秀男優賞、杉村春子賞受賞 ●AAA 2016		伊藤園

西暦	年齢	映画	ドラマ・ナレーション他	舞台・ライブ	写真集・書籍・DVD・MV他	CM
2017	27	ロンドンに２カ月留学。９月にラオス訪問				
			●大河　おんな城主直虎（5～12話）＊ ●自閉症の君との日々 ナレーション＊ ●オトナ高校 ●オトナ高校スピンオフ～炎上のチェリークリスマス	●AAA 2017	●高橋優「ルポルタージュ」	ソフトバンク 伊藤園
2018	28	●銀魂2 掟は破るためにこそある ●SUNNY 強い気持ち・強い愛 ●こんな夜更けにバナナかよ 愛しき実話	●世にも奇妙な物語「明日へのワープ」 ●tourist ツーリスト ●「大いなる鉄路16000km走破 東京発→パリ行き」ナレーション	●AAA 2018	●NHK「世界はほしいモノにあふれてる」MCスタート ●FNS歌謡祭	NEXON
2019	29	●コンフィデンスマンJP ロマンス編 ●アイネクライネナハトムジーク	●ダイイング・アイ＊ ●TWO WEEKS ソウルドラマアワード2019アジアスター賞受賞	●罪と罰＊ ●キンキーブーツ再演 ●台北ファンミーティング	●FNSうたの夏まつり ●1stシングル「Fight for your heart」 ●「コートールド美術館展」音声ガイド ●FNS歌謡祭	ブラザー グロップ オルビス ポール・スミス アンバサダー就任
2020	30	●コンフィデンスマンJP プリンセス編 ●天外者	●世界一受けたい授業 特別授業「三浦春馬先生が教える！いま知っておきたいメイド・イン・ニッポン」 ●太陽の子 ●おカネの切れ目が恋のはじまり	●シンシア・エリヴォ ミュージカルコンサート＊ ●アミューズハンサムライブ＊ ●ホイッスル・ダウン・ザ・ウィンド～汚れなき瞳～＊	●書籍「日本製」 ●「日本製＋Docmentary PHOTOBOOK 2019-2020」 ●2ndシングル「Night Diver」	
2021		●ブレイブ-群青戦記 ●太陽の子				
2022		●コンフィデンスマンJP 英雄編				

「春友」さんの投稿【特別版】

三浦春馬さんを探して遺された作品をたどった

五代マト【仮名】

ここでは都内在住68歳女性の長い投稿をほぼ全文、掲載する。三浦春馬さんの作品をよくたどり、描写している文だ。

三浦春馬を探してさまよう日々

三浦春馬という名を初めて知った時のことは、十数年経った今もよく覚えている。当時、女子中高生に人気だという携帯小説とはどんなものかと興味半分で読んだ「恋空」が映画化されたと知り、これまた興味半分で観た画面に、子犬のように黒目がちな瞳の少年がいた。哀愁をたたえたその瞳にくぎ付けになり、三浦春馬の名が心に刻まれたのだ。

とはいえ、日頃TVドラマも映画もあまり観ない私は、鮮烈な印象を受けながらも、それから後の彼の出演作をリアルタイムで鑑賞してきたわけではない。でも気が付くと、その名はいつもTVドラマや新作映画に、主役級として載っていた。あの少年は着実に力を付け、俳優として安定した活躍ぶりを見せているんだな、と思っていた。

2020年7月18日、そのニュースに気が付いたとき、文字列の表す意味が、最初は理解できなかった。何だこれは?今度はそういう役どころを演じるということか?などと思って読み進むうちに、膝が震えた。すさまじい衝撃だった。長年のファンだったわけでもない自分が、なぜこれほどの衝撃を受けているのか、自分でもまるでわからなかった。

これは、三浦春馬を知らなければならない。衝き動かされるようにその日から三浦春馬を探す旅が始まり、それは今も続いている。

彼の旅立ちが長年のファンを深い悲しみに突き落としたことは言うまでもないが、旅立った後にその仕事ぶりや人柄に触れてファンになり、そのたとえようもなく貴重な存在を失った喪失感から抜け出せない人が急増し、「三浦春馬ロス」という一種の社会現象が起きている。その現象の担い手は、中高年の女性が多いという。私自身は中高年どころか老境に足を踏み入れた世代で、この歳になるまでいくつもの別れを経験し、悲しみの乗り越え方をある程度はわかってきたと思っていたはずだった。ところが今回は時を経るごとに悲しみが募っていった。あの日以来、目に映る美しいものはすべて三浦春馬と結びつき、朝日を見ても、夕日を見ても、月にも星にも、あふれる涙を止められない日々を過ごしてきた。

一面識もない俳優の旅立ちに、なぜここまで心を揺さぶられるのか。この喪失感を埋めるにはどうしたらいいのか。そう自問しながら、彼がどんな仕事をし、インタビューやトーク番組などで何を語っているのか、手当たり次第に調べ始めた。子犬のような眼をした少年は、とんでもない傑物になっていた。

表現者としての力量以上に存在そのものの清らかさ

三浦春馬の卓越した演技力や、近年は歌やダンスでも他の追随を許さないほどの力を見せつけてきたことは、多くの人が認めるところだ。だが、私が最も驚かされたのは、表現者としてのすさまじいばかりの力量以上に、人間・三浦春馬の存在そのものの清らかさだった。

接するものを浄化してくれるようなその清らかさを、どんな言葉で表したらよいのかと思いあぐねていたところ、素晴らしい一言に出会った。彼の最後の主演映画「天外者」の監督である田中光敏氏が、「こんなに純粋で美しいまま、大人になれるものなのかと思うような男だった」と語っているのだ。

美しいというのは、容姿だけでなく、心のありよう、生き様そのものを指している。ああ、そうか。純粋さを失わずに大人になることの難しさは、大人になれば誰しもがいやというほど知っている。歳を重ねれば重ねるほど、その思いは強くなる一方だ。ほとんどの人がわが身の来し方を振り返った時、人の成長とは、どこか純なものと引き換えに手に入れる部分があって、それは誰にとっても仕方のないことなんだ、と自分自身に言い訳を重ねてきたことを自覚しているのではないだろうか。少しの狡さを人生の知恵と言い換え、怠惰を余裕とうそぶき…。

けれど三浦春馬は違った。いつも全てのことに対して真っ正面から向き合う。決して抜け道や近道を探さず、ストイックと誰もが口をそろえるほどに、とことん物事を究める。それだけでも十分大変だろうに、自分の欲求にだけ従って進むのではなく、周りへの気配りや目配りにも全力投球だ。どんな仕事も自分一人では成り立たない、という共存共生の思いが、ごく自然に他者へのやさしさとなって言動に表れる。

そうした姿勢で取り組む仕事が導き出す結果は、いつも周囲の期待をはるかに上回っているにもかかわらず、常にさらなる高みを目指し続ける。そのひたむきさは、純粋さを損なうことなく、年齢以上の円熟味をも見せる、稀有な存在へと彼を作り上げていた。

人は大人になるにしたがって、どこかしら社会の汚濁にまみれるのは仕方のないこと、人生って所詮そんなものと思っていたところに、世俗の何ものにも穢されず、どこか突き抜けたような清らかさを見せる三浦春馬という存在を目の当たりにして、心の底から感動する。そして同時に、その珠玉のような存在が突然失われてしまったという現実を突きつけられる。これ以上の悲劇があるだろうか。

そう思う一方で、この旅立ちは彼自身にとっても悲劇だったのだろうか、という思いを振り払えない自分がいる。

三浦春馬の足跡を振り返って

彼の足跡を振り返って、特に感じ入ったことがある。ひとつは２０１３年から翌14年にかけて。ＴＶドラマ「ラスト♡シンデレラ」で息をのむような美男子ぶりを見せて女性たちのハートをわしづかみにし、「イケメン」が彼の代名詞であるかのように言われていた時期だ。バラエティーに出ても雑誌などのインタビューでも、「イケメン」、「さわやか」と連呼されている。そのたびに、自らを嘘がつけない性格と言っている通りに真正直な彼は、戸惑ったような表情を見せているのだ。演技論にはならずに容姿ばかりを取り沙汰されることが、役者としてはなんとも不本意だったのか。けれど周囲としては、そのままイケメン路線で突き進み、もっともっとブームを捲き起こしてほしいと望んだだろうことは容易に想像できる。

しかしそれを、彼の役者魂が許さない。次の出演作は、「命を題材にしたドラマをやりたい」という彼の提案で実現した「僕のいた時間」で、ＡＬＳという難病を患う青年の役を精魂込めて演じきった。のちに彼は、「俳優という仕事を通して、いかに社会とかかわっていけるかを、もっと考えていきたい」と語っているが、当時弱冠23歳で、すでにその思いは芽生えていたということなのだろう。その役者魂はあっぱれというほかない。

もう一つは２０１６年の「キンキーブーツ」。このミュージカルとの出会いは２０１３年、本場のブロードウェイを訪れた時だという。日本で上演されることがあれば、この「なりたい自分になる」と熱いメッセージを投げかけるドラァグクイーンのローラ役は、何としても自分がやりたいと強く願った。それから3年の時を経て実現した舞台で、彼はＴＶドラマや映画で見せてきた三浦春馬とは全く違う新たな魅力を見せている。

舞台の終盤、白いドレス姿で声高らかに“Hold Me In Your Heart”を歌い上げる場面からは、彼がこの舞台にかけてきたとてつもない情熱がひしひしと伝わってきて、何度観ても鳥肌が立つほど感動してしまうのだ。このミュージカルは２０１９年に再演を果たしている。

そして20年4月5日、三浦春馬30歳の誕生日に発行された書籍『日本製』。この本は、4年半の取材期間をかけて、日本の伝統技能や文化に触れている。いずれ海外に進出した時に、日本を誇れる日本人俳優でありたいとの思いから始めた仕事だというが、全編に、自分が生まれ育った日本の風土への愛情が染み渡っている。4年半で47都道府県をまわるとなると、ほぼ1カ月に1カ所の取材をしていたことになる。その間にも、彼が取り組んできた仕事量は半端ない多さだ。その状況下で、よくぞこれほどの良書を作り上げたと、400ページを超す分厚い本を手にするたびに、心が揺さぶられる。

こうした多彩な活動の中で、多くのインタビューを受けているが、それらを見るにつけ、つくづく思うのは、なんと美しい言葉で、しかも正直に語るのかということだ。否定的な物言いをしない。いつも先を見据えて、美しく肯定的な言葉で自分の考えを表現する。これは、なかなかできることではない。自分の内にゆるぎない芯が通っていて、初めてできることだろうと思う。

多くの人が彼の人となりを語る時に、その繊細さを真っ先に挙げる。確かに、役柄やせりふ以上のものを瞳の陰影一つで表すことができる繊細さを持つ俳優は、そうそういない。そう思うと同時に、成し遂げてきた仕事に彼の信念といったものが貫き通されていると感じた時に、実は相当に豪胆な人物なのではないかとも思う。剛柔の魅力を兼ね備えた三浦春馬にとって、俳優という仕事はまさに天職だと確信するのだ。

「せかほし」『日本製』私たちへの遺書

三浦春馬のもっとも素の表情が見られるTV番組として、NHKの「世界はほしいモノにあふれてる」を挙げる人は多い。いかにもリラックスした様子で、時にはお茶目ぶりも発揮していて、ドラマや映画、舞台とはまた違ったやりがいを彼自身も満喫している様子がうかがえる。7月18日以降、居住まいを正すような思いで「せかほし」を観た。彼の最後の出演となったのは、8月27日放映の「JAPAN　究極の〝台所道具〟」だ。それまで世界各地を巡ってきた番組が日本を取り上げるきっかけになったのは、「日本を含めて世界だから」という三浦春馬の一言からだという。

そのナレーションを聞いた時に、あぁこれは『日本製』から続く日本を愛する彼の信念の集大成、私たちにあてた遺書であり、『日本製』と合わせて、何としても届けたいギフトなのだという思いが静かに降りてきた。

そのころには、各メディアが彼の旅立ちの理由として、家族との関係や俳優仲間との関係などをあれこれと取り沙汰し始めていた。彼の死に、ことさら悲劇的な物語や悲惨さを描き出そうとするそれらの記事を目にするたびに、「違う、違う」と声にならない叫びをあげ、さらには、誰にも言えない悩みを抱えていたという見方にも違和感を覚えていた私の胸に、最後の「せかほし」は、絶望や悲観、逃避などという否定的な理由とは程遠い、彼のある決意を映し出してくれたような気がした。彼自身こよなく愛しただろう「せかほし」で、念願の日本を取り上げるきっかけを作った一言は、遠からず訪れる旅立ちへの布石を打ったように思われてならないのだ。

2017年のこと。疎遠になっていた実父が心臓の手術を受けることになり、「そのころの自分は死のうと思っていたが、なぜか会ってみようという気になった」と彼が書き綴っていたという記事を見た時、胸を衝かれた。この一文は、その後各メディアで、「遺書なのか、役作りのための書き込みか」と騒がれたノートに書かれていたものだと思うが、当時の彼はどういった理由で死を考えていたのだろう。

厭世的な気持ちが高まる何かがあったのか。若いころにありがちな死への希求なのか。少なくとも2〜3年前には、胸の内に一種の死生観のようなものが、既にあったことになる。その当時も彼の活躍は目覚ましく、そうした思いを抱えている彼の内面に気付いた人は誰もいないだろう。さらに彼自身、その思いは誰にも覚られたくないものだったに違いない。

胸の内に萌した死への思いは、やがて雲散霧消したのか。それとも周囲にみじんも気づかせることなく、その後も思考を重ねてきたのか。おそらく、深く深く思いを重ね、いつしか哲学的な思考からの死生観を形作るに至った結果、死もまた、目指す高みの一つになっていったのではないかという気がしてならないのだ。

会場のファン、その彼方を見つめる瞳

もう一度、彼の映像や関連する記事などを繰り返し丹念に見直してみた。2019年2月。当時上演中だった舞台「罪と罰」のメンバーと、カッチーニのアヴェ・マリアを歌う動画から目が離せなくなった。舞台稽古の合間なのだろうか。ラフないでたちで、テノール歌手も顔負けといえるほどの美しいファルセットで歌い上げている。

アヴェ・マリアという曲は、モーツァルトやシューベルト、グノーの曲も知られているが、選んだのがなぜカッチーニのアヴェ・マリアなのか。他の曲と聞き比べてみた。他のアヴェ・マリアが聖母としてのマリアを讃えるような曲想なのに対して、カッチーニの作は、息子を失った生母の悲しみをより強く表しているような気がした。

歌い終わると、声高らかに「ハッピー、バレンタイン」と言っている彼の姿からは想像しがたいが、動画を見るたびに、実は近づく自らの旅立ちを、曲に託して母親に詫びているように思えるのだ。

その後、2020年2月のハンサムライブでの一場面。このライブには、サプライズで出演したという。三浦春馬という人は、長年トップスターとしてファンたちの嬌声に囲まれてきたはずなのに、いつまでたっても、馴れたり、傲慢になったりということが一切ない。いつも一瞬たじろいだ後に、照れくさそうな笑顔を見せる。

そのあたりにも彼の人柄が見て取れるのだが、このライブでは、いつもと違う動きを見せている。ファンの嬌声をあおり、両手を耳に当て、瞼を閉じてその声に聞き入る姿を見せる。「気持ちいい〜」と言って場を和ませてから、所属事務所への感謝と、後輩たちへの支援をよ

ろしくという挨拶を、いつも通りに言葉を選びながら、柔らかな笑顔で述べている。その瞳は、会場にいるファンに向けられているように見えて、実はもっと遠い彼方を見つめているようにも見える。

彼の視線の変化が気がかりになったのは、20年2月のミュージックフェアに出演した時の動画を観てからだった。この時は、主演するミュージカルから2曲を歌っている。「キンキーブーツ」から〝Not My Father's son〟、「ホイッスル・ダウン・ザ・ウィンド～汚れなき瞳～」から〝恐れないで〟をのびやかな声で披露しているが、2曲ともに遥か彼方を見つめるような眼差しだ。

歌った後の生田絵梨花とのトークではいつもの表情に戻っているので、最初は曲に合わせた表情を見せているのかと思っていた。だが、その後、誕生日のインスタライブや、旅立つ直前までインスタで公開している、彼自身の家にある『日本製』に登場する工芸品などを紹介する映像でも、遠い目をしていることに気づいた。カメラに視線を合わせてはいるものの、その眼は、カメラの後方に広がる別の景色を柔和な表情で眺めているように感じられてしょうがないのだ。

同年4月5日、三浦春馬は30歳の誕生日を迎えた。初のインスタライブに挑戦すると同時に、「30回目の誕生日にサヨナラを言おうとしています。これからも自分に出来る精一杯を現場に置いていけるように努めて行きます」と綴っている。それを見た時に、おそらく楽しいことや嬉しいことばかりではなく、想像もつかないような悩みや苦しみ、辛さもあっただろう人生を振り返り、それでも最終的には、俳優としてこれ以上はない濃密な時間を過ごせてきたことに感謝して、その気持ちをどのように遺していけるかを真剣に考えている心境がうかがい知れたように思えたのだ。

その後、旅立つひと月ほど前には、個人会社の名義人としての名を、母の再婚相手の姓から元の三浦姓に書き換えているという記事を読んだ。メディアはネガティブな理由付けを展開していたが、真っ先に思ったのは、この世に生を受けたことに感謝して、その時と同じ状況にしたいと願っての行動なのではないかということだった。

「天外者」そして「進撃の巨人」

20年12月11日、三浦春馬の最後の主演映画「天外者」が封切られた。スクリーンの中の彼は、それまでに培ってきた表現力の全てを、余すことなくこの作品にぶつけていた。まさに全身全霊で五代友厚になりきっていた。タイトルロールからエンドロールまで、感動の波にさらされる109分の間、館内にいるすべての人が身じろぎもせず、食い入るようにスクリーンに向かっている気配が伝わってきた。

彼が演じた五代友厚という人物は、明治期の関西経済界の基盤を作り上げ、「東の渋沢栄一、西の五代友厚」といわれた人物であるにもかかわらず、その後、長いこと歴史の中に埋もれてきたという。それは、「開拓使官有物払い下げ事件」として当時の世間を騒がせた一種の汚職事件に関与したとの疑いから、一気に評価を下げたためと言われる。その後、失地を回復する十分な証拠が出たにもかかわらず、その報道は、五代の評価を下げた時とは比べ物にならないような小ささで、また五代自身が一切の弁明はしなかったことから、五代友厚という傑物の存在自体が、いつしか歴史の中で忘れ去られてきたのだ。

その史実を知った時、思わず「同じだ！」と脳裏に浮かんだのが、三浦春馬の評価を下げたといわれる2015年公開の実写版「進撃の巨人」に対しての彼の行動だった。

原作とは違うストーリー設定にしたい、という原作者の意図を受けて作られた実写版「進撃の巨人」は、公開後、原作とは違うストーリー展開や主要人物の置き換えなどが原作ファンからは受け入れられず、批判と反発が噴出し、ついには原作者と実写版監督が、互いに批判しあう騒動にまで発展したという。

自らも原作漫画の大ファンで、出演のオファーがあった時、「受けることに迷いはなかったが、悩みはしました」と語っている三浦春馬は、その渦中で何をしたか。自身が原作のファンであればあるほど、さまざまな思いはあったかもしれないが、それには一切触れない。彼は主演としての務めを果たすべく、ギネス級と言われる舞台挨拶を精力的にこなしたのだ。その数58回、移動距離は3万2000キロにも及んだという。

五代友厚といい、三浦春馬といい、なんという強靭な精神力なのだろう。昨今は、いかに効果的、かつ声高に自己主張や自己弁護をするかが知恵の最大の使い方のように思われている風潮がある。そうした人が増えれば増えるほど、問題の解決は遠のく。時には自己主張のぶつかり合いが、問題をさらに大きなものにしていく。それに対し、事態の収拾や解決にこそ知恵を絞ることが、人の英知の真っ当な在り方だと示した2人の姿勢。ともに、これ以上もこれ以外もない形で利他の在り方を示したことに、思わず五代友厚と三浦春馬の生き方が重なった。

「〝今だけ、金だけ、自分だけ〟という風潮とは真逆に、利他に生きた五代友厚を描きたい」と語った田中監督に、クランクインまでに五代友厚と彼の生きた時代を学んだという三浦春馬は、「五代という人物が腑に落ちました」と応えたという。理解や共感という言葉ではなく、腑に落ちるという表現をしたところに、彼自身、五代友厚の生き方やその信念に、自身の思いが無理なく重なり合ったと自覚したことを表しているように思える。

20年の年末、三浦春馬の初主演映画である「森の学校」と、最後の主演映画「天外者」が、いくつもの映画館で同時上映されるというかつてない現象が起き、21年3月、4月現在も続いている。私も両方の映画を観に出かけた。ふたつの映画は、ともに生涯記憶にとどまり続ける映画だった。ことに「天外者」は、彼の最後の主演作がこの映画で本当に良かった、と心の底から思える出色の作だった。

どの場面を切り取っても、三浦春馬の凛とした佇まいと、一つ一つの所作の美しさが際立っている。とてつもないスケールの美丈夫が、そこにいた。瞬きも忘れてスクリーンを見つめながら、「美しく歳を重ね、本当にいい役者になったね」と、何度も何度も心の中で語りかけていた。

自らもこの作品を自分の代表作にしたいと語っていた三浦春馬は、メイキング映像に、「全力投球しました。悔いはないです」と語る姿を留めている。この言葉は、「森の学校」から始まり「天外者」で完結する自らの俳優人生そのものに対して語られた言葉なのではないかと思うのは、私だけではないだろう。

彼はやり切ったのだ。自分に出来る精一杯を現場に置いていくことを達成し、「三浦春馬」を全うしたのだと思った。

昨年3月のたった8日間の舞台

20年3月、拡大の一途をたどるコロナ禍の中、初演を迎えた三浦春馬主演の舞台「ホイッスル・ダウン・ザ・ウィンド～汚れなき瞳～」は、自粛要請により、本来数十公演になるはずが、たった8日間11公演で千秋楽を迎えることになったという。彼は千秋楽の舞台あいさつで、「僕はこの産業は、とても血の通った仕事だと自負しています。この血の通った仕事がいつか、皆さんの気持ちを高めてくれるんじゃないかなと信じて、もっともっと、皆さんがエンターテインメントに触れる時に、そのエンタメがもっと質の高いエンタメとして皆さんのもとに届けられるように、僕たちは一生懸命にその日まで色んなスキルを身につけて皆さんに感動をお届けできればいいなと強く思います」と語っている。

とかく特殊な世界とみられがちな演劇・芸能の世界に俳優として身を置き、なおかつ十数年にわたってトップスターとしての道を歩みながら、名を遂げた立場に甘んじることなく、さらなる功名心にはやることもなく、演劇・芸能を一つの産業として、俯瞰的にとらえることができる冷静な視点。かつて芸能や演劇を、これほど地に足の着いた言葉で表現したものがいただろうか。この言葉は、演劇や芸能の世界にある同輩や後輩に向けてと同時に、その世界を支える私たちに向けた三浦春馬の渾身のメッセージなのだと思う。

十代の終わりごろには、このまま俳優を続けるかどうかとまで悩んだ時期もあったという。しかしその葛藤を経て、彼はこの血の通った産業に真正面から向き合い続けた。どこまでも真理を究める求道者のように、よりよい演技、よりよい作品、よりよい産業としての在り方を求め、邁進し続けてきた。

彼の最後の決断は決して肯定できるものではない。だが、血の通った産業とそこに身を置く自分の未来を見据えて、その展望を常に発信し続けてきた彼が究極の選択とした旅立ち。そこには、自らの肉体を脱ぎ捨てることによって永遠の精神性として生きるという決意があり、「標」となるべく決然と旅立ったのだと思えてならないのだ。

遺された私たちは、尽きることのない悲しみの中にあっても、彼の思いを見誤ることなく受け取り、その先へと繋げていく。それこそが、三浦春馬が私たちに託した切なる願いなのではないだろうか。

君に届け！　五七五に込めた『想いの星』

あの日から1年以上が経ち、落ち込んでいる春友さんのために、命日七月の七夕にちなんで彦星を春馬くんとして皆さんから彼への思いを川柳にして募集しました。手伝ってくださったのは空羽ファティマのインスタの読者さん4名で、頭文字からMAPSというチーム名をつけました。未知なる地図をたくさん心に持ってこれからの人生を生きて欲しいという意味がこもっています。キャメルングループ賞は空羽ファティマの著書『らくだのキャメルンシリーズ』を制作するメンバーたちで選ばせてもらいました。たくさんの心のこもったご応募をありがとうございました！

創賞　**青空に　手を伸ばしては　彼想う**　埼玉県　春つっちさん

ＭＡＰＳ賞　**君のいた　時間は永遠（とわ）に　輝けり**　京都府　ちかママさん

ＭＡＰＳ賞　**桜咲く　『天外者（てんがらもん）』の　君に咲く**　福岡県　なつとむさん

キャメルングループ賞　**蒼天に　飛び立つ駿馬　君の笑み**　群馬県　みかさん

空羽ファティマ賞　**幾千の　あふるる想い　君に届け**　宮城県　春想いさん

海扉アラジン賞　**星になり　世界に届け　春の夢**　千葉県　シゲックさん

もっこ賞　**天翔（あまか）ける　若駒（わかごま）の如（ごと）　春行（はるゆ）きぬ**　静岡県　Ｔｏｍｏさん

風に舞　貴方に届け　この想い　　静岡県　春馬くんは永遠に不滅さん

恋しくて　空の貴方に　手を伸ばす　　埼玉県　Reikoさん

春想う　涙雨を超えて　またいつか　　千葉県　Monkeyさん

（春：はる　涙雨：るいう）

愛おしい　君がみちびく　新たな和　　神奈川県　Monamiさん

大好きよ　君に伝える　何度でも　　千葉県　Satoharuさん

この先も　貴方は私の　道標　　大阪府　Manaty119さん

（道標：みちしるべ）

清新の　空で生する　春の馬　　鹿児島県　ひいらぎさん

輝きを纏って　駿馬は　天駈ける　　静岡県　mementomoriさん

群青の　空高らかに　君の面影　　東京都　Macky Rollさん

あの日から　貴方の事を　LOOPして　　愛知県　[馬+春][馬+春]さん

桜舞う　儚さかさね　偲ぶ愛　　神奈川県　ともさん

（儚：はかな　偲：しの）

いつかまた　逢えると信じ　生きて行く　　愛知県　春manaさん

儚くも　流麗に散り　舞う桜　　広島県　しゅうちゃんさん

（儚：はかな）

銀幕の　森に息づく　道標　　千葉県　森の学校ファンさん

（道標：みちしるべ）

＊「は、る、ま」を頭文字にしてある句があります。探してみてください。

逢いたくて。想いきらめく。星降る日。
君想う　春馬爛漫　永遠に
叶えるよ　春馬の願い　春友と
星見上げ　あなたを想う　七夕に
日本の美　藍みて想う　ただひとり
初桜　貴方を想い　空見上げ
生きて行く　あなたを胸に　しっかりと
空見上げ　笑顔の君に　励まされ
貴方への　感謝と祈り　星に願いを
君の目に　灯る光に　想い馳せ
君色の　空に祈りを　永遠に
いつまでも　虜になるよ　その笑顔
青空に　あなたを感じ　深呼吸
愛満ちた　君の足あと　道しるべ
これからも　あなたとともに　いきていく
なつのよに　おもいうかべる　あのえがお
そのままの　どんなあなたも　あいしてる
陽の光　あなたの想い　ふりそそぐ
宇宙(そら)見上げ　笑顔を浴びて　ともに生く
一艘(そう)の　舟は漕ぎ出し　春の凪(なぎ)
春馬さん　心優しき　無二の人
星月夜　つかまえに来て　我の手を
君の道　永遠(とわ)に照らす　こころ幾多
長月石　小指に宿る　青駿馬
これからは　自由に羽ばたけ　己(おの)がため
あなたへの　希望の光　いつまでも

日々つのる　あなたのひかり　輝いて
緑風　さよぐ枝葉に　君の声
春馬さん　あなたでなきゃ　だめなんだ
三日月夜　優しい笑みを　想ひ泣く
奇跡の子　虹橋渡り　幸祈願
夏の星　君の笑顔は　うつくしや
魂が　安らかであれと　皆願う
春想う　駆け巡る馬　キセキの開花
空見上げ　果てしない愛　君に届け
逢いたいよ　キミがいる空　想いよ届け
愛してる　貴方のすべてを　永遠に
ありがとう　あなたの笑顔　いつまでも
春色の　天駆ける馬　名残雪
心解き　光る木の葉に　笑顔見せ
天馬星　探し見上げる　夏夜空
春馬くん　あなたの生証　忘れない
天の川　君への想い　ちりばめる
何度でも　生まれ変わって　君探す
日本晴れ　いつも心に　晴れ馬さん
会いたくて　誓う夜空に　名前呼ぶ
繋がるの　何でもかんでも　あなたにね
春馬くん　君の想いを　受け継ぐよ
見上げれば　夜空に光る　春馬星
笑顔咲く　あなたを思う　梅雨休み
とき忘れ　愛しき君に　一人旅
思い出す　あなたの笑顔と　笑い声♡

青い空　今は自由に　羽ばたいて
空を見て　遺れり宝　胸に抱く
還り来よ　この夏の波　乗りて来よ
生きていく　君の教えを　胸に抱き
来世でも　君の笑顔に　会いたいな
涙越え　あなたの魅力(想い)　伝えたい
君の頬　撫でてた風が　影揺らす
溢れ出す　愛の言葉に　この想い
忘れない　貴方の笑顔　永遠に
見上げれば　会える気がする　春馬君
凛々しくて　優しい貴方を　忘れない
高い空　見上げて想う　君の事
空をみる　「帰っておいで」　土浦へ
永遠に　貴方の名前　その姿
「春」と「馬」　その文字さえも　愛しいよ…
生きていく　あなたの笑みが　支えです
春と馬　文字見るだけで　頬ゆるむ
永遠に　わたしの推しは　三浦春馬
これからも　あなたと共に　生きていく
春馬くん　また逢うために　今を生きる
文月よ　経年美化に　架ける橋
今もなお　想い溢れる　春馬くん
幾千の　時が過ぎても　君が好き

春馬さん　貴方の笑顔　永遠に
愛しい　あなたの笑顔　忘れない
すきだけで　あらわせれない　このきもち
数多なる　命演じて　君何処。
フルメイク　ようやく逢える　銀幕の君
空見上げ　毎日つぶやく　君への手紙
燦々と　光り続ける　君の笑顔
シルエット　だけでも君は　美しい
射抜かれた　春馬ローラが　最強よ
跳び過ぎよ　海空こえて　宇宙（そら）までなんて
あいたくて　ただ愛たくて　あいたくて
光ゆく　未来を誓う　文月の夜
土浦に　行ってみたいな　遠いけど
会いたいな　ずっと春馬の　味方だよ
我寂し　君亡き空を　祈る日々
帰りませ　天馬座恋し　星祭り
すべてがね　愛しすぎるよ　春馬くん
これからも　ずっと一緒　アイシテル
涙海　三日月映り　巫山之夢
頁繰り『日本製』旅　また共に
春馬さん　貴方の笑顔　永遠に
春馬君　貴方の笑顔　永遠に
大好きな　春馬の笑顔　世界一
いつまでも　みんなの光　春馬さん
側にいて　アイノカタチは　シンデレラ
キラキラと　テキーラ呑んで　春馬さん

淋しいじゃん　カネ恋セリフ　日々天に
春の馬　貴方は唯一無二　輝きは永遠
毎日を　春馬とともに　生きていく
空を知る　君の光が　今もなお
ハルマクン　キュンキュンニ　サセタキミ
時薬　なかなか効かない　春馬病
永遠の　ビューティフル　春馬くん
春馬さん　今すぐあなたに　逢いたいよ
天馬座の　君にほろ酔い　夏の宵
ひとりじゃない　あなたと共に　この先もずっと
冬春馬　純白（しろ）く輝く　美しい人
ルーベンス　天使を抱く　春の君
神様どうか　自由と尊厳で　彼を包んで
Haruma, my dear... looking for you in the sky... peeping through the clouds
気高いひと　無限の愛よ　きみに届け
おーいお茶　あなたの声が　聞きたいな
はるまくん　だいすきだよ　えいえんに
逢いたいな　旅の途中に　天の川で
たくさんの　愛ありがとう　大好きよ
一緒に　時を刻むよ　これからも
生きてゆく　あなたの笑顔に　癒されて
鉾田浜　サーフボードの　君何処

登場人物

もっこ

漫画をかいたり色をぬったり音楽を作る人。キャナルン出版ではデジタル班。ファティマとアラジンのスクショぐせが直ればいいなと思っている。

ポワン

ファティマの愛犬。
ヨークシャーテリア。おとなしすぎて、存在を忘れられることもある。もっこの面倒は自分が見なくてはと思っている。

ルイナ

アラジンの愛犬。
ヨークシャーテリア。
皆を守らなくては‼ という気持ちが強く、雷にも勇敢に立ち向かう。

空羽（くう）ファティマ

文を書く人。子供の頃からずっと自分は魔女だと思っていた。たとえ何万字の原稿も人差し指一本で書けるのは、たしかに魔法である。

海扉（カイト）アラジン

切り絵を切る人。愛犬ルイナをこよなく愛する。ミュージカルが好きで気持ちが高まるとライオンキングの「サークル オブ ライフ」を高らかに歌う。

〜箱根の別荘にて。〜
さあ!!三浦さん特集号の制作合宿だよ!!
わー
わーい

ファティマはスマホで原稿書き
もっこはパソコンで音楽制作
アラジンは着せかえの切り絵を作る

夕飯の時間ですよ
ごはんができたから食べよう〜♪

あっ、もっこ!! コンロの上にフライパン置いたままにしないで!!
え?スイッチきってあるよ

それ『死を超えて生きる人』だから!!
…は…?

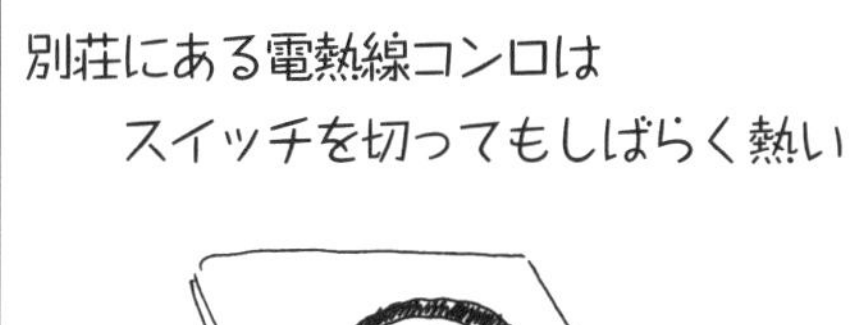
別荘にある電熱線コンロはスイッチを切ってもしばらく熱い

だからフライパンをおいたままだと加熱しつづけてしまう

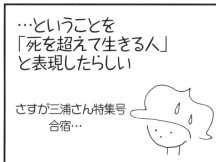

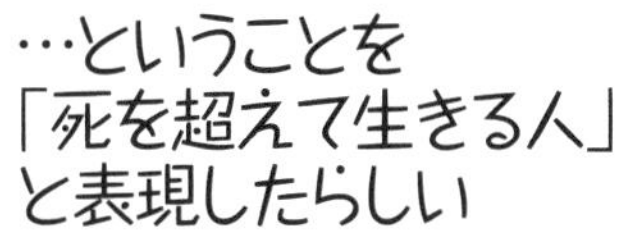
…ということを「死を超えて生きる人」と表現したらしい

さすが三浦さん特集号合宿…

~ブレイブ群青戦記を見た。~
はぁ~…春馬君かっこよかったねぇ~
まさか元康があぁなるとは…

この映画のテーマは『継承』なんだって
継承?

まっけんが春馬君から剣を渡され今度は自分が元康として生きていくことを選ぶとか、まさしく継承だもんね

けいしょう…って
かっこいいひびき…

~ある日。~
どんちゃん切り絵の色ぬり手伝うよ!!
ホント?じゃあこの続きを…

…もっこが…『継承』してくれるんだね…
う…うんそうだね…

またある日。
じゃあ私でかけるから、ルーちゃん(愛犬)のお世話を…

もっこ…『継承』してもらっても…いいかな?
またでた…
気に入った言葉を日常にどんどんとり入れるアラジン

…まるで…
キンキーブーツの舞台の間殺陣の練習をし続けた三浦さんだよね
娘を三浦さんにたとえた…

忙しいからか、しのださんのメールって時々わかりづらくて…「これOK? NG?」ってもう一回きいたりしなきゃいけないことあるんだよね
へー

(ファティマの愛犬)ポロンちゃん一日中もっこのそばにいて、お風呂入る時も脱衣所まで見守りにきてたんだよ
へー

でも、しのださんの記事の文章ってわかりやすくて読みやすいと思うけどなぁ
オンとオフで文が違いすぎるのかも?

…その…ストイックさと…真面目さ…
…まさか…!!

…そのオンとオフとのギャップ…ちょっとみうらさん的だな…
…はぁ…。

これこそまさに…三浦さん…
わ…ワンコでさえも三浦さんに…!!
三浦さんは常にファティマの心にいるのだった

〜ある日〜
娘は今日部活もあってバンドの練習もあるのに勉強もしなきゃなんだって!
忙しいねえ…

本書読者に贈る 三浦春馬さん出演映画セリフ集クロスワードパズル

脇屋恵子（or女帝セブン）

おなじみとなったクロスワードパズル作家の「女帝セブン」こと脇屋恵子さんの特別作成のパズル。今回は三浦春馬さん出演映画のセリフから作成した。回答はP198をご覧いただきたい。

春馬さんが出演した映画は1999年、『金融腐蝕列島〔呪縛〕』から2021年、『太陽の子』まで全30作品あります。

その作品の中で春馬さんが演じた登場人物、全・28人のセリフよりクロスワードパズルを（寝食を忘れて！）作りました。前回の「『天外者』と三浦春馬さんのクロスワードパズル」に比べると今回は難しいかもしれませんが、春馬さん演じる魅力あふれるキャラクターが一際光るワンシーンに思いを馳せ、いつか観た、或いはこれから観るかもしれない春馬さんの映画の世界に浸って頂ければ幸いです。

←タテのカギ

1 いっぱい、○○○の話しよう『太陽の子』石村裕之

2 俺の○○○は、ヒロ『恋空』桜井弘樹

3 ○○の戦争が美しい星をこんな姿に変えてしまった『キャプテンハーロック-SPACE PIRATE CAPTAIN HARLOCK-』ヤマ

4 昭和9年海軍に入隊、昭和20年南西諸島沖で○○○『永遠の0』佐伯健太郎

5 作戦名、ニューヨークの○○再び『コンフィデンスマンJPロマンス編』ジェシー

6 ○○○パーフェクトじゃ！『天外者』五代才助

7 〈タテ36〉…ん…あ…トトロ、「○○○のトトロ」『真夜中の五分前』良

8 ○○○○○○は蚊をシューってやります『山形スクリーム』コンビニの店員

9 江戸時代の粋で○○○な若者

10 ○○○○、戻ってまいりました『太陽の子』石村裕之

12 寝ているときの騒音はお断り

13 藤本先輩、○○が上がってるから○○をしっかり引く『奈緒子』壱岐雄介

17 願いを込めて折った○○○鶴

19 奈美ちゃんには将来の○○とかあるの？『SUNNY 強い気持ち・強い愛』藤井渉

21 あの…これ…○○といい、シャンプーなんですけど『アイネクライネナハトムジーク』佐藤

23 卒業生が読み上げる文

25 コイツがやらした。俺の○○カノ、咲『恋空』桜井弘樹

26 ウチは○○だけはあるから、一千万の身代金くらい平気だって『CHiLDREN チルドレン』木原志朗

27 尾張、水戸、○○藩は徳川御三家

28 ○○には時流に乗り攘夷の徒とさえ交わった『銀魂2 掟は破るためにこそある』伊東鴨太郎

29 俺たち出会ってからもう今年で○○○○になるじゃない？『アイネクライネナハトムジーク』佐藤

30 俺が働くようになったらアネキに○○な思いさせてやれると思ったんだよ『ごくせん THE MOVIE』風間廉

32 一生懸命とは…○○○○懸命ではないのか？『ブレイブ -群青戦記-』松平元康

三浦春馬さん出演映画セリフ集クロスワードパズル

1 (S)		2	■	3	4		■	5	6		7	■	8		9	■	10
	■	11	12			■	13			■	14			■	15	(T)	
16	17			■	18	19		■	20	21 (E)		■	22	23		■	
■		■	24	25 (N)	■		■	26	■		■	27		(G)	■	28	
29		30 (F)	■	31	32	■	33 (H)		34	■	35 (M)				36		■
	■	37	38	■	39			■	40 (Y)			■		■		■	41
42	43	■	44	45		■	46	47		■	48	49	■	50		51	
52		53	■	54 (X)		55	■	56		57	■	58	59		■		■
	■	60	61		■	62		(Z)	■	63	64	(I)		■	65	■	66
■	67	■		■	68 (J)		■	69	70			■	71	72 (L)		73	
74	(U)	75	■	76		■	77	■		■	78				■		■
	■	79	80	■	81				■	82		■		■	83 (W)		84
■	85	■	86	87		■		■	88		■	89	■	90		■	
91 (C)		92			■	93		94 (V)	■	95	96		97 (Q)		■	98	
99				■	100		■	101		■		■	102		103		■
	■		■	104			105 (B)		■	106	■	107		■		■	108
■	109		110	(K)	■	111		■	112	(D)		■	113		■	114	
115		■		■	116		■	117	(P)		■	118		■	119		■
	■	120	(O)			■	121			■	122		■	123	(R)		124
125				■	126				■	127		(A)				■	

A	B	C	D	E	F	G	H	I	J	K	L	M	N	O	P	Q	R

S	T	U	V	W	X	Y	Z

33 あ、○○○は?見ない顔だね『SUNNY 強い気持ち・強い愛』藤井渉
34 漢字では秋桜と書く花
35 あ、でも俺と同じ日にしたから。終わったら○○○も出来るしさ『こんな夜更けにバナナかよ 愛しき実話』田中久
36 ○○○を撮ってみたいんだ『キャッチ アウェーブ』佐々木大洋
38 ○○だけを見ていよう、最後の一秒まで『キャプテンハーロック-SPACE PIRATE CAPTAIN HARLOCK-』ヤマ
41 ○○ってさあ、ちゃんと本気で届けって思わないとちゃんと受けてもらえないんだよ『君に届け』風早翔太
43 俺はさあ ○○になりてえな…○○になってずっと美嘉を見守るんだ『恋空』桜井弘樹
45 夏休みは○○○バケーション
47 同じ穴のムジナ
49 眼鏡フレーム国内生産No.1を誇る福井県の市
50 ある人物から受けた親切を別の人物につないでゆく○○フォワードの精神
51 ○○は授けるが手は汚しませぬ、では取引にならん『ブレイブ -群青戦記-』松平元康
53 あ 受付?-ちっと待って。○○いいとこなんだ『奈緒子』壱岐雄介
55 正確に言うとマサチューセッツ○○○大学を休学中です『アキハバラ@DEEP』イズム
57 サラダ油つけたら取れるって「○○○家の食卓」でやってたよ『SUNNY 強い気持ち・強い愛』藤井渉
59 あの、お忙しい中すみません…○○○○○にご協力頂けませんか『アイネクライネナハトムジーク』佐藤
61 君のためならどんな○○にも乗れる『キャッチアウェーブ』佐々木大洋
64 美藤真嘉雄の○○○○ってだけで1年の俺を幹部扱いにしてくれたんですから『クローズZEROⅡ』美藤竜也
65 ならばその○○を進め。仲間とともに『ブレイブ -群青戦記-』松平元康
66 藤間さんて○○さんとどうやって知り合ったんですか?『アイネクライネナハトムジーク』佐藤
67 俺がそんな○○を作ってやる『天外者』五代才助
68 機動戦士○○○○に出てくるジオンのモビルスーツです『アキハバラ@DEEP』イズム
70 大砲二百五十○○、造船所には反射炉が三十基『天外者』五代才助
72 一人息子は一○○種
73 ビクトリアピークからのぞむ100万ドルの○○○
74 あ、いえ、○○が迎えに来てくれるそうです『永遠の0』佐伯健太郎
75 アーサー王子は円卓の○○
77 いいんだよ。○○○○ではいっつもジョウ、ジョウって呼んでたのに『Nile ナイル』西山海
80 会社を辞めるので○○○○届を提出する
82 周りを照らし導く○○○がおぬしの中に宿っておる『ブレイブ -群青戦記-』松平元康
83 立山黒部アルペンルートと黒部○○
84 俺は天国の奴隷より○○○の自由を選ぶ!『進撃の巨人 ATTACK ON TITAN エンド オブ ザ ワールド』エレン
85 ○○○があるもんは好きなだけ言え!『天外者』五代友厚
87 顔が広くて情報○○の君
89 俺の…○○の力だな『恋空』桜井弘樹
90 これ以上、俺の○○○をするな『天外者』五代才助
91 トルティーヤで包んで食べるメキシコの軽食
92 略さずに言うと自動販売機
93 ○○○○○、俺そろそろ行くよ『SUNNY 強い気持ち・強い愛』藤井渉(現在)
94 オーストラリアで出会ったユーカリ好きの小動物
96 7月7日七夕生まれは○○座
97 ○○○○から買うてきた船じゃ『天外者』五代才助
98 似たようなAI機能を搭載している限り著作権法違反で僕らの○○です『アキハバラ@DEEP』イズム
100 ○○を捨てよ町に出よう
103 4年連続で振られるとさあ 考えちゃう○○ですよ『永遠の0』佐伯健太郎
104 ほんとですか?キャプテンが100○○を超

えてるって『キャプテンハーロック-SPACE PIRATE CAPTAIN HARLOCK-』ヤマ

105 おい!なに ○○なおりしてんだよ!お前それでいいのか『ネガティブハッピーチェーンソーエッヂ』能登

106 あの人のわがままは、○○○がけなんです『こんな夜更けにバナナかよ 愛しき実話』田中久

108 牛○○をつついて談笑する

109 娘の旦那さん

110 〈ヨコ13〉には○○○○かけらんねえよ『ごくせんTHE MOVIE』風間廉

112 100メートルの○○○の星だって『奈緒子』壱岐雄介

114 大学の友達が結婚することになったんですけどね。二次会の○○○任されちゃって『アイネクライネナハトムジーク』佐藤

115 ○○○ますますの発展のため、頑張って下さい『太陽の子』石村裕之

116 この〈タテ57〉鴨太郎が生きた○○○を天下に、人々の心に刻み込んでみせる『銀魂2 掟は破るためにこそある』伊東鴨太郎

117 オランダ語で水道の蛇口のこと

118 リビングでこれに寝そべってテレビを観る

119 ビートルズのジョン・○○○

120 お産のために○○帰り

121 まあ、○○が弱いんだろうね。おじいちゃんみたいになれると思ってたんだけど…ね『永遠の0』佐伯健太郎

122 駅の立ち食い○○屋

123 だけど○○の外に置かれるのはもっとイヤです『アキハバラ@DEEP』イズム

124 だから俺、○○、バイトすんだ『ごくせんTHE MOVIE』風間廉

↓ヨコのカギ

1 嬉しいんです、本当に。こうして○○○でご飯が食べれて『アキハバラ@DEEP』イズム

3 待たせたの。○○○致す『ブレイブ -群青戦記-』松平元康

5 もう一度やらない?ニューヨークを。あの時みたいに○○○○同士になって『コンフィデンスマンJP ロマンス編』ジェシー

8 でも父は○○○なんです。僕が聴いてると怒ってステレオ消すし『CHILDREN チルドレン』木原志朗

11 自分が所有するコンピューター機器

13 どこから、○○○。どこから…○○○ら。どこから僕を騙した『コンフィデンスマンJP ロマンス編』ジェシー

14 サッカーはイレブン、野球は○○○

15 俺、もうお前の○○○、拭いてやれねえから『恋空』桜井弘樹

16 三重県の県の魚はおサカナではなくこのエビ

18 守ってくれて頼りになる○○神

20 妊娠初期に起こる症状

22 七五三で食べる飴

24 はい、〈ヨコ1〉聞いて!今度の日曜日、○○だめしやります『君に届け』風早翔太

27 ○○○からワシらもロックンローラーや!『岸和田少年愚連隊ゴーイングマイウェイ』アキラ(少年時代)

28 僕の配偶者

29 経費で落とさずポケットマネーで支払う

31 おもちゃの専門店○○ザらス

33 相変わらず驚かせてくれるよ。ミシェルも君の○○だったなんて『コンフィデンスマンJPプリンセス編』ジェシー

35 ○○○○○で食っていけたら最高なんだけど『SUNNY 強い気持ち・強い愛』藤井渉

37 テディ・ベアはこれの人形

39 山陰の小京都と呼ばれる島根県の町

40 ○○○です。マッターホルンの林に突っ込んだ『コンフィデンスマンJP ロマンス編』ジェシー

42 医学生と合コンしたくて○○ついたの?『こんな夜更けにバナナかよ 愛しき実話』田中久

44 「○○○追分」は北海道の民謡

46 結婚しても教師は続けるのかとか、○○○は何人欲しいかとか『こんな夜更けにバナナかよ 愛しき実話』田中久

48 ○○の 坂本龍馬『天外者』五代才助

50 天を駆ける馬

52 フッ…いいじゃないか。僕の○○○は局長だ『銀魂2 掟は破るためにこそある』伊東鴨太郎

54 横は横でも非常に近距離の横

56 群馬県安中市と長野県軽井沢町の境にある峠

58 母さんが死んだのは小2の時だし、富永とヒロの○○○とは全然違うっしょ『東京公園』志田光司

60 ルールも○○○も無いヤツがサーフィン語るな！『キャッチ アウェーブ』佐々木大洋

62 We know this too ○○○（我らはそのことをよく知っている）『天外者』五代才助

63 例えば祖父のいとこの孫など縁が薄い親戚

68 アトリエ、スモック、ベレー帽

69 源氏の君、○○○○の葵の上をよろしく『千年の恋 ひかる源氏物語』頭の中将（少年時代）

71 来い！最後の○○○○のときだ！『銀魂2 掟は破るためにこそある』伊東鴨太郎

74 ○○○は死んでない 俺の中でまだ生きてる『クローズZEROⅡ』美藤竜也

76 一日離れるね。○○、二、一。よっ…よいしょ『こんな夜更けにバナナかよ 愛しき実話』田中久

78 キャッチ・ア・○○○○！『キャッチ アウェーブ』佐々木大洋

79 ○○された場所に持ってくだけって言われたんだけど『ごくせんTHE MOVIE』風間廉

81 ○○○○ペアになってフォークダンス

82 悪い○○じゃないよ 会社はさ いろいろあるけどさ『金融腐食列島［呪縛］』北野浩一

83 ♪失うことを恐れたら○○○なモノ守れない♪『ネガティブハッピーチェーンソーエッヂ』能登

86 仕事をする部屋は○○○室

88 このたびは 美嘉さんの妊娠…○○ちゃんを、○○ちゃんを産む…『恋空』桜井弘樹

90 ボクシング○○で汗を流すボクサー

91 あ ごめん ○○○○日におめでとうって言ってあげられなくて『君に届け』風早翔太

93 ○○○も女も老人も〈ヨコ46〉も笑って暮らせるような世を作りたい『ブレイブ -群青戦記-』松平元康

95 僕にとっての最大の不幸は最大の○○○○○が敵だったということだ『銀魂2 掟は破るためにこそある』伊東鴨太郎

98 人生の悲劇の第一○○は親子となったことに始まっている…か『CHiLDREN チルドレン』木原志朗

99 でも昨日〈ヨコ46〉の頃からずっと好きだった〈ヨコ82〉に思い切って○○○したんです『東京公園』志田光司

100 イエス・キリストの弟子たち

101 尾行って○○をつけることですか『東京公園』志田光司

102 数十億のシロモノで…○○○○してもいい『コンフィデンスマンJPプリンセス編』ジェシー

104 ○○○○○、また明日

107 図書室で出来た子だから、○○ていう字付けね？『恋空』桜井弘樹

109 自分の氏名を記入しない投票用紙

111 走るのが苦しい場所

112 ○○○今日の彼の行動についてはすでに諸君も聞き及んでいるだろう『銀魂2 掟は破るためにこそある』伊東鴨太郎

113 復活してよね。俺、危ない○○渡ったんだから『CHiLDREN チルドレン』木原志朗

114 もしかすると、○○の向こうは楽園かもな『進撃の巨人 ATTACK ON TITAN』エレン

115 当たり前じゃん、嫌がらないよ。いろよ、○○に『東京公園』志田光司

116 たい焼きや大福の中身

117 腐れ縁…そんな○○○の絆もあるんだな『銀魂2 掟は破るためにこそある』伊東鴨太郎

118 醤油は英語で○○ソース

119 『ごくせん』シリーズで演じた風間○○

120 ○○○な子って書いて爽子でしょ？『君に届け』風早翔太

121 調査の○○○受けちゃってさ『東京公園』志田光司

122 お言葉ですけど、○○は特攻で亡くなってるんですね『永遠の0』佐伯健太郎

123 どうかなあ…○○○はもう死んじゃったんだ『真夜中の五分前』良

125 ○○○が何と言おうと俺は○○○のために走る。○○○のために勝つよ『奈緒子』壱岐雄介

126 〈ヨコ82〉の○○○を勝手に合成すんな『コンフィデンスマンJPプリンセス編』ジェシー

127 ○○○○！ありがとう！ごくろうさま！ほんまにありがとう！『森の学校』河合雅雄

第2章

三浦春馬さんのファンたちの声

寄せられた投稿を紹介

三浦春馬さんの死をめぐる女性たちの声【2021年4月〜8月】

毎回、たくさんの読者からメールや手紙が寄せられています。紙幅の都合でごく一部の方の投稿しか載せられないことをお詫びします。これに懲りずにまた投稿をお寄せください。

ここに掲載したのは、月刊『創』に寄せられた読者投稿だ。2020年11月号から一部5月号までの投稿は4月刊『三浦春馬　死を超えて生きる人』に収録したが、今回掲載するのはその続きだ。

いずれも切実な内容であることは変わらないのだが、よく読むと少しずつ投稿内容に変化があることがわかる。春馬さんの死に衝撃を受け、そこから逃れられていないのは同じだが、少しずつ春友さんたちも落ち着きを取り戻し、前向きに生きていこうという思いをつづったものが増えている。

またこの1年間、投稿する人の領域も広がり、心療内科に勤めている人や僧侶など、様々な立場の人の声が掲載されるようになった。春馬さんの死をきっかけに多くの人が自分の人生に思いを馳せるようになったのだが、日常的に死と向き合っている僧侶なども関心を寄せ、投稿してくるようになったようだ。

最近は20代女性からも投稿が届き始めている。これまでは50〜70代女性がほとんどなのだが、関心を寄せる層が拡大していることをうかがわせる。

8月発売の『創』9月号では特に、春馬さんの死から1年を迎えた7・18をあなたはどう過ごしたかというテーマをめぐって春友さんたちの投稿を掲載した。いまや社会現象となっている春友さんたちの思いの吐露や様々な取り組みを書いた投稿、ぜひ熟読していただきたい。

父が他界した時よりも激しい喪失感が…

【『創』21年5月号掲載】

●こうやって、文字にすることで心の整理がつけばいいかと思って書いています。50代半ばの、息子2人(20代)の母です。現在は夫と2人で生活していています。

他の人の手記を読んで共感できる部分もあれば、そうでない部分もあるし。ファンといっても人それぞれ思いが違うことを感じています。

春馬くんが生きていた時は、毎回作品が違うたびに違う役者かと思うくらいのカメレオンぶりに驚いていました。当時は、ファンというまでではなく、好きな俳優さんの一人という感じでした。

「ラスト・シンデレラ」の後のドラマに「僕のいた時間」を選んだのは驚きとともにどうして？ と思ってしまいましたが、今は彼の残した言葉・彼の人となりを知って、納得しています。

十数年前に私の父親は他界しました。父親には、悪いですが、その時よりも今の春馬くんの死のショックは大きく、今もひきづっています。なぜ、こんなに悲しく、大きな喪失感が生まれたのか？ 自問自答しています。

去年の秋ぐらいまでは、春馬くんが亡くなってしまうような作品を見ると家族の前でも号泣してしまい、夫にも息子にも呆れられていましたが、家族にはそんな姿を見せられないという人もいることを思えば、こうやって家族の前で彼の死を悲しむ姿を見せられる自分は幸せなんだろうと思ってます。

今は、そんなことはなくなりましたが、ベッドに入ると急に孤独感なのか喪失感なのか分からないけど誰かの手に触れたくて、夫の手を握ってしまったことが何度かありました。結婚して30年近くになるのに、今までそんなことはなかったのに。もし、一人だったら、家族にも恵まれていなかったら自分も死を選んだのだろうか？と思いながら。

今も、なぜ春馬くんは死んだのか？ 毎日、自分なりに答えを見つけようとしているけど、一生わからないんだろうと思ってます。春馬くんも死の理由を明らかにすることを望んでいないだろうし、春馬くん自身も、もしかしたら分かってないのかも。誰も彼が死を選ぶなんて思っていなかっただろうし。

今は、中学生の時以来になる日記をつけています。春馬くんに対する思いを言葉にすることで、少しは私の気持ちを落ち着け穏やかにするためです。少しは日記が役にたっていると思ってます。

(匿名)

桜が満開の季節に貴方は31歳に

●自由になった今、貴方のあの美しい瞳は何を映していますか。桜が満開の季節に、貴方は31歳になりますね。

時を経て、貴方を失った現実を他の誰

かと共有できても、私自身が持て余している癒されることのないこの感情は私だけのものであり、もう修復される手立ては永遠に失われた。

だから…生ある限りこの虚しさや喪失感と付き合っていく、そう決めた。枯れない涙を知った…でもその一方で、これで良いんだと思える。

何が正解かなんて分からないけれど、自分の心の赴くまま一生をかけて愛しむ人に出逢えた私はある意味、とても満ち足りていて幸せだとさえ感じる、そんな境地に達した。私の中で、貴方はそれほどの絶対的な存在となった…

ただ存命中に精一杯、応援できていたのなら、この虚しさも少しは違うものだったのかな、とも感じる。私の喪失感の最大の原因は、この素晴らしき人間「三浦春馬」に触れることなく、愚かに時を重ねて来た「後悔」に尽きるのかも知れない。

貴方に何もできなかったこと、何も伝えられなかったこと、そして…貴方の未来を守れずにひとりで逝かせてしまったこと…力及ばすごめんなさい。

ねぇ、春馬…貴方のいない世界を貴方は想像した？ 貴方の見たかった景色は、自身への溢れる賞賛や賛美の声ではなく「作品を通して人々の心を豊かにする」、これではなかったの？ 多分それ、ここにあるよ。全てを持っていたのに…。

たくさんの方々が貴方を心の支えとし、日々を輝かせていたんだよ。貴方の活躍を、幸せを、楽しみに生きていたんだよ。春馬じゃないと駄目なんだ！ 代わりはいないんだ！ 貴方こそが本物だ！と私も伝えたかった。

だからと言って…生前からも多くのファンに支えられていたのは紛れもない事実だし、たとえ私なんかの思いが届いたとしても貴方の最期の選択を変えるだけの力になったとは言い難く、私の自己満足なのだろう。

ただただ、生きていて欲しかったとの思いも、哀しみや喪失感に浸っているのもこっちの勝手で、貴方は何にも縛られる必要はない。最期の衝撃だけで、貴方の人生そのものが悲哀に満ちていたと印象付けてはならないし、貴方の人生は貴方自身のもので、生き死にも尊重されなければならない。

結局、貴方は私の一部になったけど、私は貴方を構成する一欠片にさえもなり得なかった、それが全てなのだろうとも思う。もし貴方が今も生きていたら、私は未だに愚か者のまま、日々を送っているのだろう。

貴方は死して、我々の生を浮き彫りにした。貴方が丁寧に紡ぎ出した30年の尊い物語は、人々に多くを投げかけた。そこから何を感じ、学び、受け取り、取捨選択し、勝手ながら引き継ぐかは、読み手次第だ。

突然の予期せぬ旅立ちは、貴方らしからぬ凄みのある静寂さで、私にも問いかける。「君は残りの人生をどう生きて、何を遺すのか」と。

私は何度も何度も何度も、決して厚くはないその深いバイブルを読み返すだろう。そう、それを手放さない限り、春馬は私と共に生き続けるのだ。貴方の姿、形はもう見えないけれど、魅せられた生き様が、遺した作品が、言霊が、あの笑顔が、「春馬イズム」が、今も私たちを突き動かす光となって導いてくれる。

私が頑張らない理由は、もうどこにもない。やっぱり貴方は、今もスゴい人です。私は今、長い冬に別れを告げ、春の陽射しのような柔らかな貴方と共に、ゆっくりと歩きだそうとしている、私自身の物語を紡ぐために。

立ちすくんでも、後退りしても、転んでも、泣き崩れて進めなくなっても、また自分のタイミングで立ち上がればいい。その先にはきっと、道しるべとなり照らし続けてくれる春馬がいるから。

必ずまたいつか逢えるよね…そう信じて。さよならの代わりに空を見上げて、胸いっぱいに深く息を吸い、叫ぶよ。

「春馬!!!貴方は本当に、本当にっ、すごく、すっごく頑張った、良くやったよ！　誰にも真似のできない30年だった、立派だったよ！」

貴方の新たなる旅路が、溢れる愛と優しさで包まれていますように。幸せでいてよね、お願いだよ、約束だよ。

愛おしい春馬へ。


（北海道　かんなお　54歳）

作品や動画を見ながら今も涙が流れる毎日

●60歳でリタイアした後、子育て支援に関わるアルバイトをしている熟年者です。私も多分にもれず、7月18日の衝撃的な出来事があってから、春馬くんのことが頭から離れません。それまでは、熱心なファンではなく、たまに彼に関する作品を観る程度でした。
しかし、あの日以来、毎日毎日、作品や動画を見返すことに多くの時間を割くようになりました。当初の2～3カ月は、心理を学んでいたこともあり、非の打ちどころのないパーフェクトな春馬くんが、なぜあのような決断をしたのか、自分なりに納得できる答えを求める日々でした。でも、答えは見つからず、一層悲しみが増していきました。もう、半年以上過ぎていますが、気に入っている作品を繰り返し観るにつけ、悲しみと共に、自然に涙があふれ出すことが多くなっています。

この涙は何なのか。それは、春馬くんが、まだ30歳になったばかりの若者なのに、仕事に対してありとあらゆることを準備し努力する姿勢、また、人として、こうであるべきという姿が透けて見えてきたからだと思います。私の半分の年齢にも満たないのに、その取り組みように、ただただ驚嘆するばかりです。

これからも、彼が作品に込めた気持ちに思いをはせながら、表現者としての素晴らしさをじっくりかみしめていきたいです。そして、春馬くんが見せてくれた仕事の向き合い方、ひいては人としての生き方を指針として、残りの人生を歩んでいきたい、できたら、次の人にもそれが伝わればいいなと思っています。


（妙子　65歳）

「死を越えて生きる人」三浦春馬さんへ

●春馬さんの死をめぐる特集が始まった11月号からこれまで6冊の『創』が書棚に並んでいる。帯には全て「三浦春馬」の文字があり、「死」の文字が並ぶ。この半年、いかに『創』が春馬さんの突然の死とその社会的影響にジャーナリズムとして向き合い続けてきたか分かる。

三浦春馬を語るには「死」の現実と向かい合わざるを得ない、そして今これを書きながら改めて「死」が突きつけられて辛い。あの日からもう8回目の月命日を先日迎え、まもなく生きていれば31歳、おめでとう、ありがとう、とまたインスタライヴに登場してあの笑顔を見せてくれていたのかなと思うと、改めて彼のいない喪失感が波のように押し寄せる。

けれどこの頃は三浦春馬死の現実を心に反芻してひたすら悲しみにくれたり、何故もっと早く彼を知らなかったのか、「今さら気付いて遅いよ」と自分を責めたり、何故救ってあげられなかったのか、彼の周りの環境を疑ったりすることから気持ちを切り替えることができてきたように思う。

辛いのは救えた命だと思うから。何故彼の夢や希望は自ら絶たれなければならなかったのか、そこまで追い詰められていたのは内因か、外因か、考えれば考えるほど辛くなる、だからもうそこは考えなければいい。時を戻せないならば、先に進むことを考えようと思うようになった。

私の三浦春馬は永遠に心に生きている、だからもう悲しまないで。泣かないで。三浦春馬は死んだのではなく、たくさんの人びとの「心の中に生きる人」になったのだと。

そんなふうに感情の収まり先を見つけたように思う。ここにたどり着くのに『創』の連載、空羽ファティマさんの書かれる文章。そしてＹｏｕＴｕｂｅ動画に何万も寄せられるコメント。インスタグラムでのファンの想いの共有、それらの影響はとても大きかった。

春馬さんから学ぶ生き方の尊さ。残された者が継承すべき想い。優しく、素直に、実直に、そして努力して生きることの大切さをこの8カ月間、ファンの方達のメッセージから読みとるうちに悲しい、虚しい、淋しい、悔しい、そんなループから少しずつ抜けていく自分を感じた。

もちろん現実が変わらない以上、彼を偲ぶ想いはやっぱり涙がいつでも溢れる。例えば「天外者」を観ても、「ブレイブ-群青戦記-」を観ても、涙腺ダムは崩壊状態。だから春馬ロスに時間薬はない、時立てば悲しみを忘れるのではなくて、春馬ロスを救うのは自分が作る自分への処方箋しかないのだと思う。その処方箋こそは、気持ちを吐き出し、泣き、ともに、乗り越えようとひたむきなＳＮＳでのコミュニケーションの輪や『創』だった。

沈黙に抗議の声をあげるよりも、ひたむきに悲しみを乗り越えようとするファン一人ひとりの何万もの声は、私の心を救うお薬だった。（中略）

新しい作品には会えないと思うと、今までの作品で「作品の中に生きている三浦春馬」を身近に置くしかない。作品収集が止まらなくなり、気付くとまあ凄いことになっている。ＤＶＤ20本。ドラマＤＶＤはひとつの作品で5～6枚程あるので枚数にしたら40枚くらいになる。さらにノベライス本、「天外者」と「ブレイブ-群青戦記-」のパンフレット、春馬作品の理解を深める為に買った井伊直虎、五代友厚の伝記系の本、そして『日本製特装版』。そして『創』6冊。並べると壮観である。

半年あまりの間に一人の作品をここまで集めたのなんて人生始まって以来のミラクルワールド。改めて作品達を並べて眺めると、春馬さんがいかに多くの軌跡を創ったかに心を打たれる。30年の人生のうちほとんどを作品の中の役柄そのものとして生きた。だから三浦春馬よりも広斗として、風早君として、澤田拓人として、ジェシーとして、そしてローラ！として（作品が多すぎて書ききれない）、役柄だけにとどまらずダンサー、歌手、モデル、何人もの超絶素敵な三浦春馬が心の中に生きている。

沢山の作品と写真とお花を飾り、『日本製』に出ていた和ろうそくを灯し、彼の好きなアロマ、薔薇（ばら）の香りのお線香を焚き、春がきたねと春限定ビールをお供えし…これは完璧にビョーキかと他人には思えるだろう。春馬は恋人か？　会ったことさえないのに。そんなに夢中になれるものか？と春馬を知らない人は言うだろう。でもただただファンだというだけでここまで夢中にさせてしまうのが、神レベルの春馬力なのだ。

春馬ロス、春馬病、治らないからもう一生付き合うことにした。何で？　何で？　死んじゃったの？　春馬を返して。春馬戻ってきて。心はきっと叫び続ける。私もその叫びがなくなった訳ではない。けれど「死を越えて生きる人」として、三浦春馬はこの春、新たな伝説の人として再び生まれる。『創』がその伝説を作ってくれたことに感謝したい。そして願わくば、これからも死を超えた三浦春馬と三浦春馬を愛するファンが心をひとつにできる連載を続けて欲しい。

（匿名　60代）

臨床心理士として春馬さんの死を想う

●春馬さんが亡くなってから7カ月。もう半年以上経つというのに、いまだ毎日のようにネットで記事を追い、時間があれば「天外者」の映画を1人で観に行くという生活が続いています。もう20回は観にいきました。こんなことは初めてです。

仕事の帰り、週末と隙間（すきま）時間を見つけて1人で映画館に通っています。初めは何となく気恥ずかしかったのですが、映画館には私のように1人で観に来ている女性も多くいます。「まだ飽きないの？」と家族から半ば呆れられていますが、それが全く飽きないのです。毎回、新しい発見があり、毎回、魂を込めて五代友厚を演じる三浦春馬さんの姿をスクリーンで観ながら感動しています。

私は春馬さんのお母様と同年齢。夫と成人した子供2人がいて、長年、臨床心理士の仕事をしています。三浦春馬という名前は「14才の母」で知りましたが、特に気にとめることもなく、次女が「サムライハイスクール」や「ごくせん」を観ているのを横で眺め、映画は話題作というので「永遠の0」を飛行機の中で観た位。かわいい、イケメン俳優というイメージで、その後も何度か飛行機の映画案内で彼の名前を見つけても、邦画は面白くないからと全くスルーしていました。

こんな私が彼に興味をもったのはNHKの「せかほし」を観るようになってから。もともと海外旅行や雑貨探し、美味しいグルメや素敵なインテリアに関心が強いので、「せかほし」の世界観に引き込まれましたが、それ以上に成長した三浦春馬さんに引き込まれたからでした。

20代後半になった彼は少年らしさが抜け、持ち前の爽やかさは変わらず、ずいぶんと落ちつかれ、しっかりとした気品のある佇まいで相手を尊重する心のこもったコメントを発していました。MCとしての責任感も感じられ、番組を通じて彼の人間性が伝わってきました。

私の知らない間にこんなにもよい歳の重ね方をしていたのかと感心しながら、今後30代、40代と、どのように歳を重ねていくのか、成長、成熟していく三浦春馬を観ていきたいと強く思いました。

とそんな矢先に突然に彼の死を知り、ただただショック。しかも死因もよくわからない。報道されている記事も真実とは限らず、なぜ彼がこの世からいなくなってしまったのかわからない。

春馬さんが亡くなってから、急に三浦春馬ファン熱が高まり、ネットにアップされている三浦さんに関する様々な記事を読んだり、出演した番組や映画やドラマの宣伝などの動画、出演された数々のドラマや舞台や映画を動画配信サイトでくまなく観たりするようになりました。

三浦春馬さんの素晴らしさに、もっと前から気づき、舞台も実際に観に行けばよかったと後悔しています。もはや叶わぬ夢となってしまった今は、春馬さんの過去の映画や舞台を大きなスクリーンで観るのが楽しみとなり、吉祥寺や秋葉原の映画館で上映されると1人で観に出かけています。いつも春馬さんファンでいっぱいで、周りの方も同じような想いで観にきておられるのだろうと、なんとなく一体感を感じています。

日本は自殺者が多いこともあり、国をあげて自殺者が減少するための対策をし、私自身も臨床心理士会の自殺に関する研修会等に参加し対応してきました。令和元年までは対策の効果も出て減少していました。ところが令和2年6月から7カ月連続の増加。特に女性の自殺が増加。コロナの影響だけではなく、著名人の自殺の影響も指摘されました。

お葬式やお別れ会は故人との別れを受け入れ、残された者が前に進んでいくための節目となる儀式でもあるのに、今回そこが曖昧となってしまい、しかもコロナ禍でいつもより大きなストレスを感じる中で、どのように不安な気持ちを収めていけばよいのかわからなくなり、死を選んでしまう人もいるでしょう。いまだ前に進めないファンのためにもお別れ会を開いてほしいです。喪の作業は必要です。

私が春馬さんの「天外者」を何度も観にいくのは春馬さんの喪の作業の一つなのかもしれません。また2年前に亡くなった父との関係の整理、子どもたちの巣立ち、母の介護、定年を意識した生活など、自分の人生の課題を抱えながら、コロナによる閉塞感のある社会で心理臨床に携わっている私は、スクリーンの春馬さん、動画の春馬さんを観ることで救われているようです。隙間時間を見つけては映画館に通い、家では動画をながめることで穏やかな前向きな気持ちになれるのですから。

コロナ禍の中、三浦春馬さんのもつパワーは一際輝いています。そのパワーを借りて乗り越えていこうと思います。春馬さんの後を追うことを春馬さんは決して望んでいないはず。乗り越えていく姿を天国の春馬さんは喜んでくれ、見守ってくれていると信じています。

新型コロナウィルスによる感染症による生活の変化は心にも影響を及ぼしています。最後に、臨床心理に携わる者として、ストレスをひとりで抱えこまず、臨床心理士などを利用してもらいたいと願っています。（57歳　臨床心理士）

今も「何故?」と思い悩む日々

●『創』4月号三浦春馬さんの「死」の波紋を読ませていただいた。昨年より継続して載せていらっしゃる内容に驚愕と感動を覚えている。私よりも、投稿されている方々のなんと年輪の重なりの大きいことか！　そして、作家でいらっしゃるのではないかとも感じる文面に。

昨年のあの日を境に確かに私も日常生活に支障をきたした日々があった。今でも毎日悶々と渦巻く瞬間はある。私は確かにファンでも何でもなかったが、なるべくしてこうなっていると、自分の過去を辿るようにもなった。これは、あくまでも私個人の軌跡に過ぎないが、夫にも息子にも理解しきれないだろう。これを深く打ち明ける相手がいないのかもしれない。

ずっと金融関係に勤務している。いわゆるメガバンク系列の中でひたすらに目先の数字だけを追ってきた。目先のみだ。20年近くなり、精神が壊れた。産業医に相談し通った。その中である日「世界はほしいモノにあふれている」という番組を何気に見させていただいた。司会のお二人の雰囲気の豊かさ、春馬さんの佇まいに、心が癒された。この俳優さんは、こんな方なんだ。長年のファンには申し訳ないが、このくらいに過ぎなかった。

それが、昨年あの日から、一変した。当日夜に観た映画「コンフィデンスマンJP」や、ネットで聴いた歌によってドスンと海の底まで落ちていったようになってしまった。

そこからは、投稿されている方々と同様、急に涙が出てきたり、なんでなんでなんでと…台所に立っているときにも突然涙が出た。多分完全な解決なんてない。私も投稿された方々も、恋人とも母親ともなんとも言えない感じの目線だろうか。

人の生き様って何なんだろう。私は、彼の関わった映画やドラマの原作や「死」をテーマにした書籍を読んだ。昨年発売された『日本製』は時間をかけて楽しませていただいた。一回目は、時系列的に読み進んだが、二回目の今は北海道から南へ順に読ませていただいてる。その当時は「ヤセの大食い」さんだったようだ。この数年後の旅立ちは、彼が想定していたことなのだろうか。

「何故?」がとれない。ここまで、ひとの生き様やそこまでの軌跡を考えたことはなかった。今も「何故?」は続く。60

歳を迎えた私は、この先どう生きるか、どう社会に責任をもつか。「何故?」と思うと同時に、今までの自分の生き様に責任をもってきただろうか?

私には、春馬さんに救っていただけたものがある。そこに感謝したい。そして投稿された方々や、「天外者」を上映している映画館へ贈物を届けているファンの方々を、とても芯の強い真面目で清廉な心根の持ち主と思っている。皆様の日々のやすらぎ、あたたかさ、清らかさを愛してやまない。しあわせを願う。

（匿名）

仕事柄、命を絶った人を何人か知っていますが…

●7月18日のあの日、夜勤前だった私は速報の音を病室のテレビから聞きながら、職場に入りました。パソコンに群がる日勤のスタッフから詳細を聞いて衝撃を受け、けれども仕事が始まるので「イケメンが一人いなくなっちゃった」とおどけるように同僚に言いました。

特段ファンではなかったのに、帰ってからはYouTubeを漁り、それからは毎晩呑みながら泣きました。それからBlu-rayレコーダーを買い、WOWOWやスカパーに加入し、とにかく録画をして観ました。10歳も年下の俳優さんを好きになったとは誰にも言えず、やっと友達に言ったのは10月のことです。LINE以外のSNSをしない私は、吐き出す場所がなくて日記を書き始めました。鬱屈した感情を整理したり、鎮めるために、今年に入ってからウォーキングを始めました。最近は好きな写真や動画でMovieを作っています。あの日からしばらく、生きることに少し絶望し、どうせ死ぬなら物は少ない方が良いと断捨離したけれど、また新しいものが増えています。

仕事柄、命を絶った人を何人か知っています。どの人も退院してからなんです。つまり、元気になってから。報道の通り、鬱があったとして、緊急事態宣言下の4月や5月は本当にしんどかったのかもしれません。鬱の真っ只中には命を絶つ元気はありません。仕事が動き出した6月や7月、少し元気になった頃、やってしまうその元気が出てきちゃったのかな。

私たちには何にもわからないし、諦めじゃないけれど、誰にも止められなかったと思います。優しい人だから周りに察知はさせない、確実に逝けるようにしたでしょうから。

だから、何かできたかもしれないという思いを捨てて、今は精一杯ご冥福をお祈りいたします。

（宮崎県　みほ）

多くの投稿を読みながら少しずつ前を向こうと…

●中学生から幼稚園児まで3人の娘を育てている40代の母親です。あの日、春馬くんがもうこの世に存在しないことを知って以来、なぜか心に大きな穴が空き、ときには身動きもできないほど寂しくて悲しくて苦しくなってしまう自分に驚き、自分を扱いかねていました。

子供たちが学校や幼稚園に出かけている間、在宅での仕事の合間に、旧来からの熱心なファンの方が更新するインスタで過去の映像を見たり、春馬くんが情熱を傾けた作品にふれ、最後には「今、生きている彼に会いたい」と涙が止まらなくなり、泣きすぎてぼんやりした頭で帰宅する子供たちを迎えるという不甲斐ない毎日でした。

こんなことをしていて何になるんだろう。「僕のいた時間」で、春馬くんが教えてくれた「人生の大切な時間」を、無駄遣いしているだけじゃないかと自分でも思うのです。私にはどうすることもできなかったと分かっているのに、絶対に失くしてはいけない人を失くしてしまったという悔恨が心を痛めつけ、無力感にとらわれて動けなくなってしまうのです。

あの日から、春馬くんの遺した作品を観、インスタに残した写真や動画を見、インタビューやレコーディング、PV撮影の舞台裏などの多くの動画を観、彼がインターネットや雑誌の取材に応えた膨大な記事を見て、見れば見るほどどんどん彼が好きになり、その底知れぬ魅力に取りつかれると同時に、「ああ、これだけの才能と魅力と奥ゆかしい人間性を持ち、なおかつ誰からも妬まれず、裏切られず、中傷されず、足を引っ張られずに日本の芸能界で成功し続けるなんて、どだい無理な話だ」と、諦めに似た気持ちを感じずにはいられませんでした。

どなたかがおっしゃっていたように、今、私たちが生きている日本は、稀有な才能を持ちながらもつねに「もっと上」を目指し、人目につかないところで誰よりも努力し、それでいて謙虚で思いやり深く、有名・無名を問わず関わるすべての人を敬い、寄り添う優しさを持った彼が、そのままの姿で自然に、心穏やかに生きていける社会ではなかったということでしょう。「そんな社会の一員である自分が恥ずかしい」という投稿者の方の言葉に、激しく同感し、同じ思いのかたがいたことに、ほんの少し救われました。

役者という「個人商店」の一種独特の孤独さも、家庭に恵まれなかった彼の孤独感を増してしまったのではないかと、私は自分の経験からも感じました。映画もドラマも舞台も楽曲作品制作も、そのときどきでチームを組んで作り上げる仕事です。その期間は朝から晩まで共演者やスタッフ陣と家族のように同じ時間を過ごし、同じ目標に向かって仕事をし、プライベートでも親密になりかけた頃に作品は完成を迎え、またちりぢりばらばらになる。

戻るべき強固な基盤である「家庭」があり、「故郷」がある人は、その寂しさにも耐えられるのです。どんなときも受け入れ、癒してくれる場所があるから、出会いと別れの繰り返しにも慣れることができるのです。春馬くんにも、帰るべき「家」があったなら。生まれ育った家庭でも、自らつくった家庭でもいい。心と身体の疲れを癒してくれる「家」があったならと思わずにいられません。

こんなに、悲しみに腑抜けてしまった私にも、なにかできることがあるのではないか…誰の目にも完璧でも、さらに上を目指して努力していた春馬くんを好きになり、その力を受け取ったからには、このままただぼんやり泣いていてはいけない。『創』さんの記事から、同じような女性ファンが涙をぬぐいながら少しずつ前へ進もうとしていることを知り、ほんの少しですが、私も、前を向こうと思えました。

まずは自分の大切な子供たちを幸せにすること。そして第二の人生では、「誰かにそばにいてほしい」と寂しさを感じている子供たちの力になること。目標を持っていれば、ときどき泣くことがあってもいいですよね。

春馬くんを愛する人たちがみんな、前を向いて歩けますように。

（匿名）

「生きていてよいのか？」という悩みも芽生えた

【『創』21年6月号掲載】

●『創』5月号、『三浦春馬　死を超えて生きる人』の2冊を一気に拝読しました。
7月のあの日から8カ月以上経った今、もうそろそろ春馬さんの名前を口に出すことすら周りにできなくなっている私は、何十回頷いたか分からない位、納得できる内容で感謝するばかりです。

空羽ファティマさんのおっしゃるアフター春馬の私は、まさに自分の孤独の玉が目を覚ましたのでしょう、魔法にかかったように春馬さんを追い続ける日々となりました。

そして、多くの女性が陥ったように「春馬さんと比べたら社会的貢献度が無に近い私が生きていて良いのか？」との悩みが芽生えました。さらにテレビで凶悪で残忍な犯罪のニュースを見ると「何故あのような犯人が生きているのに…」と、全く見当違いの怒りが湧いて来て、それを感じる自分が嫌になるという悪循環に陥りました。

愛情深い母なら、頭ごなしに否定はしないであろうと思い、春馬さんの画像や動画をスマホに送って悲しさの一部を受け取ってもらっていたら、ある日80歳を超えた父から「春馬教の信者、大丈夫か？」という、まるで宗教団体から洗脳された家族を連れ戻さなくてはと諭すような厳しい電話が来ました。当時の父に想いの全てを理解してもらうことは不可能なので、冷静に、自分は至って健康で、むしろ生きることに前向きに過ごしていると返答しました。

その後、歴史好きの父は自分の意思で「天外者」を観に行き、五代さんそのものと感じられる春馬さんの熱量、演技力に感動し、また本編後に流れたメイキングに映る素に近い春馬さんの人柄の良さに何らかの気付きがあった様子で、すぐに私にその時点での春馬さん現象の詳細を問い合わせてきたので、私なりの見解を伝えました。きっと父もその言葉が適正ではないのかもしれませんが、充分春馬教の信者の入り口にあったのでしょう。

このように今まで春馬さんの作品にあまり触れずに過ごしていた人々、さらにリアルタイムで見ることができないこれからの人々にも、表現者三浦春馬の魅力はきっと響き、春馬さんが目指した平和な世の中、明るい未来を目指す力は広がって行くことと思います。

そう、彼は何十年経っても語り継がれる「死を超えて生きる人」なんだから…

もちろん今でも「悲しい、悔しい、勿体ない、申し訳ない」の感情はとてつもなく大きいけれど、それを「大好き、人として尊敬する」という包括的な気持ちで包み込んで生きて行きたいと感じるようになりました。

こんなに生きるということに真摯に取り組む機会をくれた春馬さんに感謝しつつ、春馬さんを想うことで人間としての透明度が上がったような気持ちでいられること、そしてそのようなパワーや気付きを大勢に与える三浦春馬という人に惹きつけられた自分は、なかなか大した者なのではないかという気分にさえなっています。数カ月前の、自分を卑下する気持ちはかなり薄くなりました。

そして今、新たな目標は、世界での活躍を目指していた春馬さんの作品が海外で上映、放映されることです。そして表現者Haruma Miuraとして、正しく賞賛を浴びることを見届けたいのです。

（埼玉県　匿名）

まるで我が子を亡くしたかのような喪失感

●彼が逝って8カ月が過ぎた。人生でこれほど涙を流したことも、これほど一人の人を想ったこともなかった。名前しか知らない彼だったのに、まるで我が子を亡くしたような喪失感で、未だに深い悲しみの中にいる。彼に恋慕？　そんな単純なものではない。確かにこの世にこれほど身も心も美し過ぎて生き様も見事な人が存在してたなんて。驚きでしかない。言葉ではないし、分析もできないし、理屈ではない。私は私たちは心の深い部分で魂レベルで彼に惹かれたのだ。

初めて魂が震えた。彼の歌う白い恋人達、アベマリア、恐れないで。「僕のいた時間」、「わたしを離さないで」のDVDを観た時は号泣してしまった。「14才の母」での彼は、つぶらな美しい瞳で繊細なキリちゃんそのものだった。演じた作品に、歌に、言葉に、彼の清く貴い魂が確実に遺されている。

彼を知れば知るほどに彼のとてつもない魅力に囚われる。彼の死をきっかけにすぐ私は自分の感情のフタがあいた、と感じた。長い年月泣くことにフタをしてきた。それが外れたのだ。悲しいニュースを見たり、美しい曲を聞いたり、なんてことのない映画でも、涙がこぼれるように。多分私だけではないはず。

彼の死は、と言うより彼を想うだけで痛くて苦しい。この時代に生を受けてたくさんの人に夢を与え我が身を削りながら走り去った彼の人生は何だったんだろうか？　何か私たちには計り知れない、大いなるものの意志が働いたのだろうか？　神々しいまでの、まるで歩く芸術のような彼を知ってしまうと、どんなに願っても還って来ない事実を認めると、私たちに残された道はただただ祈ることなのだろうか。

（匿名）

僧侶の立場から春馬さんの死を想う

●いつも御誌の三浦春馬さん特集を心の拠り所のひとつにさせていただいております。お心づくしの表紙絵に目をやる度に、春馬さんへの想いを集約して下さる誌面があることに感謝しています。有難うございます。

私にとって、三浦春馬さんは尊敬する好きな俳優さんのお一人でしたが、イベントや舞台観劇に参加したことはなく（あまりにビッグネームすぎてそのような発想自体が当時の自分にはなかったということもあります…）、生前の春馬さんを肉眼でたしかめることは一度も叶い（かな）ませんでした。ですので、長年の熱心なファンの方々に対して、自分がファンと名乗ってよいのか一抹の後ろめたさはあります。それに何より、私ですら、突然の訃報に親族を亡くした時と同等といっても過言ではないくらいの衝撃を受けているのですから、他のファンの方々のお気持ちを考えると、本当にいたたまれない思いでいっぱいです。

春馬さん亡き後、私は、過去の出演作を継続して鑑賞し、改めて惜しむ気持ちと闘いながら、自分の頭の中でもう一度、彼に生き生きと役を生きてもらえる歓びに浸っています。それがせめてもの救いです。

最近、NHK大河ドラマ「おんな城主直虎」を見返していて、はっとするシーンがありました。それは、春馬さん演じる直親が、主人公おとわに最後の別れを告げに来た際、僧侶である彼女に読経（どきょう）ねだった場面でした。おとわには、読経は死者を悼むためのものだからと即断られてしまうのですが、おとわのその心情は、今の私のそれに似ています。

私事（しじ）になりますが、私は僧籍を持つ身でありながら、僧侶失格ひいては仏教界からの追放覚悟で打ち明けますと、実はまだ一度も、春馬さんへは正式な読経はしていません。していない、というより、できないのです。毎日、春馬さんを想って手を合わせることは欠かしませんが、今はそれがやっとです。

ほんの少し前まであれほどまでに輝いていた、かけがえのない魂を簡単に葬ってしまいたくないという、私の個人的なエゴも勿論（もちろん）あるかもしれません。でも、それ以上に、まだその時機ではないという、なにか人知を超えた、言葉にできない訴えに似たものを感じてならないのです。あくまで超能力者でもない、つまらない私の個人的な主観ではありますが。

私が僧侶の本分を務めず、いつまでも読経できずにいることで春馬さんを苦しめることになるのなら、本当に申し訳ないことだと頭では分かってはいます。でも、連続した魂として、まだまだ息づいていてほしいと願う気持ちがどこかにあります。

物心ついた頃から、数多の方の死後を見届けるお寺という場所で生まれ育った私には、常に人の死は身近にありました。死というのはどんな時も辛く悲しいものですが、私自身も、平均余命に比すれば早すぎる死を迎えた兄をはじめ近しい人との別れを幾度も経験した身として、確信をもって言える唯一のことがあります。

それは、故人の生前のエピソードを親交のあった方々から聞くにつけ、心慰められる有難い時間を得ることができるということです。想い出の分だけ余計に苦しめられるということもあるでしょう。でも、時には笑って、時には泣いて、たとえようのない懐かしさが淋しさの底を救ってくれることがあります。

だから、むやみに死を忌み嫌うことなく、今までと変わらず、故人のことをおおいに心置きなく語り合うことこそ人の自然な営みではないかと思います。

歴史的に法事の文化が根付いてきたのも、折々に故人を深く想い、語らう場を必要としてきた人間の摂理から派生した側面があると思いますから。

春馬さんはその著書『日本製』の旅で和ろうそくのお店を訪れた際、灯されたろうそくの火が消えるまでずっと見つめていらっしゃったとありました。明かりが灯って消えるまでを、まるで一本の映画のように見届ける、春馬さんのその繊細な情緒は、現代人が忘れがちな時間の奥行きを思い出させてくれます。

私が師事する華道の先生が常々仰っていたことですが、西洋のフラワーアレンジメントが満開のピーク時を切り取って愛でる文化であるのに対し、日本のいけばなは、蕾から枯れていくまで、その過程をすべて見届ける文化だそうです。春馬さんは、まさにいのちの始まりから終わりまで、ひいてはその余韻までをも愛でるという、和の情緒を解する方なのだと改めて感じ入ります。

私たちは、ひとつひとつの尊いいのちを、余韻も含めて愛し尽くすことのできる文化を継承してきたことに今一度、思いを致すべきかもしれません。

この先、私が春馬さんに対して僧侶としてきちんと読経できる日が来るのかは、今はまだ分かりません。おとわが直親の亡き後、放心状態から再び立ち上がろうとする時に宣言したように、私はこの先も、春馬さんの魂を心の中で輝かせ続けて、願わくば想いを同じくする方々と共に歩んでいければと思っています。「重すぎるよ…」と春馬さんに苦笑いされたとしても。

（匿名）

どれだけ月日が流れても悔しいままです

●7月18日以来、のどに何かつかえたままスッキリしない日々を過ごしています。家族との時間や仕事、日々の生活をあたりまえに過ごしながらも、必ず動画や画像を見る習慣から抜けられません。見ると嬉しい、ただそれだけですが、やめられないのです。

やめる必要もないのですが、春馬君が亡くなるまではしていなかった習慣です。結局、私は生きている限り、この習慣から抜けられず、元の生活リズムには戻れないのだと思います。戻って欲しいと思っている夫の思いに、応えることができないと思っています。

家族や、生きている自分の残りの人生が大切なことは分かります。なのに「春馬君、生きたかったんだろうに」という思いがいつも心にあるのです。

「春馬君が決めた最期だから」と思い、納得しようとしてきました。ですが「自殺をする人は冷静に判断して死を選んでいない。他に方法があることさえ考えられず、つい死の方向に向かってしまったと言える。よく考えた末の結果ではない。考える力を失っている精神状態だったんだ」という記事を読み、納得できなくなったのです。「自分で決心した人生の閉じ方ではない。考えられていないんだ」と思うと、無念というか。

もしも過去に戻れて今が2020年7月17日だったら、私は何ができるのかと考えてしまいます。マンションの前で待ち伏せして春馬君に思いとどまるように伝えられるのか？「結局、過去に戻ることができても死なせないことができない」と思うと、結果は同じだったのかと無力を感じるのです。

きっと後追い自殺をした人もいるでしょう。私はできませんでした。しようとも思いませんでした。でも「死んでも怖くないな。だって春馬君も経験したことだから」と思いました。自殺はできないけれど、死に近づくのはいいなと思ったのです。単純ですが、それには大量飲酒とたばこが早いと思い実行しました。日本酒、ワイン、焼酎など、度数が高いものを昼間から大量に呑み、たばこを始めました。4カ月くらいで体調が悪くなり、病院に検査に行きました。何とその時、私は「何ともありませんように」と心の中で祈ってしまったのです。

仕事も続けて、子供の成長も見たいと思ってしまったのです。春馬君に近づきたかったくせに、生きたいと思う自分に複雑な感情を抱きました。好きなのに、なぜ行ってやれないのか？「ごめんね、ごめんね春馬君」と思うのです。

考え方をどう変えたら、これまで通りの生活が送れるのか分かりません。生きている彼に会いたいと思っても無理なんです。だったらこの思いをどうやって消化したら良いのでしょうか？

思い続けることが本当に供養になるのでしょうか？ 春馬君に伝わらないのに意味があるのでしょうか？ 精神状態が良い時と悪い時があり、思いが堂々巡りです。春馬記事掲載の『創』は全て購入しました。トップ記事のように扱われることが嬉しい。いつまで掲載してくれますか？ ずっとずっと何十年もしてくれますか？ 新しい記事が読めることが嬉しい。春馬君の記事に会えるのは『創』だけになってしまいました。

（40代　ふみこ）

4月5日おめでとう！と伝えたい

●私も、複雑ながら、春馬さんの死をきっかけに、彼に強く惹かれ、より彼のことを知りたくなった者の一人です。

私は20歳、30歳、などという年齢の節目節目を迎えることが以前からとても辛く、昨年の7月はちょうど40歳となるタイミングでした。年齢に自身の心が追いつかないのか、世間の基準とかけ離れた人生だからか…とても誕生日を迎えるのが辛い。

そんな矢先の春馬さんの出来事に、とても心が痛みました。続いて私と同年齢の竹内結子さんが亡くなり、驚く一方で心理的に重なる面もありました。ですが、彼らの出来事があったからこそ真面目すぎたり、ひとつひとつ細やかに頑張りすぎてはいけないなと、むしろ生かされた気持ちでもあります。

春馬さんの最後の楽曲となった、「Night Diver」のPVに、彼の表現者としての気持ちが詰まっているように感じています。魂が散りゆくような、そして顔もなるべく映さない演出に、彼の繊細さが伝わってきて、繰り返し見ることは辛くてなかなかできませんが、あのような作品を残すことができる才能に驚かされました。

だからこそ自分の気持ちを綴ったメモも残さなかったんじゃないだろうか。

彼なりに、想像力の余地を残していってくれたのかもしれません。

とはいえ、未来の彼も見たかった…などと気持ちはごちゃ混ぜのままですが、幼少時から走り続けた春馬さんに、今年の4月5日はおめでとうと伝えたいです。一番美しい時に逝ってしまったな…。

先行きは見えないままでも、未完成なままでこそ生きていけるし、この先も楽しみだ、そんな風に捉えていけたら…。

地球規模で落ち着かない時代に、これ！と力強く提示できることなんかないんじゃないか。みな、手探りで迷いながら、より良い道を歩いて行けたら…。

こんな私でも、歳を重ねることで、若い頃には想像もしなかった経験ができることを知っています。お若い世代の春馬さんファンの方にも伝えたいです。

（東京　蜜柑と檸檬）

辛すぎて、一時は鬱状態になった

●「ブレイブ-群青戦記-」観て来ました。上映が待ち遠しくノベライズ本を読んでから行きました。松平元康が出て来る度に涙が溢れ落ち、悲しいシーンでもないのに「凛々しい姿」「優しい微笑み」でさえ涙が溢れ出てきて冷静に観ていられませんでした。

真剣佑くんもインタビューで「あのシーンは一生忘れられない」と言っていたように、蒼に寄り添うように語りかけるシーンは感動的でしたし、馬に乗り「待たせたの！」と近寄って来る姿は、とてもカッコ良かったです。そしてエンドロールの途中も…。流れる主題歌HOURGLASSもいい。帰りは別れが寂しく、また逢いに行きたくなります。「天外者」のようにロングラン上映になりますように。

真剣佑くん、春馬くんのことを慕って言葉にしてくれたり写真を投稿してくれて本当にありがとう。

私のスマホは春馬くんの曲、チーム・ハンサム！で春馬くんが歌っている曲、そして出演したドラマや映画の主題歌で溢れています。その時々の春馬くんが思い浮かぶのです。朝目覚めたら曲を聴きながらスマホの検索をして1日が始まります。写真に話しかけたりDVDや動画を観て、寝る時も曲を聴きながら休みます。なので以前よりも身近に感じていますし、逝ってしまったことを受け入れられないのです。

2カ月前位に辛過ぎて鬱気味になり、近くに住む長男に「子供でも知り合いでもないし、会ったこともないんだよ。本当におかしくなったら、俺は三浦春馬を恨むよ！　DVDも写真も本も処分しちゃうよ！」と言わせてしまった。私は子供のように「嫌だー」と泣きじゃくった。こんな母親の姿は見たくなかったろうな…。

自分でも感情をコントロールできず、

おかしいのは分かっていました。その後、安定剤を処方され服用しましたが、１日中涙を流していたのに、何日かの服用で悲しいのに涙が出なくなり、逆に薄情な気がして途中で飲むのを止めてしまいました。でも今は少し落ち着いています。

最近はスマホの曲にＵＶＥＲｗｏｒｌｄの「ＨＯＵＲＧＬＡＳＳ」も入れ、亡き人への想いを込めたミスチルの「花の匂い」、高畑充希さんが歌う「木蘭の涙」もよく聴いています。「花の匂い」は本当に今の気持ちにピッタリな歌詞です。悲しくて辛いけれども、私の頭の中で少しずつ現実を受け入れ始めているのだと思います。

そして「別の姿で同じ眼差しであなたはきっとまた会いに来てくれる」と信じて、ずっと春馬くんの作品を大切に観続けて行きます。

ずっと走り続けて来た春馬くん、「ありがとう」。

（ひふみん　61歳）

毎日、春馬くんのことを考えています

●誰かに今の気持ちを聞いてもらいたくて投稿させてもらいました。

まだ30歳なんです。ほんとに信じられなかった。早すぎる死。何があったのか、助けることができなかったのかと色々考えて、悔しくて涙する日々です。私よりもふた回りも下で、同じ午年生まれ。こんなにもチャーミングな人がいただろうか。

あの笑顔には心が癒され、胸がキュンキュン。２０１９年ＦＮＳ歌謡祭で郷ひろみさんと歌った「言えないよ」に、とても魅了されてしまいました。その日は私の誕生日でもありました。俳優さんなのに、凄い歌唱力で、本当にびっくりしたのを覚えています。

イケメンで芝居も歌もダンスも上手で。きっと沢山の努力をしてきたから輝いてきたんだと思うけど、頑張りすぎちゃったのかな…走り続けて疲れちゃったのかな…安らげる場所があったのかな…誰かに、ぎゅーと抱きしめられてたらまた違ってたんじゃないか…。

コロナ禍でいつもとは違う、孤独に襲われてしまったのでは。ご飯食べてなかったよね。眠れてなかったよね。寄り添ってあげたかった。

毎日春馬くんのことを考えています。

忘れることはできません。ドラマや映画、春馬くんに関するＳＮＳを見ては一喜一憂しています。子育ても終盤を迎えてポッカリ空いた心の中は、春馬くんで埋め尽くされています。

春馬くんはいつも前を向いてた。将来のことを考えてた。死ぬ理由がない。なぜ、なぜ…心が病んでたんだよね。言えなかったんだよね。仕事でもプライベートでも三浦春馬を演じてたのかな。みんなにかっこいい姿を見せ続けたかったんだよね。

これからも春馬くんはたくさん残した作品の中で生き続けます。しかしあまりにも死と向き合う役が多く、死生観を考えることが多かったのかな。もっとポップでコメディーな役をたくさん演じていればまた違ったのかな。

私の心の中で春馬くんは消えることはありません。こんなにもかっこよくて、

礼儀正しくて、笑顔が素敵で、みんなに優しくて、色っぽくて、演技にかける情熱が凄くて、後輩思いで、ダンスも歌も上手で、愛嬌があって、お茶目で、こんなパーフェクトな人いない。愛おしくて愛おしくて。生きてて欲しかった。大大大好きだよ。愛しています。50代のおばさんがここまで心を奪われています。

（50代主婦　春馬くんの笑顔）

自分の命をあげたい、と あの日叫んだ

●8回目の月命日の日、3回目の「森の学校」を観た。上映後の拍手のあと、「今日は春馬君の月命日なので、皆さんで黙禱しませんか！」と勇気ある呼びかけがあった。満席に近い全員の1分間の黙禱に心が震えて、その場にいることに、ただただ感謝した。あなたは「天外者」で、本当にすごい人だ。

　春馬君のおかげで、私は初めての体験をし続け、この年で世界を広げている。

　同じ作品を11回も観て、そのパンフレットやノベライズ本を買って読んで知る作品の深さ。はるか若い頃に挫折した「罪と罰」を読み終え、あなたのストレートプレイを映像で観た喜びと感動。「キンキーブーツ」の映画とシネマ上映のそのミュージカルに取り憑かれたエンタメの魅力。「日本製」にある熊本「天明堂」さんの酒かすてらを送料関係なしに買い、美味しさを堪能。インスタやツイッターを始めて、繫がった人達との出会い。数えたら、切りがない。

　でも、私の世界なんて、広がらなくていい。あなたが当たり前にいる日常が続いた方が絶対、絶対いい。「三浦春馬、独立して海外に進出！」という、近い将来あるはずだった芸能ニュースに、そっけなく関心がなく、素晴らしい生き方と人柄を知らない、あなたに恋をしない私でいい。

　あの日、自分の命をあなたにあげたいと叫んだのは、私だけではないはずだ。

　あれから、テレビもドラマも観ない私に、心優しいあなたは何と言うだろう。

　メディアの沈黙に、あなたは何を思うだろう。

　五代友厚のように、すべてを呑み込んだあなたの真意は何だろう。あなたしか分からない真実にも想いを馳せながら、表現者「三浦春馬」の教えてくれたものを、生きた証を私は「一所懸命」にまっすぐに繫いでいく。

（横浜市　ラスティ　61歳）

7月18日は、一生忘れることはない

●三浦春馬さんという人を、名前しか知らなかった。そんな私にとって2020年7月18日（土）は一生忘れられない日になった。

　それからの私の毎日は彼を、彼の人生を探すことに費やされた。当時、スキャンダルのごとく週刊誌が憶測だらけの記事を出していて、逆にテレビをはじめ、たれ流しメディアは何も情報を出さないので、無視できなかった私はそれらを読みあさったのだが、毎回心に嫌なものが残り、全然すっきりしない。

　ファンではないが、ファンが知りたいことはこんなことではないんじゃないか

という気持ちがＳＮＳを見ると合致した。だって彼が語っていることではないから。

8月、友人に「彼のことが頭から離れない」とメールすると、「(芸能界を) 辞めてもよかったのに。助けてあげたかった」と返信が来たので、そのあと、小出しに話題にしたが、先方はこの件には触れなくなった。

孤立した私は慣れないＳＮＳへ助けを求めるように彼を思う人たちを捜した。亡くなりかたが悲劇的なので、どこかに責任を求める攻撃的な内容、心身共に支障をきたし日常生活さえままならない内容、健気(けなげ)で一見、前向きな内容…。自分が慰められたくて助けを求めているのに、何故か彼女らを抱きしめてあげたくなっている自分に気づく。

日々もがきながらも前を向いていかなければとお互いを励まし合い、つながることで知らず知らずにグリーフワークをしているのだ。まさに雑誌『創』は立ち直りの手助けをしている。

※Grief＝死別などによる深い悲しみ、悲痛を意味する。

Care＝「世話」することから、遺族ケア、悲嘆ケアともいわれる。

Griefwork＝ショック期、喪失期、閉じこもり期、再生期のプロセスを経て立ち直るサポート。

既に亡くなっている両親に手を合わせるのと同様、彼の写真に毎朝話しかけている。半年以上を過ぎてもこういうことを続けるのは、彼の人間性によるところも大きいのだろう。人を惹きつける要素が満載なのだ。

時間薬というものが彼のファンに少しでも早く効いてほしいと切に願う。もう充分に傷ついているのだから。静かに弔(とむら)える日は、いつになったら訪れるのだろうか。

夭折(ようせつ)した彼がこの世に遺したものは多く、表現者として置いていった映画、ドラマ、舞台、ミュージカル、歌、そして亡くなってからさざ波のようによせてくる新しいファン…（私もそのひとりなんだ…）。私たちは、彼が遺した目に見えない、人として大切な何かを自分たちで探し、花として咲かせ、その果実が実ったなら後世の者たちに味わわせなければと思う。

いつか彼に会えた時、「私たち、がんばったよ」と言って、あのくしゃっとした笑顔とともに「ありがとう」を聞きたいな…。

（匿名）

泣きながら読ませていただきました

●『創』さんの「春馬さん死の波紋」を泣きながら読ませて頂きました。書かれている内容に、私もそうだよ。私も同様に酷(ひど)かったです。私の命あげる。春馬さん帰って来て。と、何度思ったかわかりません。何も食べられなくなり、5キロ以上痩せ、足がフラフラになりました。死ぬ勇気がないから生きているが、頭からずーっと離れません。申し訳ありません。

私は春馬さんが亡くなられてからファンになりました。それまでは俳優さんだったことも知りませんでした。テレビから春馬さんの親切で優しいエピソードが発信され、途切れることはありませんでした。これ程の方がどうして？ 知らないうちに春馬さんに夢中になっていました。美しい春馬さんに見惚れ、演技の素晴らしさに衝撃を受けました。人を引き付けて離さない魅力の持ち主でした。

もっと早く知り、応援をしたかったです。追っ掛けもしたかった。ずーっと空を見上げ春馬さんの幸せを祈っています。このような機会を与えて下さり感謝します。大好きな春馬さんの分も生き抜きます。

（愛知県 72歳）

あの日から自分の人生観が変わった

●私も翻弄されている一人です。
あの日、あの時を過ごしてから自分の人生観というものが変わった気がしています。

私は実は母親を精神的な病気で亡くしており、亡くなるまでの何年かは本当に苦しい日々で私自身、特に長く生きていたいとかの思いがなくなった様に感じます。それはこじつけかもしれませんが…特に春馬さんのことをきっかけに彼の分まで生きていこうとか思えなくて苦しいです。彼の思いとは裏腹に早く人生を終わらせてしまいたいくらいに思っています。

ただ息子ほどの彼が生きて行けない程の世の中…彼の苦しみ…まだまだやりたかったであろう気持ち等を思えば思うほど苦しくなり…どうしようもなくなる一方です。

家族があり、仕事もあり、傍から見たら幸せな人生と思わなければいけない状況なのに温度差を感じてしまいます。

春馬さんにしかわからないであろう気持ちを想像して抱えたまま毎日過ごしています。今は生きているかのごとく映画が上映され、気持も少しは紛れていますが…これから作品は残っていきますが、あのことが風化され、真実が明かされないまま月日だけが流れていくのかと思うと時折いたたまれなくなります。

同じ様な方がいるのかとは思いますが…なかなか繋がることはむずかしいのかなと思います。実際にブログを通じて知り合った方がいても、なかなかこのご時世、思ったようにはお付き合いができず、私自身と相手の方との温度差に落胆したり…。

色々な情報を見たりする時間があればあるほど苦しくなります。

吐き出したい気持ちがあるのにしまい込めば込むほど居なくなりたい気持ちになります。

（東京都・Y美・30歳）

CDも買ったが恐ろしくて聴けていません

●私は春馬さん（以下・あの彼）と同い年の女性です。ドラマは同い年の高校時代の友人が「ごくせん3」を見ていたり「サムライ・ハイスクール」は私も見ていました。
あの彼のファンではなく10代のころから応援している大ファンの本命がいるのにもかかわらず、胸が苦しいです。

こんなにも苦しいのはあの彼と同い年（1990年の遅生まれ）で親近感もあったからかもしれません。

あの彼がポール・スミスのアンバサダーをやっていたころ、彼が写っている広告の写真を撮りにいったとき「あの彼はいくらくらい稼いでいるんだろう？」と、無邪気に考えたこともあるのを思い出しました。

同い年のあの彼が取り返しのつかないことになってしまったあの日から死生観について考えることが多くなりました。

あの彼はもしかしたら不幸な偶然が重なった事故だったかもしれない、と母が言ったのを覚えています。

私は舞台が好きで、あの彼の最後の舞台での勇姿となってしまった「ホイッスル・ダウン・ザ・ウィンド」も気になっていたのですが、コロナ禍で見るのがままならず、まさかあの彼が取り返しのつかないことになるなんてあの日まで思ってもいませんでした。

私は死にたいとは思いませんが、ときどきふさぎ込んだ気持ちになってしまいます。10代のころから大ファンの本命の役者さんがいるのはわかっていますが…。

あの彼のCDも買ったはいいですが、まだ恐ろしくて聴けていません。

あの彼が明智心九郎を演じた「五右衛門ロック3」を映画館で見て、舞台の彼を見られてひと区切りはついたつもりですが、私が好きな本命の役者さんが出ていないにもかかわらずホイッスル…を見られなかったことを思い出して、胸が痛む自分がいます。

私が好きな本命の役者さんと共演し、あの彼ともドラマで共演した井上芳雄さんも「演劇界の大きな喪失」と言ったのもほんとうにうなづけます。

あれだけ持っているものがあるのに、生きていてほしかったと思う自分がいます。あの彼が選んだ道なら仕方がないということには、いまでも納得がいっていません。

その道しかないくらい切羽（せっぱ）つまっていたなら寄り添うしかないかもしれませんが…。気の許せる人にあの彼が取り返しのつかないことになってしまった1週間後からノートに書きためている彼のことや自分の思うことをつづったものを見せています。生きようとするかぎり立ち直る日は来ると信じていますが、まだまだ時間がかかりそうです。

（匿名）

18日が来るたびに喪失感に襲われます

●はじめまして。50歳主婦です。高齢出産で10歳の息子がいます。

三浦春馬さん、大ファンというわけではなく、たまたま見るドラマや映画で好感度ある俳優さんでした。本当に偶然、春馬さん訃報の前日にAmazonで「コンフィデンスマンJP ロマンス編」を観たせいか、訃報の瞬間から、ずっーと心から離れません。

春馬さんのMVを観たり、過去ドラマを見返したり、「キンキーブーツ」のCDを購入したり、生まれて初めて一人で「天外者」の映画を観に行ったり。とにかく喪失感がすごいのです。それを友達や家族に告白しても、はー？という反応なので、誰にも言えず、一人で春馬さんのことを想っています。

まだ小学生の息子も手がかかるので、一瞬忘れることもありますが、春馬さんの関係深い人をTVで見る度に、18日が来る度に思い出しては、喪失感に襲われています。どうしてなのか自分でも分かりません。

そして時折、春馬さんや、竹内結子さん、好きな俳優さんの死が近くになってどうしようもない気持ちになります。TVの世界でなかったように時が流れるのも辛くてしんどいです。聞いて頂いてありがとうございます。

（M）

日が経つにつれて想いは強くなるばかり

●私は、春馬さんが突然この世から居なくなられてから本気で応援するようなった新参者です。YouTubeで、歌う姿に驚き、改めて抜群に素敵な容姿、上品さに心奪われ、そこから数々の作品を観たりインタビューを見るたびに、努力を惜しまず、なりきった演技と謙虚で素朴な人柄に急速に魅了され、生前勝手に抱いていた近寄りがたいイメージとは違い、何故かとても身近に感じ、大ファンになりました。

こんなに陶酔したのは何年ぶり？　いいえ、初めてです。「天外者」「森の学校」には春馬さん観たさに合計20回以上映画館に通いました。そして今日、数カ月ぶりに初心に戻り「白い恋人たち」「言えないよ」の動画を観たら、またあらためて胸が熱くなり、締め付けられる程の感動でした。この先、この自分の気持ちがどうなるのか、段々と薄れていくのかわからないけれど、ここ数カ月はこういう状態です。

そして、自分の価値観にも変化が起きているのです。彼の身体はもうこの世には見えないけれど、今彼はこの地球、宇宙の一部分となり、魂は天国か何処かに確かに存在し、こちらを見て（照らして）くれていると信じたい。だから、嫌なことでキレそうになっても、こんな時彼ならどうするだろう？　こんな醜い私を見せられない！と、自分を矯正する「規範」みたいになっているのです。この歳になっても何かにすがっていたいのかもしれない（いや、歳を重ねたからこそかもしれません）。自分が純粋に素晴らしいと思えて尊敬し憧れる大切な存在に。ほんとに、おこがましくて、幼稚で恥ずかしい話しですよね。春馬さんもこんな見ず知らずのおばさんから慕われて困惑されるかもしれませんが。

その春馬さんが、新作映画の撮影時までは生き生きとされていたのに、なぜ数カ月後には見るからに痩（や）せて、あの日帰らぬ人になってしまったのか、なぜ救えなかったのか。何があったのですか？　どうしてもその「？」が消えません。

もちろんご本人のプライバシーを侵害することは絶対したくない、けれど、一般人の私は、春馬さんの素晴らしさに気づいてしまったばかりに、余計、突然闇の中に放り出されたみたいで、哀しみと雑念で心はいつもザワザワと荒れています。何も知らずにいた自分に対する後悔と、これから彼に対して恩返しの気持ちを表すためには、今自分に何ができるのか…。そんなことを本気で思ってしまいます。家族には心配かけないようになるべく普通にふるまっていますが、心の奥にはいつも「何故？？」がくすぶっています。

日が経つにつれ、映画の中で理想の未

来を語る春馬さんを観ては、むしろ想いは強くなるばかり。どうか、闇に光がさしこみ、残された私たちは今よりも穏やかな気持ちで、彼が命を込めて産み出してくれた作品たちを愛でることができる時が来てほしい。それが今の私の正直な望み、祈りです。

（50代　匿名）

春馬君を追いかける日々

『創』5月号を初めて読ませて頂きました。数カ月前も書店で探しましたが、売り切れだったり置いてなかったりで、やっと巡り合えた次第です。

私は76歳、あの日以来、涙もろくなり、春馬君を想わない日はありません。どうしてもドラマや映画が見たくて、ツタヤの会員になり、ツタヤに置いてあるものは殆ど見尽くしました。ない作品はＤＶＤを買い求め、何度も何度も見返し飽きることがありません。皆さんの投稿や空羽ファティマさんの文章を読み、同じ思いの人が沢山いることに〝私は変な人〟ではないんだと嬉しくなっています。夫を数年前に亡くし一人暮らしですので自由に毎夜、春馬君に会っています。映画館に通うようになったのも何年ぶりでしょうか。

こんな素晴らしい映画があったんだと「森の学校」に感動しています。こんなに一人の俳優さんの魅力に取りつかれ夢中になるとは思ってもいませんでした。スマホもインスタや春馬君の動画を見たりと少しずつ使いこなせるようになったのも知りたい、見たいの一心でした。今は見ていなかった「せかほし」の再放送を願い、「地獄のオルフェウス」や「罪と罰」などのＤＶＤ化が実現されることをただ、ただ祈るのみです。私の中で春馬君はいろんな顔を見せて生き続けています。まさに〝死を超えて生きる人〟です。

（宇都宮市　伴瀬和子　76歳）

もうすぐ1周忌がやってくる

【『創』21年7月号掲載】

●春馬くんへ

もうすぐ1周忌がやってきます。あの日から気持ちの整理がつかないまま、1年が経とうとしています。新しいものが増えたのに、終わることが怖くて、まだ最後まで見届けられずにいる作品もあります。

毎日飲みながら泣いたり、初めて生理が2カ月近く遅れたり、仕事前に号泣したあとトイレにこもったり、無意識に歯を食いしばっていることに気付いたり、仕事中にＲｉｈｗａの春風がラジオから聴こえてきて幻聴かと思って挙動がおかしかったり、誰にも会いたくないと思ったり、同じ苦しみを知ろうとタオルで首を絞めてみたり。

この1年は、普段ドライな私ですら、おかしな1年でした。なぜ、完璧な人がいなくなってこんな私が生きているのかと。自己肯定感の低い私は、なぜいなくなってしまったのかよりも、なぜ私が生きてるのかをずっと考えていました。生きる意味を考えると苦しくなりました。

だけど、考えれば考えるほど知れば知るほど、遠くにいたはずの貴方がとても身近に感じるのです。超越した存在のはずの貴方も、私と同じ人間であったと今さら気付くのです。

貴方がいなくなったから知ったことがありました。自分の心に少しでも引っかかったなら、それに触れ、好きな人にいっぱい会うこと、先延ばしにすると後悔すること。

超現実的な私は、他の方と同じように空を見上げて貴方を想うことは少ないし、天国に行ったかどうかも疑問に思っています。人はあの世に行けば「無」になると思っているし、三途の川もないと。私の母や祖母が他界するまえの意識が混濁していたときのことです。母は時々、フフっと笑っていたし、祖母は「ご馳走が…コロッケがある」と言いました。祖母のお父さんは、「花が綺麗じゃー」と言ったそうです。それさえも、人がこの世を去るときは、怖くないように幸福ホルモンが出ると知り、三途の川ではないと思っています。

押し寄せる不安や孤独、絶望感でいっぱいになった貴方が、ほんの一瞬でも幸福ホルモンに包まれて逝くことができたのなら、と願ってやみません。

それでも確かなものが欲しくて、人がこの世から去ったらどうなるのか、調べてみたことがありました。人の体は18％が炭素で、人は完全に燃えたら炭素が二酸化炭素になり、煙とともに大気中に放出される。それが光合成して草になり、動物が食べて肉になり人間が食べる。それこそ輪廻転生だと。

貴方がいなくなって1年も経とうとしているのだから、こんなに遠い九州にも貴方の欠片が浮遊して届いていると信じて。

あぁ、こんなことを書いておきながら、『創』6月号の加藤さんの最期の対面の様子（本書第1章に収録）を読んで、やっぱり現実だったと落ち込むのは何なんでしょうか。

最後に、『創』5月号の空羽ファティマさんの春馬くんへの手紙が、今までで一番腑に落ちた感じがしました。丁寧に綴られた言葉が、語彙の少ない私の言葉を代弁しているかのように思いました。私は結婚も出産もしていないですが、孤独だったのかもしれません。

そして、編集長の篠田さん。あの日から自分がどうしてこうなってしまったのか分からず、闇の中にいました。そんな人達が全国にいて、私も同じなんだと思えたこと、なかなか誌面に載せることが難しいなか、こうして取り上げてくださったこと。そのジャーナリズム精神に頭が下がる想いです。

空羽ファティマさんと篠田さんに心から感謝を申し上げます。

（宮崎県　みほ　40歳）

夫は自死を選びながら一命をとりとめた

●はじめて、投稿させて頂きます。私は

「森の学校」からの春馬くんファンです。

　春馬くんが突然誰にも何も言わずに旅立って10回目の月命日が過ぎて…メールをしようと、打ち始めました。春馬くんの突然の旅立ちに衝撃を受け、それから春馬くんのありとあらゆる物を調べたり…遺作をたくさん観たりして過ごしました。

　春馬くんの旅立ちに私は否定も肯定もしません。なぜなら私の夫は自死を選び、一命を取り止めたからです。7年前、普通に出勤して、私も普通に出勤して、突然かかってきた電話…夫が3階から飛び降りたと…その頃の私は部下を持つ立場であり、直ぐ職場放棄はできず…とりあえず運ばれる病院先の連絡を待って…自分の仕事を片付けてから病院へ向いました。夫に会えたのは夜中の緊急手術前でした。なぜか凄く冷静な私は、取り乱すこともなく、夫の死を覚悟しました。

　でも運良く一命を取り止め、一安心のはずが…そこからが闘いの日々となりました。点滴漏れを放置され左足の筋肉が壊死し車椅子生活を余儀なくされたのです。今も闘いは終わっていません。自死を選んだ人間は生きていることさえありがたいと思え…そんな扱いです。足の一本二本、命助けたのだから…周りからは珍しそうに見られ、時には差別発言をされながら…今も闘いは終わりません。生きていたことが良かったのか…7年の苦しみは終わりません。

　春馬くんのことはホントに衝撃的で、辛く悲しいです。でも春馬くんがあの春馬くんが決意をして選んだ道なら、春馬くんを想い忍びながら穏やかでありますようにと祈りたいと思います。人生は長い短いではない、どう生きたかだと思います。30年の人生を濃く走り抜けた春馬くんに私は拍手を送ります。そして春馬くんの残した作品を愛でて行きたいと思います。

　春馬くんはまさに「天外者」でした！そして春馬くんをきっかけに『創』の読者になった私です。今はまだまだ苦しい闘いの真っ最中ですが、春馬くんがどうか穏やかで安らかでありますようにと祈ります。長々すみませんでした。

（関東在住　匿名　60歳）

つらいのはファンだけではないと思いました

●『三浦春馬　死を超えて生きる人』発行を待って購入、拝読いたしました。私もご多聞に漏れず、いまだに気力が落ちたままの状態です。ネットを読みあさったり、DVDを集めたりし、彼が生きているのだと自分に思わせたりしてきました。最近、どうしてこんなにつらいのかと考えるようになりました。彼が亡くなってから、テレビでは追悼番組はおろか、ほとんど報道がなく、「天外者」演技も正当な評価をされていないような気がしています。あれほど活躍し続け、人気も絶大であったはずなのに。アメリカのトランプ大統領が、「フェイクニュース」といっていた頃は思いもしませんでしたが、メディアというものは、情報を操作できるのだと実感させられました。
　貴社のこの企画を拝読し、少しずつですが心がおちついてきました。グリーフケアは、母が亡くなったあと、ホスピスの方に教わりました。ありがとうございます。『創』さんは、名もなき私たち民衆の心を救ってくださいました。三浦さんの件では、俳優の方々も、あまり発信されません。最近、SNSなどで、三浦春馬さんの舞台で衣装を担当された方が、「もう二度と手を通すことのない衣装」として、「罪と罰」ラスコーリニコフの衣装の画像を載せていました。また、「Night Diver」のMV撮影のメイクさんが、その日お誕生日だったそうで、三浦さんが真っ先にお祝いしてくれたと、画像を載せていました。

　そこで気づいたのは、辛いのはファンだけではないのだということでした。三浦さんと一緒にお仕事をされた様々な方々が、本当に心から寂しくて辛いのだということです。それは、今までほとんど思わなかったことでした。現場のスタッフさん、監督、共演した俳優さん、悲しみに耐えている人だらけなのだということです。このことにようやく気がつき、私は不思議と心が少し軽くなりました。

　悲しいときはかなしみ、泣きたいときは大いに泣くことで心は癒やされると聞きます。三浦春馬という不世出の俳優を失ったにもかかわらず、正当な弔いができていないことに憤りすら覚えて日々を過ごしてきましたが、貴社の特集などで、彼を慕う方々と思いを共有することができました。悲しんでよいのだと。

　ありがとうございました。

（真理　60歳）

関西でも「天外者」を盛り上げたい

●春馬くんを初めて観たのは、NHK大河「功名が辻」拾役でした。16歳の彼はそれは凛とした、品格のある、立ち居振舞いの美しい青年で、いずれ大河の主役になる人だと思っていました。

　NHK大河「直虎」までには、甘い役どころもこなす大人に成長していて、先が本当に楽しみでした。これ以上は言うまでもないことです。

　本題は、「天外者」。ここには、2人の天外者が登場します。五代友厚さんと三浦春馬さん。五代友厚さんは大阪を、引いては関西を創った方。だからこそ、大阪府知事さん大阪市長さんもお出になった。なのに、コロナ禍とは言え、当初からの盛り上がりのなさ。

　聖地土浦セントラルシネマズさんや、他府県の映画館と比べても、4／5の特別上映日でさえ、献花台一つなく、ポスターすらない。私が行ったのは西宮OSでした。東京の春馬くんの不遇、プロモートのなさを、まるで大阪、関西の盛り上がりのなさが具現化しているようにも受け取れます。映画館が所属枠を取っ払い、一斉に献花台やポスターや五代春馬のスタンドを設営しても良いのではないかと思います。

　台湾のフィーバーもまた凄い。うちわも作られ、日本を恥ずかしいとさえ思いました。

　五代友厚、三浦春馬…この2人の「天外者」を埋もれさせてはならないと強く思います。やっと五代友厚さんが三浦春馬さんによって埋もれた歴史から現れることができ、春馬くんも『日本製』で「藍染」を取材しています。大きな共通点です。ところが、またこの「藍染」の方々、ポリシーがおありなのでしょう、映画で使用したものは、販売しない、と。

正直欲しいです。春馬くんがデザイン案を出した手拭い。ファンなら必ず、ファンならずとも、あの藍染の手拭い、万華鏡を修理した道具を包んでいるもの。両方欲しいです。当然グッズ販売があると思いました。余談ですが、グッズ、パンフ欲しさに上映初日、朝からシャッターの閉まった映画館に並んだのは、「天外者」が人生初です。

話を戻します。春馬くんが『日本製』に託した「志」に何故、「粋（いき）」に答えないのか。それは春馬くんを商に利用するのではなく、春馬くんの「志」に応えることになるのだと私は思います。違う意見も受け入れなければならないのですから、ポリシーと言われれば仕方ないのでしょうが。

4／5のお誕生日にキャンドルナイトをしようと、SNSで話があり、『日本製』で春馬くんが取材した和ろうそくのお店で、春馬くんパッケージのろうそくのネット販売がありました。いいことだと思いました。春馬くんが関わったお店が何かできないかと考えて下さったそうです。

それを、春馬くんはそんなお金を使わせるようなことは望むはずがないとSNSで言う方もおられ、自分のフォロワーから、その発起人をフォローしている人をブロックするなどとおっしゃられました。

昨今のSNS事情、反対意見ならスルーすればいい。実のある議論、それも春馬くんの「キンキーブーツ」ローラのセリフ、自分と違う意見を受け入れる。みんな違っていい。受け入れられないのならスルーすればいい。

関西でこの2人を盛り上げたい。その為に、今、延長上映している映画館に、働きかけを始めたところです。まずは田中監督と、五代友厚プロジェクトの方々のトークショー。研究熱心な春馬くんのお話が聞けるのではと思いますし、五代友厚さんにもスポットを当ててほしい。五代友厚さんと三浦春馬さんの重なる部分も浮き彫りにしてほしいと思い、お手紙を出したところです。

コロナが落ち着きましたら、大阪府知事、大阪市長にも働きかけ、2人の「天外者」イベント?なるものを、是非とも関西で立ち上げて頂きたいと思っています。思いだけは、夢は大きく膨らんでいます。春馬くんロスを埋める為かもしれません。きっとそれもあります。春馬くんに関わっていられる喜び。

でも、やはり、根底は、このまま、この2人の「天外者」を埋もれさせてはいけない。春馬くんの「志」に答えることに、大勢の方に、その「志」を知って頂くことになる。それは藍染しかり。「継承」になるのだと思います。

欲しいなぁ、あの手拭い。四国の知事さんにお願いしてみましょうかね。

（兵庫県　みか　55歳）

同じ思いの人がこんなにいたことに驚いた

●『創』を何号か拝読させて頂きました。もう、びっくりしました。なぜなら、私だけがこんな感じで毎日、過ごしていると思っていたからです。皆さんと同じ思いで、日々を過ごしていたこと、同じようにＤＶＤを購入したり、映画を観に行っていたなんて…。

思い返せば、三浦春馬という俳優さんのことは、以前から知っていたし、密かに応援もしていました。ですが、自分自身、子育てに追われている時期で、映画も舞台も何も観ることができないまま時だけが過ぎていってしまっていたのです。春馬君が亡くなったと速報で知った時、私の中の何かが壊れていくのを感じました。やっと自由な時間ができたのに、もう時すでに遅しです。

それからというもの、憑りつかれたように、ＣＤや書籍を購入し始めました。もう、止まらないのです。

そんな時、この『創』に出会い、本当に救われました。気持ちが楽になりました。私と同じように悲しんで、涙を流している人たちが、こんなにたくさんいたなんて…。驚きでしかありません。

自分で首を絞めたこともあります。死ぬのが怖くもなくなっていました。でも、今は、春馬君を皆さんと同じように想いながら、生きていこうと思っています。本当に、『創』には感謝しかありません。有難うございました。

（愛知県　竹田美佐子　57歳）

死と向き合って生還し春馬さんを想う

●突然の病、緊急手術からの生還。やっと日常を取り戻し、三浦春馬さんのことを話題にしてくださっている『創』に出会いました（それまでは知らずにいてごめんなさい）。

「三浦春馬さんの『死』の波紋」を泣きながら読みました。「4・5誕生日に贈る言葉」を共感しながら読みました。2カ月の入院は社会生活から隔たった生活でした。日常を取り戻した今、再び春馬さんのことを想い、切なくなる日々です。でも、生かされた命だから、自分の体験を綴ることで気持ちを整理し、ちゃんと生きていこうと思います。貴方が生きた軌跡を尊び、今生きている奇跡を大切に生きていく。

あの衝撃的な報道から、私の心はからからになった。好きな俳優さんだった。惹かれる俳優さんだった。将来が楽しみな俳優さんだった。息子と同じ年ごろで気にかけていた。

子育てと仕事で忙しい日々、テレビや映画、色々なエンターテーメントに浸る時間がなかった。子どもも自立し、もうすぐ定年だからゆったりと好きな俳優さんの映画やステージを楽しもうと思っていた矢先の出来事だった。

喪失感が尋常ではなくて、毎日つらくて受け入れられなくて「なぜ？　なぜ？」が頭を駆け巡った。報道は矛盾する点がいくつかあり、信じることができなかった。ユーチューブやネットを毎日見た。毎日毎日、動画の中の春馬くんに「何があったの？」と泣きながら問いかけた。

春馬くんの映像や作品に触れれば触れるほど、役どころに誠実に向き合い、観る者を魅了する演技・ダンス・歌・所作…言葉を選びながらのコメント…きっと想像をはるかに超える努力と心の葛藤があったことと思う。その人間性や生き方に惹かれた。救えた命なのに…と悔やまれて「Fight for your heart」「Night Diver」のCD、DVD、「怪盗セブン」のDVD、『日本製』…購入できるものは次々と購入、そして動画で過去の作品を見あさり、「天外者」を何回も観に行った。

春馬くんこそ天外者だって思った。輝いていた。忙しく仕事をすることでつらさを紛らわせた。思いを日記に綴った。今読み返すと毎日、春馬くんのことばかり。夜眠れなくて夜中に目が覚め、動画を見る日々。何でこんなにもつらいのだろう、私大丈夫?と思っていた。そんな日々が続き、元気がとりえだったはずの私の体に異変が起きた。

(ここからは、信じていただけないかもしれないですが、実際に体験したことです。)

昨年暮れ、元気印の私が突然の病に倒れた。緊急手術となった。死と隣り合わせの危険な状態で、長時間にも及ぶ手術だったとのこと。目覚めたのは、翌日。意識がもうろうとする中、ダークブラウン一色のドーム型になった部屋で、私は頭に機械を付けて横たわっていた。周りにはダークブラウンの「キャプテンハーロック」のヤマ(春馬くんが声優)の兄のイソラが着ていたような宇宙服を着ていた人が数名いた。その中に私の亡くなった両親もいて、私を無言で見つめていた。私と目が合うと、両親は無言のままドアの向こうに歩き出したので、私は頭の機械を外し、そのあとを追いかけた。

ドアのところまで行くと、ドアの前に春馬くんが立っていて、両腕で大きくバッテンを示し、悲しそうな顔で首を振りドアの向こうに。私は「春馬くん…なぜ…」と、話しかけようとしたところで目が覚めた。

春馬くんのおかげで生還できたことに感謝し、担当の主治医や看護師さん、リハビリの先生…多くの方に命を救ってもらったことに感謝して生きていかなければ…

「ブレイブ」の中の春馬くんの素敵さに涙があふれ、4月5日限定の「天外者」の春馬くんの凛とした姿、情熱に心ふるえ、今なお毎日、過去の作品やインスタ、ユーチューブで春馬くんを追いかけている。笑顔に隠して無理をしてしまっている春馬くんのことを理解して寄り添う誰かがいれば救えた命なのに。きっと彼は、自分が本当に死んでしまったことに本人自身が信じられないのではないだろうかと、再び切なさで溢れていった。

そんな中『創』に出会い「蒼く冷たい孤独の玉」を読んでストンと心に落ちました。『創』に出会えてよかったです。

「なぜ?」がループするけど、今は、彼が一所懸命に生きたその生きざまを称え、尊び、私自身がちゃんと生きていこうと思います。

春馬くん、あなたは一所懸命に生きる姿、優しい笑顔で多くの人を癒し、人生を豊かにしてくれました。

春馬くん、あなたは死してもなお、人を想うことの大切さ、周りの人に感謝して生きることの大切さを教えてくれました。

春馬くんが残してくれた作品、楽曲を愛し、あなたをずっと大切に想い続けてちゃんと生きていきます。それにしても、あなたの年の倍もある人をここまで魅了するとは、春馬くんは「天外者」です。

『創』の編集室さま。お忙しい中、こんなとりとめのないメールを送りまして申し訳ありません。こんなことを送ってよいのか悩みに悩み、書き始めてからずいぶん日数が経ってしまいました。なんであんなに誠実に生きてきた人が命を落とすことになってしまったのかと世の中の不条理に悲しみを感じ、報道内容の矛盾、色々な情報に怒りを感じていました。生きる気力も低下していましたが、病院での奇妙な体験が生きる気力を取り戻してくれました。

今私にできることは、私の周りの人をその人自身のありのままを受け止め（「キンキーブーツ」の台詞にもあったような）相手が救われるような前向きに生きていけるような言葉をかけたり、対応をしたりしていく（春馬さんのインスタにもあったような）こと。それを心にとめて生きたく思います。

『創』に出会い、同じ思いをしている人がいることに救われました。読んでいただいてありがとうございました。

（岐阜県　M　60歳）

私が生きてて春馬さんが亡くなるなんて…

●春馬さんの記事、いつも拝読しております。どの記事も文章も、涙が溢（あふ）れます。嘘ばかりの世界の中で、愛を感じています。

私は57歳。33歳の娘と32歳の息子がおります。息子は、春馬さんより2歳年上ですが、まだ浪人生で、仕事をしていません。小学校も私学、中高も私立。沢山のお金と労力をかけて、愛情豊かに育てたつもりですが、きっと私の教育が悪いのだと思います。とても苦しい思いで日々生きています。

そんな折、春馬さんの自殺のニュースでした。あの7月18日は、ずっと雨が降り続いて晴れ間が見当たらない。陰鬱な気分になる天気でした。

春馬さんの誕生日の機会に、春馬さんのマンションに足を運んでみました。私の住んでいる所から4キロ程、歩いて向かってみました。あのあたりは、少し淋しいエリアです。

春馬さんのいたマンションをただぐるっと回って歩いて、帰ってきました。ひと気はあまりなく、オフィスにお勤めの方を数人見かけた程度でした。

何だか帰り道には、涙が溢れ出てきました。淋しい気分になる場所です。あんな場所が最後だったんだと考えると、虚しい気分になったのです。

私がなぜ、彼に気持ちを寄せ、苦しい気持ちになるのかと、考えてみました。

私は「せかほし」のファンで、予約をして観ていました。私の唯一の楽しみ。その番組でみせる彼の人となりを感じて、彼の笑顔が素敵で、かがやいていた彼は眩（まぶ）しく、美しく、私の住んでいる世界とは、対極の人でした。

その自殺は本当にショックでした。皆さんと同じ様に。自分の息子を思う母側としての彼への想いは、私の息子は、まだ仕事もせず、今の生活を送っている。春馬さんは、息子より2つも若いのに、あんなに立派に頑張って、命を削って、沢山戦ってきたというのに。私は息子も娘も甘やかすばかりで…。

彼は、淋しい子供時代だったといいます。なんて悲しいことなのでしょう。沢山抱きしめて、沢山キスをして、温かい美味しい料理を毎日食べて、朗らかに普通に育っていたなら…私たちが彼に出会えてなかったとしても、彼は今どこかで生きていたのでしょうに…幸せな愛のある家庭で育ててあげたかった。

春馬さんの人生は、息子だけでなく、自分の人生にもオーバーラップする。

親の事、夫の事、子供の事、友人の事、仕事の事、真っ直ぐに生きて来たけど、どれも裏目。繊細な人は、人の為に生きるんだと、どこかで読みました。そういつも周りの顔色見て、自分は後回しに。なのに、評価されることはなく、逆に批判をされたりする。人は、明るく笑っている人は、悩みがなく傷付かないと思ってる。笑っているのは、人に気を使われるのはイヤだから、人に心配させるのはイヤだから、悟られないように、笑うのに。

私は、15年以上も引きこもり。毎日死にたい死にたいと思いながら生きている。自死はしない。ただ死ぬ日を待っている。人が大好きだったのに、一人が寂しかったのに、その私が、人に会いたくない。一人で居たいと引きこもる。人に傷つけられるのは、もうごめんだから。

私こそ、いつ死んでも誰も困らないし、社会の役にもたたない。生きてる意味などないおばさんなのに、私が生きてて、春馬さんが亡くなるなんて、そんなのどうかしてる。春馬さんは、何が苦しかったのだろうかと、考えても結果が出ないことを毎日考える。

うまく表現することが私には難しいけれど、彼の死は、今でも影響は大きく、彼は楽になったのだ、と尊重しているのだけど、悲しみが消えない。新しいドラマに、CMに映画に、彼の姿はなく、このどこかに彼が居たはずなのに、なかったことのように、世界は続く。人の人生って、本当に儚い…。

篠田さん、いつもありがとうございます。春馬さんのファンの拠り所だと思うのです。許す限り、続けてあげて下さい。お願いします。

（東京都　ちーちゃん　57歳）

春馬君の故郷を訪ねて

先日、春馬君のサーフィンをした海、テトラポット、お食事処に行きました。同じように座り、海を眺め、春馬君のサーフィンをする姿を思い浮かべました。

海辺に立ち、砂浜に大きく「三浦春馬」と書きました。涙がとめどなく流れ、春馬君の愛した茨城の海を両手いっぱいに感じ、「有り難う!!」の言葉。本当にあなたは素晴らしい人…日本一の表現者です。

その後、鉾田市から土浦市へ移動。春馬君の産まれた地…土浦。卒業した小学校・中学校…友達と遊び、学び、色々な思い出の詰まった校舎の前に立ち、胸がいっぱいに。7歳から芸能界でお仕事をしてたのですよネ。子供としてスクスク育ちながらも、周りの大人たちに囲まれプロの演技を求められ頑張ってきた。今、春馬君の残した子供時代の作品を見ても自然な姿に惹きつけられる日々です。

八坂神社に立ち寄り絵馬の奉納、土浦セントラルシネマさんに寄り、春馬君への想いのメッセージでいっぱいの桜の木を見ました。私が出した分も貼ってあり、嬉しかったです。

全国の人の想いは溢れてます。「死を越えて生きる人　三浦春馬」日本人の心を取り戻すお手本の人です。会いたい、会いたいです!!

（東京都　菅恵子　67歳）

「天外者」31回観ました

『創』4月号に「天外者を19回観ました」という題で載った者です。きのう（5月18日）で31回目になりました。札幌市中央区にある「サツゲキ」は未だにロングラン上映を続けてくれてます。本当にうれしくて胸がいっぱいになります。毎回「天外者」を観る度に春馬さんの「もっと生きたい！」という心の声が聞こえる気がします。五代友厚を演じ切ってやり切った感も確かに感じますが、やはりいろいろと重いものを取り去って天空へ昇っていったのか？　いやそんなことはなくて、突然消えたのか？　私自身のその日ごとの気の持ちようで、とらえ方も変わる日があります。この映画は本当に元気をもらえます。

私はすでに両親も亡くなり、その時も悲しかったけど、その時とは別の喪失感が今もあります。スマホで春馬さんの出ていたドラマ等を見返してますが、「カネ恋」は見てません。表情が少し無理して笑ってたように見えて…。

春馬さん、これまではゆるくなかったね。そっちでは、ハッピーでいてね。春馬さんの生き様を忘れません。ありがとう。

（札幌市　匿名　56歳）

毎回泣きながら読んでます

春馬さんが旅立たれてから10カ月経ちました。でも、私の中ではしっかりと生き続けています。ＹｏｕＴｕｂｅで春馬さんの画像や動画を観ずにはおれません。春馬さんの笑顔で泣いたり、笑ったりです。しかし、すぐに何故？　どうして？　わからないことばかりです。あなたには輝く未来が待っていたはずなのに…。

悲しさと悔しさで胸が張り裂けそうになります。春馬さんは、言葉に言い表せないほどの苦しみに耐え続けていたと思います。春馬さんの心の叫びを誰も気がつかなかったのでしょうか？　春馬さんが可哀相すぎます。でも、生きていて欲しかった。

私は、春馬さんが亡くなられた数カ月前に母を亡くしました。薄情な娘で母には申し訳ないが、毎日思うのは春馬さんばかり。どこにいても、何があっても、春馬さんの幸せを祈ります。どうか、どうか幸せでいてほしい。

毎回泣きながら読ませていただいています。大好きな春馬さんのページありがとうございます。

（愛知県　岩月映子　72歳）

この1年でちょっとだけ違う涙になった

【『創』21年8月号掲載】

●7／18が近づいてざわめく胸のうちをおさめたくなり今の気持ちを綴ってみた。春馬さんが亡くなってからまもなく一年を迎える。私には命日とか、一周忌という言葉が現実として感じることがどうしてもできない。

現実を受け止められないというか、信じたくない思いもあるが、それ以上にこの一年間、春馬さんは私の日常にまるで新しい家族のように存在していた。

リビングには写真や関連グッズを飾った春馬コーナーがあり、毎日声をかけた。

飛びきり素敵な春馬スマイルに「おはよう、春馬」「ただいま春馬」「おやすみ春馬」と声をかけると、耳に残る春馬voiceが脳内に自動再生される毎日。出演したドラマや映画のDVDをほとんど全編揃え、いつでも映像の中に生きている三浦春馬に会うことができた。

初めの頃は「もういない」という想いが強すぎて、まともにストーリーを追えないほど泣いていたのだが、今は作品ごとに役柄になりきる三浦春馬という俳優の才能とたゆまぬ努力を、沢山の作品の中に感じとる日々だ。

映画には何回も行った。「映画を観る」のではなく、「三浦春馬に会いに行く」。こんな感情で映画館に何度も足を運んだなんて人生初だった。エンドロールに三浦春馬の字を観ると条件反射のように拍手が、涙を拭う人が…。言葉にこそ出さないものの、「ありがとう、春馬！」という声が聞こえる気がした。

『創』は昨年11月号から欠かさずに購読してきた。最近では空羽ファティマさんの書かれた架空のストーリーの中に鮮やかに蘇ってあの声、あの笑顔で側にいると感じられた。

だから、だから！ 亡くなった現実も、一年もたとうとしている時間の経過もまったく実感できないのだ。一人の素敵な俳優で手の届かない存在だった三浦春馬がむしろ、「春馬くん、春馬さん」って身近な呼び名になって私の日常の一部になったかのように側にいる。

この一年の間に春友さんという三浦春馬ファンとの繋（つな）がりもできた。インスタグラムに毎日ポストといって投稿があがってくる。多分数えきれない程あるんだろうけど、不思議とシンパシーを感じる投稿者さんが何人かいらして、それを見ながらコメントする。これも日課になった。

同じ気持ちを見ず知らずの人とたくさん共有できて春馬さんから繋がっていった縁。心の支えという確かなご縁。春友はもはや公式ワードではないかと思う。

こうした春友さんたちとの交流は悲しみと絶望の感情の共有から、今では春馬さんへの感謝とリスペクトと、出会えたことの幸せの共有へと変わっているように思う。

三浦春馬が特別な存在になった、あの

18日を境に。それは私だけではなく、たくさんの人に突然訪れた、自身の人生観すら変えるほどの衝撃だった。立ち直れない、受け止められない日々を過ごした一年間。死の真相というものがあるのかすらもわからないまま、公式には彼を追悼する機会もなく過ぎてきた一年間。

何度も、もどかしいやるせない気持ちになった。その度に同じ気持ちでいる方達の発信するSNSメッセージに救われた。『創』に掲載される読者投稿にもたくさん共感した。

メディアでほとんど報じられてはいないけれど、ファンの間で大きなうねりとなって全国的に三浦春馬現象は起きていた。この動きはこれからも続いて、私たちは作品の一つひとつに春馬さんの命の力を、輝きを受け取っていくに違いない。

そして最近、ここにも春馬さんの未来継承が、と感動したのが「ナイトダイバー」でダンスを躍る若いダンサーさん達の動画であった。プロのダンサーが振付したオリジナルダンス動画なのだが、映像として美しいだけではなく、踊っているダンサー達が皆さん若い。10代20代だと思う。10人位だろうか、春馬さんがどっかにいるんじゃないかと思わず探してしまうくらい、素晴らしくて、神々しい程に躍る皆さんの魂が込もっていて、見ていたら自然に泣けてきた。

三浦春馬が生きた証のひとつが、ここにも表現されて、若い世代に未来へと継承されていると思えた。未来は作られる、春馬さんの尊い人間力は、あの日で終わったわけでは決してないのだ。

あの日から空を見上げることが多くなった。春友さんも空の写真をアップしてくれる。みんな心は一緒なんだなと温かい気持ちがわいてくる。蒼空に時々雲になって現れる春馬さん、不思議と馬のように見える雲は春馬さんが見守っているかのようだ。

「俺は空になりたい」

「恋空」のヒロはそう言った。まさか本当に空へ旅立つなんて、運命とは時に残酷だ。でもあれが運命だったのならもう悲しむのはやめるね。

ねえ、春馬。あなたを想う涙が流れ続けた一年だったけど、今はちょっと違う涙なんだよ、悲しみだけではなく、心を打つ映像、言葉、生き様、もう全部が「ありがとう」の気持ちで流す涙なんだよ。

生まれ変わったらまた三浦春馬として現れて、「これはやり残した僕のライフワークだから戻ってきたよ」って「キンキーブーツ」の3回目再演に出て、「賞賛の嵐ー」って言って両手広げて欲しいな。

権利関係でDVD化は無理といわれたキンキーブーツ日本公演も、もしかしたら実現するかも、という動きも始動しているようだ。春馬さんが生まれ変わってくるまで私、待ってられる自信ないからDVD熱望して、また新たな春馬yearを過ごして行こうと思う。

（夏波　60代）

その日は春友さんたちと過ごすことに

●もうすぐやって来る、あの日。

凄く怖いです。もう、昨年のあの日以降は、春馬君は、いないんだと思いたくない複雑な気持ち…。また一年前のあの気持ちが沸々と沸き上がってくるのかと思うと…。まだまだ辛いし、涙が出てきます。

そこで、同じ想いで出会ってまだ数カ月の春友さんに、「その日に家に居たくない！　誰かと一晩中、春馬君のこと、語り明かしたい！」って、話しました。

当然、その前には、みんな仕事してるし、主婦だし、家族もいるし、宿泊なんてできると思ってなかったんです。けど、話して良かった⁇　同じ想いの春友さんが居てくれたんです。結局、その日から一泊、私を含め６人が一緒に居てくれることになりました。

コロナ禍の中、集いやカラオケができない分、また、思い切り泣いたりすることができなかった春友さんと、春馬君が残してくれたＤＶＤ観て語り合ったり、泣いたり、笑ったりして、（一周忌とは言いたくないけど）乗り越えなければいけないと思っているのです
もちろん、春馬君が繋いでくれた春友さんとの縁は、ずっと続いていきます。春友さんたちは、心の支えです。これからも宜しくお願いします。

（大阪在住　みさやん　61歳）

この1年、あなたと過ごし、前を向くことに決めた

●あの日から1年を迎えようとしている今、自分の気持ちにも少しは整理がつけられたかなと思い、書かせていただくことを決心しました。
あの日何気にＴＶを見、夜の「コンフィデンスマンＪＰ」の録画予約をしようとしていたその時、飛び込んできたニュース速報。その瞬間、私の脳裏には郷ひろみさんとコラボしているあなたの姿が映し出されました。

それからというもの、毎日毎日あなたを探し、思いを馳せる日々が続いた。最初は、なぜ、どうして、誰が、何が…ずーっと探した。でも、あなたを知れば知るほどその疑問はいつか消えていた。むしろ、そういったＳＮＳなどは見ないようになった。見ることをやめた。誰かと話をしても温度差があり興味本位の会話にがっかりするので、話をすることもやめた。

そんな時見つけた『創』さんの記事。心が救われた。どうしてよいのかわからずにいた私の心を癒してくれた。私だけじゃない、みんながいる。そしていつもポジティブな春馬を見つけて伝えてくれる。

涙があふれ止まらなかったのを覚えている。春馬の記事に癒され感動し、毎日どうやって過ごしてよいのか悩んでいた時に、私だけじゃないことに安心した。

私は、アフター春馬の一人。ほとんどの作品を知ってはいたが深く知ろうとはしなかった。でも「ブラッディ・マンデイ」は毎週見ていたし、「わたしを離さないで」を毎週楽しみにしていたことも確かだ。

「せかほし」には、いろんな春馬がいましたね。ふと見せる天然キャラ。おちゃめでかわいいです。でも、そんな天然の中にも春馬はいつもまじめさがうかがえました。まっすぐで、正直で、心優しく、思いやりにあふれ、知れば知るほど心が切ない。

この一年、私は何も手につかず、あなたを思い続けた。初孫の保育園バッグを私が作ると意気込んでいた去年の７月初

旬。何も手につかずミシンすら出すことができず、完成したのは今年の3月。

　これではダメだ。春馬に申し訳ない。そう思い、前を向くことを決めた。

　春馬イズム…たくさんの優しさと思いやり、そしてあなたから教えてもらったたくさんの言葉。経年美化、忠信孝悌、一所懸命、Don't forget smiling
　どれもこれもあなたが生きてきた証。

　それを心に、今からでもあなたに寄り添い、悔いのないよう優しい心で生きていこうと。

　これからの人生のほうが短い私。いつかあなたのいる世界に行ったなら、自信をもってファンですと言えるよう今を生きて行くことにした。

　毎月18日は、和ろうそくの灯にあなたを見つけ、逢ったこともないあなたに話しかける。灯を見ていると心が安らぎ、あなたを想像できる。これもあなたが教えてくれたこと。チェリート君になったと思えば慎ちゃんにもなれる。田中に佐藤　ジェシーにローラに元康さま。そしてそして、五代さま。いろんな人になれちゃうあなた。忙しかったよね。

　土浦セントラル…シネマコロナが落ち着いたらいつか行ってみたい。それまでどうか上映し続けてほしい。


（山形県　tomo　63歳）

春馬くんの故郷、土浦の一面のハスの花

●茨城県土浦市には一面の蓮田が広がり、7月になると一斉に花が咲くらしい。ハスの花が綺麗ですよと地元を紹介していたね。

花言葉は清らかな心、神聖、
離れゆく愛、雄弁。
泥水の中から
真っ直ぐに茎を伸ばし、
早朝に美しい花を咲かせ、午後には閉じてゆく。
開花は短く、
咲いて2、3日で
ハラハラと散ってしまう
仏教では極楽浄土に咲く花として
仏の知恵や慈悲を表す
シンボルとなっている
苦しい状況でも
真っ直ぐに生きて 人より早くから働き
美しく清らかな華を咲かせ、
これ見よがしに誇りもせずひっそりと花を閉じる
まだ花の盛りには早すぎると思うのに
ハラハラと散っていった
なんだか
春馬くんの人生は
ハスの花のように
思えてきた
一蓮托生（いちれんたくしょう）という言葉があるが
本来の意味は
良い行いをした者は
死後 極楽浄土に往生して
同じ蓮の花の上に

身を託し
生まれ変わる
という仏教用語なのだそうだ

宗教とは縁薄い私だけれど
春馬くんの魂が
美しいハスの花に抱かれ
安らかに眠ることを願う
そしていつの日か
生まれ変わり
あの柔らかな微笑みを
再び見せてくれることを願う

もうすぐ7月
彼の旅立ちの日には満開のハスの花が
彼を迎えるように咲いているだろう

（匿名）

この1年、自分の中で変わったこと

●毎月、三浦春馬「死」の波紋を読ませていただいております。

皆さんの想いを読み、私も同じと思うばかりです。毎月の空羽ファティマさんの美しい文章を何度も読み、その度に涙を流しております。ほんとうにこの俳優さんは、死を超えて生きる人だと合点しております。その反面、これからの三浦春馬を見たい想いも強くなるばかりです。

全くの第三者がこのように揺れ動くのですから、本人はあれ程に痩せたことですから、何日も苦悩したことでしょう。その時間に誰か親身に彼の苦悩に寄り添えなかったかと、また想い患うばかりです。

自分の中で変わったことは、より苦しんでいる人にわずかな金額ですが、毎月募金するようになったことと、自分の気持ちを人に伝える方法を探り出したことです。コロナ禍と言えども、人と繋がりながら、自分が生かされていることを考えたいと思います。こんな悔しい想いを今後することなく、自分の持つ微々たる力を表に出して、苦悩している人の小さな光となれるように生きていきたいと思うようになりました。

どうぞ、『創』の連載が続き、現在を生きることに辛い想いをしている人の心に寄り添ってくださることを切に願います。

（愛知県　ユミ　60歳）

夫を巻き添えにして春馬くんを追った1年

●私は、この6月に69歳を迎えました…今は毎日、春馬くんのことばかり考えて生きています。昨年の悲しい出来事が起きた時は正直、春馬くんの俳優さんとしての存在は知っていましたが、こんなに素晴らしい輝いてる役者さんだとは全く知らず、CMで見たことがあるだけで、申し訳ないですが、作品を観たことは有りませんでした。

それが、あのショッキングなニュースが飛び込んで来てから、何故どうして、この若さで死を選んだの？　と気になり、YouTubeなどで春馬くんの動画や過去の写真を拝見したのがキッカケで、あっと言う間に春馬くんの魅力に取りつかれ、それからは毎日春馬くんの生きて来た軌跡を追い始める日々が始まりました。

それが私の今の生きがいになっていて過去の作品を動画配信サービスなどを利用したりCS放送の再放送を録画したり

して、毎日、夫を巻き添えにして拝見しています。

私は現在、夫が定年後の3年前に茨城の地に移住して来たのですが、今となっては、あれほど老後の終の住処を何処にしようと悩み、あちこち探して廻り最終的に茨城にしたのも、きっと春馬くんが導いてくれたのだと思っています。

春馬くんの故郷の土浦は車で30分弱で行かれますし、今は喪失感と言うよりは春馬くんを知ることができて良かったと思う毎日です。色々と作品を観てると涙が出ることも多々ありますが、素晴らしい作品に出逢えた喜びも沢山です！

春馬くん本当に、ありがとう！

もうすぐ悲しい日がやって来ますが、春馬くんの追悼に作品を観ることで穏やかに、その日を迎えたいと思っています。今、天国で安らかな眠りについてることを心から願っています。

（茨城県　ゆきひょう　69歳）

子どもたちに言い聞かせていること

●私も、7／18に春馬君の突然の訃報が入った時から、今まで感じたことのない喪失感と悲しみのどん底に陥った一人です。インスタライブで未来の話をしていた春馬君が何故、どうして、と、頭がおかしくなりそうで、どうしようもなく毎日泣いていました。

私には、25歳と22歳の息子がいます、子どもたちには、私よりも先に逝ってはだめだよ、と強く言っています。本人も辛いけど残された家族も一生背負って行かなければなりません、親孝行なんてしなくていいから、たった一つの大事な命を大切にして欲しいと願っています。

春馬君の好きだった『C&K』の、歌詞にあります、「生きて生きぬかなきゃわからない」。この歌を聴きながらまた、涙。歌が大好きだった春馬君、ゆずさんの『with you』に、元気をもらったと、entertainmentにどれだけ、勇気をもらって生きる力をもらったか、そのentertainmentを送る側の春馬君が居ない世界は、本当につまらなく感じてしまいます。

「春馬くん、そちらの世界で、板の上で活躍していますか？　春馬君の思い描いていた夢を実現できていますか？　遠くにいても楽しみにしていますよ、ずっとずっと大好きだよ！」

（福岡県　春やん　50歳）

サーフボードを抱えた君の像を

●あまりにも衝撃的な、突然過ぎる君の死に、日本中に何故？が飛び交った。君の多くの友人、仲間、家族、そしてたくさんのファンの嘆き、慟哭、ショックが宙を舞い、私はそれをキャッチしたのだと思う。次から次へと連鎖して、多くの人が同じように君を悼んだのだろう。何より、美しく清らかで貴い君の魂が、こんなにも多くの人を惹きつけたのだ。

ありがたいことに昔からの君のファンが上げてくれるたくさんの動画に毎日見入って、新しい君を発見したり、君が遺してくれた作品に触れ、君をとても身近に感じている。

君の最後の主演映画は異例のロングラ

ンを続け、ついに海を越え、夏にもまだ遺作が。今までこんな偉業があった？　もっと君を大切に偲んで讃えてもいいよね？

　どんなに言葉を尽くしても、もう君は還って来ない現実がここにある。君に出逢えた奇跡にとてもとても感謝している。でも君にとっては酷かも知れない今を、何とか今世を、寿命を、歯を食いしばって生き抜いて欲しかった。

　あの日からあっという間だったような、長かったような。今はもう君が安らかであればそれだけでいい、と思うまでになった。いろんな意見があるのもよくわかる。本当に自らなの？　すべて呑み込んだの？　もう君が逝った理由は考えない。苦し過ぎるから。君を尊重する。本当にこれでいいんだよね？

　幼い頃からずっと頑張って、見事過ぎる30年を立派に生き抜いた君に感嘆する。

　今はもう伝説になりつつある、可愛い美しい愛しい君を涙とともにしっかりと心に抱きしめて、決して忘れない。君を想って流す涙はいつからか浄化の涙になっている。君を想う多くの人の溢れるほどの優しい愛が、温かい心とともに、しっかり君に届いているよね。私の感謝の心も。いつか何かが明るみになるのを期待して。

　茨城の海岸にサーフボードを抱えた君の像ができるといいな。桜桃忌ならぬ春馬忌と呼ばれ、何十年か後には誰の像だったのかも忘れられ、いつか海の守り人となって静かに彼方を見つめ立ち尽くす、30歳の君のまま。

（栃木県　しゅう）

春馬さんを偲ぶ詩を書いた

●貴社発行の書籍『三浦春馬　死を超えて生きる人』と、『創』を読ませていただきました。三浦春馬さんの突然の死を悼み哀しむ多くの女性たちの悲痛な声の記録は、私の心にも大きな波紋を残し深い哀しみを誘いました。以前からの熱心なファンだけでなく、中高年の少なくない女性が春馬さんの死に衝撃を受け、その喪失感から抜け出せないでいることが分かり驚いています。

　春馬さんを慕う、多くの女性たちの想いの深さに圧倒された私も、春馬さんを偲ぶ一篇の詩を書くことができました。

　長年、詩やエッセイを同人や地域誌に私も発表してきておりますが、春馬さんの突然の死の衝撃はあまりにも大きすぎて、今まで想いを文字にすることができませんでした。

あなたがいた時間

——三浦春馬さんを偲んで

あなたは
駿馬になってこの世を駆け抜け
去っていった
道草を食む仔馬のように
ゆっくりあるいてゆくことが
許されなかったのは　なぜ

あなたを駆り立て
生き急がせたのは何だったのか
それはきっと
こころの奥の渇望
なりたい自分になるための
あなた自身

二〇二〇年七月一八日
あなたが永遠の不在を告げた
あの日から一年
今年もまた夏がくる

血のにじむような努力と献身
どんな役にもなりきり
わたしたちを魅了し
異次元の世界に連れていってくれた
あなたはもういない

海外のステージに立つ憧れや
もっとすばらしいエンターテインメント
を
観客に見せたいという夢を
活いきと語っていたあなたは
つよく生きたいと願っていたはずなのだ

休んでもいい
立ち止まってもいいと
だれかが言葉をかけていたなら…
あなたは生きつづけられたのだろうか
いまでも

わたしは自問自答する
どんな世の中になれば
自死という悲劇がなくなる日がくるのかと

（渡世志保）

和ろうそくをともして

人生最終章を生きている私に今春馬君のために何ができるかを考えました。渾身の想いでこの世に残した『日本製』、日本の伝統工芸の灯を消してはならない。私は滋賀県で１００年近く続く和ろうそくの店「大與」を選びました。夜9時になると部屋を暗くしてカラフルなまめ和ろうそくに灯をともす。「今日は春馬の好きなブルーだよ。ＢＧＭはゆずにする?」など一人言を言い、幽玄のゆらめきを放ちながら15分で燃え尽きる焰をじっと見つめる。独りよがりの儀式が終わる。２０１４年午年、春馬24歳「東京シティ競馬」ＣＭ「夜遊びしようぜ」、four season かけて撮影したのか? Makingを見た。知らなかった! 異次元の圧倒的な美しさに度肝を抜かれた。擬人化と言おうか、競走馬と春馬が一体化している。一年間の物語を、馬と春馬が共演している。何とか作品にして永久保存できないだろうか? ナレーション:春馬のセクシーな声で「夜遊びしようぜ」なんて言われたら、81歳の老女も夜遊びしちゃうかな⁉

（船橋市　匿名　81歳）

日本舞踊で春馬さんの曲

『三浦春馬　死を超えて生きる人』読ませていただきました。皆さんと私も同じ気持ちです。空を見上げては春馬さんのことを思っています。

私は日本舞踊を習っています。春馬さんのYou & Iの曲を、お師匠さんに振付して頂き、今、お稽古しています。とても嬉しいです。11月に舞台に立つつもりです。春馬さんに喜んでもらいたくて踊っています。

春馬さんのドラマ、映画など見させて頂いて、改めて彼の素晴らしさに気付き、又私も目標を高く持ち、これから残された人生を有意義に過ごせたらいいと思っています。孫も4人いる69歳のおばあちゃんですが、気持ちは春馬さんが恋人です。

これからも『創』を見続けたいと思いますので、春馬さんの特集をお願い致します。ちなみに、私のお師匠さんはNHK朝ドラの「あさが来た」「おちょやん」の所作指導をされた藤間豊宏先生です。

（愛知県　小倉朋子　69歳）

死を選んでほしくなかった

『創』拝見しました。こんなにもたくさん三浦春馬さんの死に心を痛めている人がいるのだと、本当に実感しました。私もそのうちの一人になります。

芸能界というきらびやかな世界で活躍されてきた三浦春馬さんのことを応援していました。亡くなってしまってからはなぜ?という思いばかりでした。でも色々考えてみると三浦春馬さんも一人の人間で、たくさんの悩みがあったんだな、周囲の人に悟られないように、気を使って生活していたんだ、と思います。死を選んで欲しくなかったです。何もかも投げ出してもいい、ただ生きてくれていればそれだけでよかったのに…

悲しくなるので映画は見に行けていない状況です。すべての人が自分らしく生きられるような世界になって欲しいです。

（三重県　福井恵　47歳）

7月18日、私の人生で特別な日

【『創』21年9月号掲載】

●今迄は何のことはなかった、1年のたった1日、7月18日が、私の人生でこんなにも特別な日になるとは思わなかった。

私は6月末から、おかしくなった。去年の今頃、春馬はどんな気持ちでいたのだろうか。ひとり辛い思いを抱え、眠れない夜を過ごしていたのだろうか。泣いていたのだろうか、食べられていたのだろうか。春馬を想うと、胸が張り裂けそうだった。

7月に入ると焦り、居ても立ってもいられずに、昨年の春馬のスケジュールを調べ、「今ならまだ間に合う」「去年の今に戻れば、まだ間に合う」と羽田行きのフライト時刻を書き出し、自分の勤務シフトとにらめっこしていた。ロケ地で撮影終わりの春馬をつかまえようか、それとも自宅マンション前で待とうか?　さすがにそれは迷惑かな?　じゃあ、事務所前で待ち伏せかな?

もうどうしようもないのに…と分かっていながらも、一方では、なんとか助けに行こうと考えている、完全に様子がおかしい自分に笑うしかなかった。

このままでは、自分がどうにかなりそうで、私は今まで秘めてきた春馬への想いを、とうとう旦那にカミングアウトし、助けを求めた。この1年、ずっと苦しく辛かったこと、理解されないと思い黙っていたこと、内緒で何度もひとりで映画館へ通ったこと、YouTubeでずっと春馬を観ているること、何とか救えないかと考えていること、洗いざらい話した。

　旦那は一瞬驚いたが「そうか」と一言発し、いつものようにパソコンに向かった。やはり、無理か。

　そりゃそうだ、今まで三浦春馬の「み」の字も言ったことがなかった嫁が、息子ほど年の離れた亡くなった俳優を助けに行こうとしているのだから、理解できるはずもない。バカな考えが頭から離れない私は、泣くしかなかった。

　数日後、思いがけずにブルーレイレコーダーと、春馬主演映画の数枚のディスクが届いた。諦めていた七夕の「天外者」上映会のチケットも旦那が取ってくれ、「冷静に、楽しんでおいで」と送り出してくれた。

　春馬にしろ、旦那にしろ、私の男を見る目はどうやら間違いなかったことに改めて感動と感謝しながら、私は徐々に正気に戻った。

　前日の7月17日、私のお気に入りの海岸で、春馬が大好きだった向日葵(ひまわり)を献花した。この北の海に押し寄せる波が、かつて鉾田でサーフィンを楽しんだ貴方を包み込んだ雫(しずく)かもしれない、と慈(いつく)しんで。

　7月18日当日、春馬にできるだけ近づきたくて、春馬が過去にCM出演したお茶とチョコレートを持参し山頂へ。そしてあの時刻に「春馬、心からありがとう、ご苦労様！　ずっと忘れないよ、忘れられるわけがない！　どうか安らかに」と祈った。お供え後、泣きながら、お茶とチョコを食べ、下山した。

　見渡す限り、北の大地も、晴れ男に相応(ふさわ)しい晴天だった。この空のどこかにいる貴方に、たくさんの深い愛が届いたかな。

　1年を迎えて週刊誌も騒がしいが、もう、分からないことを考えるのはやめようと思う。疲れちゃうだけだから。貴方と同じ時代を過ごした30年の幸せに感謝して、貴方の遺志を受け継ぎ、貴方が心血注いだ作品を愛して生きていく、もうそれだけでいい。

　こんなにみんなをたくさん泣かせて、感動させて、感謝されて、こんなに、こんなに…こんなに愛されて！　本当に人たらしなんだから！（聞こえてる？　少しは反省してよ、春馬！）

　もう少し穏やかに貴方に向き合えるようになったら、いつの日か貴方と縁のある場所を訪れたい。たくさんあるから、回りきれるかな？　でも既に多くの春友さん方が、YouTubeにupしてくれているから、今はそれを見るのが心の支えです。ありがたいね、春馬。

　みんな、春馬愛が止まらないよ、世界は春馬愛にあふれている！　私たち頑張るからね、あの笑顔でお空から見守っていてね、お願いだよ。

（北海道　かんなお　54歳）

夜は和蠟燭を灯し、春馬君好物の日本酒を

●7月18日。1周忌のこの日は、春友の彼女と車で彼の故郷巡りをしようかと話していましたが、高齢でもあり、車での遠出は断念しました。でも近隣の映画館で「森の学校」が上映されるとのニュースが入り、孫たちを連れて行こうということになりました。

18日はちょうど孫たちも都合よく、我が娘、春友の彼女（我が娘の姑）と5人で出かけました。昭和10年頃の生活環境、便利な物は何もない時代の子供たちの様子を、11歳の春馬君は生き生きと演じ、すでに、名優になる片鱗（へんりん）を見せていました。孫たちもわからないまでも、家族の温かさ、友人を大切にする心などは伝わったようでした。上映が終わりますと、いつものように拍手が起こり、どなたかが、黙禱しませんか、と声を掛けてくださり、参加者全員で黙禱をしました。

夜は和蠟燭（わろうそく）を灯し、彼が好物だった日本酒を献じ、一緒に呑みました。

春馬君がこの世に居ないということは口惜しく、残念でなりませんが、春馬君の笑顔に元気をもらいながら、心強い大勢の春友さんたちの活動の一助になれれば嬉しいです。

目下の願いは、「キンキーブーツ」の映像化です。

彼への献句

春馬忌の夏うぐいすは鳴きやまず

（川崎市　yocco　79歳）

ゆかりのあった方々を この日、この地に訪ねた

●7月18日　朝。

鏡張りのルービック・キューブを縦長にしたような高層建物。鏡張りに見えるものは、〝窓〟だ。突き抜けるような青空に白い雲が浮かぶ。そんな真夏の空が壁面一杯に映し出された〝窓〟を見上げて私は、建物脇のアスファルトの道路に立っていた。

昨年の8月末に訪れた時と同じ、燦々（さんさん）と輝く太陽が目に眩（まぶ）しい日曜日だった。

人通りが殆どないその建物の周りがどこまでも静かだったのも、昨年8月末の夏と同じだった。同じ日曜日でも昨年と違っていたのは、建物の周囲に警備員が数名、ひっそりと立っていたことと、花束を何処へ手向けるでもなく手に持った女性二人の姿があったことだ。

しかし、決定的に違っていたことがある。それは、前回訪れた時には建物内に存在していたであろう〜部屋に残されていたであろう〜春馬さんの思い出の品々が、今回訪れた時にはもうなかった、ということだ（4月に引き去られたと記事で読んだ）。

〝窓〟を見上げる。持ち主が不在となり、その思い出も失った部屋が、あの窓の向こう側のどこかにあったのだ。

春馬さんの残像を無言の窓に見届けて、もう訪れることはないであろう建物を後にする。

7月18日　お昼〜夕方。午前中から照り付けていた太陽の日差しがますます強くなっていく中、都内から土浦へと向かった。春馬さんのファンが集う「はるまちカフェ」さんが用意して下さった献花会場、春馬さんと親交のあったサーフィンの師匠のお話、そして訪れるのは三度目となる土浦セントラルシネマズの館長さんへご挨拶に足を運ぶためだ。

昨年7月18日以前、春馬さんのことを殆んど知らなかった私としては、昔から春馬さんとゆかりのあった方々を、この日この地に訪ねたかったのだ。

7月18日の暑い土浦で春友さんやご家族と連れ立って来る方やグループが目立

つ中（私は主人と二人だった）、私と同年代かお姉さんかなと思われる女性がステージのそばでずっと一人でポツンと佇（たたず）んでいたので声を掛けてみた。するとその女性は堰（せき）を切ったようにご自身の境遇や春馬さんのことを語り出した。思い切って話し掛けてよかったと思った。

7月18日　夜。堀内圭三さんの（YouTubeチャンネル）live配信〝ほっこりカフェ〟で〝ほっこりカフェファミリー〟のみなさんと今日はこうして過ごした、ああして過ごしたとチャットで報告し合い、いつものように春馬さんのことを語り合った。

自分にこのような1年後が訪れるとは昨年は想像だにしていなかった。そして1年後の、想像できない自分の姿を想像して…また日々が過ぎて行くのである。

春馬さんismとともに。

（埼玉県　脇屋恵子　54歳）

7月18日はこれからも ずっとずっと特別な日だ

●7月18日。その日は朝から真っ青な青空だった。一年前のその日はまるで悲しみの涙のような雨模様の曇天だった。今日のこの日を少しでもみんなが明るく迎えられるように春馬さんが晴天を起こしてくれたと思った。

今年は全国的に梅雨明けが早く、きっとたくさんの春友さんもこの青空を見上げて一日を始めてるよね、凄いね、春馬くんは究極の晴れ男になったんだねと空の春馬くんに声をかけた。

今日は泣かないし、気分が落ちることはしない一日と決めていた。しんみりするよりもテンション上げなきゃ。そんな気持ちで朝からファイト・フォー・ユア・ハートをながし続けた。「ハァーアー」から始まる春馬くんの美声とアップテンポな曲調、テンション上げ上げモードで過ごしたら命日だなんて思えなかった。「いいよね、それで」と笑顔の「フォト春馬」に声をかけた。彼はいつでも飛びっきりのキラースマイルで迎えてくれる。

午後いちで、スクリーンの春馬くんに会いにいった。あちこちの劇場でも特別上映会があったけれど、私が選んだのは「五右衛門ロックⅢ」。そう、キラッキラの明智心九郎様に会いに。3時間ほどの上映で春馬くんが出ずっぱり。ああ何と幸せな時間だろう。

「演じるのが楽しくってしょうがない」って感じの春馬くんが歌って踊る姿にひたすら見とれる。

ハチャメチャなくらい楽しい作品が見たかった。いつもエンドロールに三浦春馬の字が流れてくると涙も流れてくるという、あの条件反射も起こさず「楽しかったよ、ありがとうね、春馬くん！」と思いながら劇場を後にした。

7月18日はこれからもずっとずっと特別な日だ。忘れられない忘れさせない日、三浦春馬が永遠に心に生き続けることになった、そのスタートの日。だから泣いて始めちゃいけないって私は心に決めて過ごした。

夜になるとさすがに上げ上げモードでもいられなくなったけど、思ってたより普通に過ごせた。アミューズの追悼サイトを見たらさすがに「泣かない一日」は崩れちゃったけど、前みたいにボロボロ涙腺崩壊じゃなくて、「アミューズさんありがとう、春馬くん頑張ったね、お疲れ様、ありがとうね」って感じながらサイトを閉じて、18日という日は静かに過ぎ、心穏やかに終わった。

（神奈川県　匿名　60代）

映画館で春馬の映画を3本、夜も映像を観ました

●7月18日は一人で過ごすことが辛いので、ドリパスで「森の学校」「アイネクライネナハトムジーク」「真夜中の五分前」の3本の映画を映画館を移動して観ました。特に「森の学校」で春馬君が、ご苦労様、ありがとうって叫ぶシーンが何度観ても切なくて号泣しました。

たくさんの春友さんと映画が観れて、春馬君を感じられて幸せな時間を持つことができました。帰宅後は春馬ローラを感じたくて、CDや公開されている映像をできる限り観ました。

この1年でキンキーブーツCDを何百回と聴き、キンキーブーツ〔映画〕キンキーブーツ〔ミュージカル〕共に何度も映画館で観て、春馬ローラを重ね合わせて涙してきました。

でも重ねきれないんです。

春馬ローラを映画館で観たい。春馬君が命をかけて演じたローラが観たい。どうしても観たい。そして沢山の人に観てもらいたい。円盤化もして欲しい。

それを願って願って…そして…。

三浦春馬記念館も作って欲しい。ファンクラブを作って会費と入館料で維持できないかな〜。

たくさん涙が出たけど、きっと春馬君は空になってみんなを見守ってくれてると思うことができた1日でもありました。

（大阪府　ボス　56歳）

多くの人々に衝撃を与えた7月18日

●私はこの7月に春馬くんの所属事務所からお別れ会が開かれないという知らせを受け、悲しみと怒りと不信感で胸の中が支配され、重くて辛くて苦しい気持ちのまま18日を迎えました。

お別れ会に行き、直接遺影に手を合わせ花を手向けることで、自分の中の大きな悲しみと向き合い、これからは心静かに春馬くんを想えるようになりたいと願っていたのです。

ですが、実際の私は自宅で18日を迎え、小さな子供たちの世話に追われる、いつもの日常の中にいました。

この1年、春友さんの中には新聞に思いを掲載するよう呼び掛けたり、過去の映画を再上映させるべく働きかけたり、今回の藍染めプロジェクトに尽力されたり等しており、泣いてばかりいる自分との違いに、私自身とても情けなくなりました。

せめてもの思いから、四十九日、百箇日、毎月18日の月命日には花を買い供えています。今年の7月18日は去年の春馬くんの訃報を知った瞬間のことを鮮明に思い出し体調が悪くなりましたが、それでも子供と一緒に花を買いに行きました。そして家で所属事務所から公開された追悼サイトを見て過ごしました。

追悼サイトの中には私の大好きな春馬くんがたくさんいて、数々の作品の中で

輝き続ける眩しい存在のままでした。

1年たった今でも毎月18日前になると気持ちが落ち込み、身体も重くなり、日常生活のいろんなことが手につかなくなり、投げ出したくなります。本当にいろんなものでこの悲しみをごまかして毎日生きています。

この1年、どこを探しても春馬くんを見つけられません。どこにいるんでしょうか、本当に本当に亡くなってしまったんでしょうか？　あんなに懸命に仕事に向き合い、毎日を大切に過ごしていた春馬くんが亡くなったなんて信じられません。

ましてや自らなんてあり得ない。自らだとしたら春馬くんをそこまで追い込んだ「何か」があるはずで絶対に許せない。なんで、どうして、と答えの出ない問いに苦しくて堪りません。

そんな毎日を過ごす私に「藍染めプロジェクト」の雪花絞りが届きました。手元に届き封を開けた瞬間、この藍染めにかけるharuraさんの願いとそれに関わられた方の思いが伝わってきてしばらくその場で立ち尽くしてしまい、気づけばまた泣いていました。

7月25日は追悼サイトが閉じられる瞬間まで見ていました。私の携帯では18時3分まで動画が再生されたあとに動かなくなりました。その瞬間、春馬くんがさらに遠い遠い所へ行ってしまった気がしてその場で泣き崩れてしまいました。

やはりお別れ会を開いて欲しい。それぞれの場所で思いを寄せ続けてきたけど、どうにもならないほど今も悲しくて苦しくて気持ちの整理がつきません。

泣いてばかりの1年でしたが、『創』に出会い、空羽ファティマさんにメールさせていただいたのをきっかけに素晴らしい切り絵の絵本に出会い、藍染めのハンカチまでお譲りいただき、『創』関係者の皆さんや春友さんたちの活動に支えられています。皆さんの心が穏やかに過ごせる日が早く来るように願っています。

（大阪府　愛　38歳）

追悼サイトでたくさんの輝く春馬くんに会えた

●悲劇から1年が経ちました。私は大勢の三浦春馬さんファンの方と「お別れの会」に参加し、皆さんと春馬くんを偲び、追悼すべく日を送るであろうと思っていました。しかしコロナ禍でもあり所属事務所からはお別れの会ではなく追悼サイトを設けるとのこと。

7月18日当日、追悼サイトでたくさんの作品の中で眩しく輝く春馬くんに逢えました。こんなにも輝いていて、こんなにも才能に満ち溢れていて、こんなにも大勢の人に愛されていて。なのに何故？とまた思ってしまいます。

1周忌を迎えた日、春友さんはどう過ごされたのでしょうか。

私は春馬くん香水をつけ(笑)、『日本製』を片手に一人でとある工場へ。中に入ることができなかったので工場周囲を撮影。その後予約してあった郷土料理のお店に。地元なのに初めて入るお店でした。実は工場も郷土料理のお店も春馬くんが『日本製』の取材で訪れた場所なんです。工場は本来なら見学ができるのですが、コロナ禍のため現在はできません。郷土料理のお店では店員さんに春馬くんのことを話すと快く対応して下さり、取材当時春馬くんが通されたお部屋を見学させて頂き、画像も撮らせて頂きました。そしてご厚意でそのお部屋で私も食事をさせて頂きました。残念ながら春馬くんが食した「おざんざ」は現在販売されておりませんが、それに代わるおうどんを食べました。お店の方が食事はしなくても良いのでまた来て下さいねと言って下さいました（良い人だなぁ）。

確かにここに春馬くんがいたんだという思いを胸に、春馬くんが見たであろう中庭の景色、お部屋の調度品、春馬くんが歩いたであろう廊下、しっかり目に焼き付けてきました。

そして帰宅後は春馬くんのＤＶＤ鑑賞。笑ったり、泣いたり、再び感動したり…こうして私の7月18日は幕を閉じました。

コロナが収束したら4月に春馬くんのいる天国へ旅立った春友さんである親友の〝追悼の旅〟『日本製』の旅を是非決行したいと思っています。

改めて春馬くんへ、ここにもあなたのファンがいますよーと伝えたいです。

春馬くんへ届け。（長野県　しるく）

春馬君のお母さんへお願い

●いまだに何が起きたのか理解ができず心の整理もつかない日々を過ごしています。こんなことが起きなければ多分知らずに観ることもなかった作品や子供の頃の春馬君に出会えたのは嬉しかったこと…でも裏を返せばこれから40、50…と成熟していく「三浦春馬」の新しい作品に触れることはもうないんだと、思い出す度に胸が締め付けられます。

もともとあまりテレビは見ないのですが、春馬君が出演しているものだけは欠かさず見ていました。「ブラッディ・マンデイ」でこんなイケメンいるんだ、と思ったのが多分最初。その後の作品での笑顔の虜（とりこ）になり「せかほし」で飾らない人柄にも魅力を感じて、自分の娘と変わらない年頃で、ずっと自分にも息子がいたら春馬君みたいな子がいいなという感覚で応援してきました。

ただ、時々バラエティー番組とかでふと出る陰りが気になってた。多分すごくまわりに気遣う人でカメラが自分に向いてないときはそんな顔になっちゃうのかなと思ってました。亡くなるちょっと前、「世界一受けたい授業」に出た時は、これほんとに春馬君？と思う位寂しそうな顔をしていた。バラエティーだから仕方ないのかもしれないけど、渾身込めて作った『日本製』への出演者の取り扱い方が私から見てもひどくて、春馬君も出たくなかったんじゃないかと今でも思ってる。撮っておいたビデオも哀しくてすぐ消した……そんなことがあってのあの日……。唯一理解してくれ「死ぬなよ」と言ってくれた娘は結婚して家を出て、今は子育ての真っ最中、夫はこういった人の心の動きには関心のない人で、また語り合える友人も居なくてこの1年泣くことさえできず過ごして来ました。

ＳＮＳも苦手で、ただ配信されるニュースを受け取るだけでしたが、その中でアラジンさんの切り絵にひかれ、ファティマさんの記事に出会い、『創』に出会うことで、自分と同じ思いをしている方たちがたくさんいることを知り「ああ、自分はひとりじゃなかった」と救われる思いでした。

「天外者」も何回も観に行きました。春馬君に会えるのもですが、語り合うことがなくても同じ志の人たちと一緒の場所にいられることが嬉しかった。アミューズは「送る会」はやらないと発表しましたが、私はそれでいいと思う。たぶん形ばっかりの送る会より、日本全国にある「聖地」を訪れて、また全国の映画館がやってくれた「七夕特別上映」や土浦セントラルシネマズさんはじめ他の映画館のように気持ちのこもった送り方をしてくれるところに自分も足を運んで彼を思い出し送りたい。ただ、それもきっとずっとというはずもなく。

…春馬君のお母さん、お願いです。春馬君のお墓を建ててあげてください。心の底からのお願いです。私は二度大病をして「死」を身近に感じてきました。彼の自死が本当なら絶対選択してはならない道だったと考えます。ただ悔やんでも彼が帰って来ることはない。「銀魂2」の最後のシーンのように、みんなの彼を思う気持ちが届きますように、今は唯々彼の心が安らかであるように祈ります。


（埼玉県　主婦　50代）

「藍染めプロジェクト」に感謝

『死を超えて生きる人 1』から愛読させていただいてます。昨年7月18日のあの日から突然雷に打たれたように春馬さんを想わない日はなくなりました。「世界ほし」出演の彼しか知らず、その後に過去の彼の活躍を知って、自分の世界の狭さを痛感し、後悔し残念で悔しくて。今さらながら、彼の作品を買い求め、彼の人となりや能力のものすごさを実感しています。

あの日がなかったら、今も新しい彼の活躍が見せてもらえたのにと切ない気持ちと、彼の選択を認めなければ彼に申し訳ないという想いとの、せめぎ合いの日々です。

今回の「藍染めプロジェクト」本当に素晴らしい企画をありがとうございます。徳島在住の春友さんと『創』編集部の関係者の方々に感謝の言葉しかありません。大変な手作業で製作のご苦労を思うと素人の私でもできることがあればお手伝いに飛んで行きたいくらいです。


（東京都　浦野京子　73歳）

ありがとうツアーと[we love Haruma forever]

●7月17日、私は一人、電車で滋賀県へ向かった。その日は朝からとてもいいお天気で、車窓から青空に広がる馬の形をした雲が見えた。駅に着くとツアーの主催者が出迎えてくれ、早速このことを伝えたら、すぐにわかってくれた。そう、三浦春馬のファンなら余計な説明なしでそれがどんなに嬉しいことかわかるのだ。
「愛を届けよう‼ありがとうツアー」は、10数名参加、九州や関東からの方もいて、びっくりした。今回のツアーは、天外者の撮影に使われた近江商人の屋敷を訪れた後、琵琶湖畔で追悼セレモニーを行うというものだった。

まず、訪れた近江商人の屋敷、映画で

観た見覚えのある風景に感激した。春馬くんが通った道、くぐった門、上った階段、座った畳、全てがいとおしく思えた。彼が頑張ってた場所に来られたことに感無量だった。昼食後は、追悼セレモニーの準備、ボードに春馬くんの写真の切り抜きや桜の花びらのメッセージを貼ったりしてまるで文化祭の準備をしているような、楽しい一時だった。

出来上がったボードとラジカセを持って、琵琶湖畔で追悼セレモニー。黙禱(もくとう)の後、You & Iを流して一人ずつ献花した。彼が亡くなってから毎日悲しかった。事務所がお別れ会を開いてくれない中どう自分の気持ちを整理したらいいのか迷ってる時にこのツアーの主催者のブログに出会った。滋賀県で旅行社を営んでて、春馬くんのファンでもあり、撮影で使われた近江商人の屋敷を以前から知ってたこともあって、ツアーを作りたいと思われたそうだ。

スタッフ2人も同じ気持ちを共有出来る春友さんだ。普段は、主婦であり、妻であり、母である私がこのツアーで過ごした時は三浦春馬のファンだけになれた。私なりに区切りをつけることが出来たと思う。一度申し込んだツアーだったが、コロナや自宅から2時間半もかかり、追悼セレモニーが重く感じたことなどから、いったんキャンセルした。でも、やはり行きたいという思いが強くなり間際になってまた申し込んだ。

今回ツアーに参加して同じ思いの春友さんたちに出会え、みんなで春馬くんに愛を届けることが出来、またこれから前を向いて歩んでいけそうな気がした。ツアーを企画してくれた主催者、スタッフ、春友さんたちにありがとうと、伝えたい。

翌日18日、目が覚め、昨日のことは夢だったのではと思ったが、テーブルの上の一輪挿しには、セレモニーで献花したバラが咲いていた。この日は、家で静かに過ごそうと思った。

シンガーソングライターの堀内圭三さんが追悼動画を午前にアップして下さるとのことだったので、拝聴した。堀内さんの歌と一緒に流れる沢山の春友さんたちのメッセージ、伝えたいことは一杯あるが一人一行に込められたそれぞれの思いに涙があふれでた。そして終盤の春友さんたちの動画メッセージ、みんな明るく前を向いていた。元気をもらえた。朝からとても心暖まる素晴らしい動画だった。

堀内さんはこの日のために春友さんたちからメッセージを集め、動画メッセージは、同じ日に京都から関空近くの映画館、滋賀県の映画館とはしごもされた。動画編集作業は、徹夜でされたそうで、そのかいもあって本当に愛溢れる動画が出来上がった。感謝しかありませんでした。

これからまた1年、とりあえずは、前を向いて、いつか春馬くんに出会えた時によく頑張ったね、と誉めてもらえるように。

（大阪府　マレイ明美）

第3章

三浦春馬さんへの想い

空羽ファティマ／海扉アラジン

三浦春馬さんに贈る創作物語

新しき春 Winter

―物語の中で今、彼は再び蘇る。

あの日の辛い現実から離れたいと願う方に贈る、創作物語。
想像の翼を広げ、あなたを別世界へお連れします。

空羽（くう）ファティマ【絵本作家】／海扉（カイト）アラジン【切り絵】

〔本文を読む前に〕
より深く以下の物語を楽しむ為にこの話の前編「言葉　愛の形」の朗読音源を配信中！https://linkco.re/bfX22YDCにアクセスもしくはGoogleで「iTunes空羽ファティマ」と検索↓一番上にこちらのサイトがでます。配信サービスによっては、曲順がバラバラなのでiTunes又はAmazonで「空羽ファティマ」と検索↓アルバムをダウンロードして下さい。電子書籍、発売中。

今日も雪が降りつもる。
白い雪が降りつもる。

覚えているだろうか…
それは、ロスの愛の言葉だということを…。
時を越えて
掟を越えて

今日も白い雪が降りつもる。
そしてまた降りつもる…。
降り…つもる…。

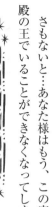

「ロス様…ロストルシカ王…

大変、申し上げにくいことですが…もう…時間がありません。何度もお伝えしていることですが…

これ以上お一人でおられることは…ルイトルシカの国の掟が許しません…。どうぞ今度こそ、お妃様をお迎え下さい。お願いでございます。

さもないと…あなた様はもう、この宮殿の王でいることができなくなってしまいます…」

そうロスに告げたのは、彼と常に共にいる大きな白クマ、ルイナだった。

「おまえには…いつも心配をかけすまないと思っている。でも…僕は…どうしてもそれができない」

ロスが、その細く長い指でルイナの頭を、ゆっくりなでながら言った。

「あの方の…ムルーラ様の事が今も…？」

「彼女は…今、幸せに自らの人生を歩いている。彼女が幸せなら、僕も幸せだ。だから…これは彼女とは関係なく、僕自身が…自分の気持ちに嘘をつきたくないのだ」

「それは…まだ…ムルーラ様を愛されているということでは…？」

「……そうだね。今も僕は彼女を愛している。

でもそれは〝未練〟とは違う。

ただ…彼女以上に愛せる人に出会えないのに、国の掟の為だけで結婚することは…やはりできない。

したくないんだ。王としての責任を取れ！と責める人もいるが、でもこれが僕なのだ。すまない。わかってもらえるだろうか？」

低く、くぐもる声で彼は言った。

「はい。よくわかります。あなた様ほどお心の清いまっすぐな方を私は他に知りません。でも…このままだと…」

ルイナは辛そうにうつむく。僕はこの宮殿を出なくてはならなくなる。

許してほしい。ルイナ。長い間、君は実によく僕に心を尽くし、働いてくれた。

いい王になれなかったことは、本当に

空羽（くう）ファティマ●朗読CD付き絵本「ラクダのキャメルン シリーズ」の出版、朗読会をする絵本作家。

海扉（カイト）アラジン●独学で学んだ切り絵でキャメルンシリーズ、コラム、オリジナル切り絵の仕事も受ける切り絵作家。

本当に申し訳なく思っている。

君は、ただの使いの白クマだけでなく一番の心友でもあった。

明日、陽が昇る前に、私はこの宮殿を去るよ。

どうか、君は新しい王の為に尽くしておくれ」

雪の降りしきる窓を見つめた、その美しい彫刻のような横顔を見つめながら、ルイナははっきりと言った。

「ロス様、それは…できません。あなた様がムルーラ様を思い続け、ムルーラ様しか愛せないように…私も…。私がお仕えしたいのは
ロス様以外ありません。

どうぞ私も、一緒に連れて行って下さい。あなた様の行く所が私の行く所で、あなた様が生きる道が、私の生きる道です。

他の誰も愛せないほどにムルーラ様を愛し続け、愛し尽くすことを誇りとするように…あなた様にお仕えすることが私の〝誇り（fierté）〟なのです」

「そうか…。ムルーラを愛することが僕の〝誇り〟か…」

「はい。私にはそう見えます。

まっすぐにムルーラ様を愛し抜いておられる、そのお姿は人生における誇り高き〝表現者〟と言えると思います」

「不思議なものだな…。

僕は…ただの一度も彼女とは〝言葉〟そのものを交わしたことはないのに。

なのに、彼女と共に過ごした短い時間が僕の人生の全てになり…彼女が去って尚、その想いは何一つ変わらないのだ。

それは…彼女が誰を愛しても関係なく…〝僕が彼女を、愛している〟ということだけが唯一の真実で…そこには何の飢えも寂しさもない。

〝愛の果て〟というのかな…愛し尽くした先には相手さえいらぬ、ストンと抜けた場所があり、そこにたどり着いた者はもう何も欲しくないのだ。

彼女の愛さえ不要になる」

「はい。私もあなた様に、同じ想いを持っております。そして、そう思えることがとてつもなく幸せですから」

「ありがとう。

明日から僕たちには何もなくなる。この小指の、ブルームーンストーンの指輪以外は、何一つ」

第2章 旅立ち

朝になった。

まだあたりは薄暗かった。いつものように、雪が静かに降る、白い朝だった。

ロスの長いまつ毛に雪が積もる。

息も凍る寒さの中、2人はひっそりとルイトルシカの氷の宮殿を後にした。

何も未練はなかった。心を偽ってこの城で生きるより、王としての掟で縛られた牢屋から出て、何も持たず自由な身として生きていく方が清い。

遠いあの日、愛するムルーラが泣きながら出て行った厚く大きな扉に、今ロスは手をかける。

ギーと重たく渋い音を立てて、新しき自由への扉が、開く。

あの時の彼女も、こんな気持ちだったのだろうか…。

もうこれしか残されていない唯一の道

を、扉の向こうに求めるしかなかった君の哀しみと絶望を…あの時の僕は、本当に本当にわかってあげられていたのだろうか？

ムルーラ…今、ここに立ってみて初めて僕は君と言葉を交わせた気がするよ。想いを残したまま、ここを去るしかなかった君がどんなに深く切なく僕を愛してくれていたか、わかった気がするよ。

あの日から、僕の時間は止まったままに見えるかもしれない。

けれど僕なりに自分と向かい合う日々を生きてきて、それを悔いてはいないのだよ。

フロリティーナ・マジョリン・ムルーラ…愛してる。愛してる。愛してる。

君に出会えてよかった。君を愛せてよかった。

こんなにも愛せる存在に出会えたことで、僕は自分の生き方に初めて〝誇り〟を持つことができたから。

君に出会う前の僕は、自分が何の為に生きているかわからなかった。毎日は何気なく過ぎていった。

特別悩みもなかったが喜びもなかった。

君が去ってからの僕は、しばらくの間死んだようだった。体も心の感覚もなくなってしまっていた。辛すぎて、何も感じたくなかった。

でもそのうち思ったんだ。君に会って輝いた僕の人生を、君が去ったからといって、全てをゼロにしたくないと。

君がいない、心も凍る氷の国だけど、君を想う虚しさを、ただ哀しみ目を伏せるだけの自分でいたくないと…。

そして僕は決めたのだ。心のままに生きて行こうと。

もし、いつか…君以上に他の誰かを、愛せる日が訪れたらそれもいい。

でも、そんな人が現れなくても、心から君を愛せた幸せと共に生きていこうと。

…そして結局、君以上に愛せる人とは出会えなかった。

でも全てを失った今も僕のかたわらには、大きな温かな体がこうして寄り添ってくれている…。ありがたいね…。なんて幸せかと思うよ…。

幸せになる為には〝ないもの〟を数え

るのではなく今、その手に〝あるもの〟に感謝できるか、どうかなんだろうね。

僕はたくさんのものを失ったようで実は何一つ失ってないのかもしれない。

失うものなんて、初めからなかったのかもしれない。

これからどこに住み、何をして生きていくのか、今は何もわからない。

全て一から始めようと思う。

僕はもう、ルイトルシカの王ではなく、一人のただの男で、誰の期待に応えなくてもいいんだから。

城と引き換えに、大いなる自由を手にしたのだ。

第3章 愛と誇り そして自由

そしてロスとルイナは未来に続くまっすぐな道を、ひたすらに歩き続けた。

その間一度も後を振り返ることはなかった。

それはもう必要のないものだから。

《その人にとって、必要なことしか起こらない》

…《宇宙はいつだって一番ふさわしいものを、ふさわしい時に、与えてくれる》そう、ロスは信じていて、それは、〝宇宙への信頼〟と言えるものだった。

生きているということは、この降る雪のように儚（はかな）いものだ。

けれど、すぐ溶けて消えてしまう雪の一つ一つにさえ、それぞれ違う結晶の形を持っていることに、ロスは感動せずにはいられない。

そこに宇宙の大きなＬＯＶＥを知り、全てはなるようになる、と思えるのだった。

「この命がなくなる日まで、魂の光を精一杯輝かせ生きていきたい。

誰に褒（ほ）められなくても誰に認められなくても。

高い山の上に、ただ咲く花のように」

ロスは空に向かってつぶやいた。

自分で決めた道を歩ける事が嬉しかった。もうロスを縛ることは何もないのだ。

一番心地いいことは？　と聞かれたなら〝自由でいたい〟と答えたい。

しばらく歩くと、雪解け水でできた川を見つけた。とても冷たく澄んだ美味（おい）しい水だった。

それを見てルイナはひそかに思った。

「これはロス様が氷の国を出るムルーラ様に…最後の最後に想いを託して送った、あの雪の結晶が解けた水かも知れない」と。

生きていく上で必要なものは、そうたくさんはない。

〝愛と、誇り〟…その二つをロスは持っていた。

そして今、〝自由〟という大きな美しい翼が、その背についたのだ。

頭上には雲の合間から何本もの美しい光の線が、降り注いでいた。

そのあと2人は何日も歩いて森にたどり着き、そこに小さな小屋を建てた。

近くには澄んだ小川と、大きな木が立っていて、そこが二人の新しい城となった夜、彼が言った。

「ロス…ロストルシカという名は氷の国、ルイトルシカの王の名だ。

今日からはこの小さな木の家が私の城だ。

だから新しい名前を自分に付けたい。

寒く冷たい雪の国を出て、この春の柔

らかな日差しの中で、これから幸せに生きていく男、として《春の男…ハルマン》…はどうかな?」

「ハルマン様。なんて素敵なお名前なんでしょう!

では、私も名前を変えて…ルイナ改め《ルイ・コムギーシャ》なんてどうでしょうか?

小麦は、寒い冬を超えて、何回も踏まれて強くなる。そして春を過ぎると、たわわに黄金の穂を実らせる。

そんな力強く美しい小麦から名前を取り、これからもしっかりとハルマン様をお守りしたい」

こうして2人はハルマンとコムと名乗り、新しい生活を始めた。朝起きるとお日様にまた新しい朝が迎えられたことに感謝の祈りを捧げ、湧き水を汲み、火を起こし料理を作った。種を蒔き作物を育てた。夕陽を見送る、座り心地のいい木の椅子も作った。

時々は道に迷った旅人や、迷い込んだ動物たちを、もてなしもした。ずっと冷たい氷の宮殿で暮らしていたハルマンにとって、自由に笑えて話せて散歩できる温かな毎日は、新鮮で楽しかった。

第4章 新しき春

そんなある日のことだった。

散歩に出かけた二人は谷底に倒れている人影を見つけた。体中に傷を作りながら、やっとのことで深い谷を降り近づいてみると、それは若い女性だった。

彼女がルイトルシカの国の者であることは、すぐにわかった。国の紋章である雪の結晶が、その服に付いていたからである。

「ハルマン様…彼女はあなたを追ってきた、使いの者に違いない。

国の掟を破って去った、あなたを見つけた者には、多額の報酬が払われるはず。見つかったら危険です」

コムが耳元で囁く。

「分かっている。だが傷ついた者を見捨てて行くことはできない。

《掟は破るためにこそある》のだから。連れて帰り看病をしよう」

そしてコムはその大きな背に彼女を背負った。

傷は思ったより深く、彼女が目を覚ますまでハルマンは献身的に何日も寝ずに看病をした。

そして空が雲ひとつなく晴れ上がった日の朝、ようやく目を覚まし、ハルマンを見て驚いた。彼こそが、新しい王に命じられて探していた者だったから。

「君は…ルイトルシカの者であろう?

私を探していて、谷から落ちたのか?」

今はハルマンになったロスが聞く。彼女は黙って頷いた。

「……そうと知ってて、なぜ私を助けたのですか?」

かすれた声で、彼女が聞く。

「今は国を出たとはいえルイトルシカは私の愛する祖国に変わりなく、君を助けた理由を聞かれたならそれは私の元王としての誇り…と言っておこう」

温かなプーアルンのお茶を、彼女に差し出しながらそう静かに笑った目は、澄んだ夜に浮かぶ美しい三日月の形をしていた。

しばらくして、傷がすっかり良くなり体力が戻っても彼女は出て行かなかった。黙ったまま料理を作り掃除をしていた。

夜は、モフモフのコムに寄り添って無邪気に寝る姿は、幼い子供のようだった。

そんなある日。彼女が震える声で聞いた。「このままここにいて、いいのでしょうか？　報酬欲しさにあなたを探していた私なのに」

「もちろんだよ。君は好きなだけここにいていいんだ。

　正直に言えば、ほとんど話さぬ君との暮らしに初めは戸惑った。

　でも、君が心を込めて作る料理や、シワひとつなくピーンと張るベットメイキングや、毎日部屋に生けてくれる花は、言葉以上の君の言葉だと想えるようになったんだ。

　昔、僕は言葉の壁を越えることができなくて大切な人を失った。もう同じことはしたくない。

　言葉を超えて……微笑める僕でありたい」

…それから…

彼女がルイトルシカの国に戻ることはなかった。

　一日の始まりには、彼女が小川から汲んできた澄んだ水でいれた、香り高いコーヒナを朝の日差しが降り注ぐ温かなベランダで、3人で飲んだ。

　そして毎回、ハルマンはクシャッとした笑顔で言うのだ。

「ありがとう。こんなに美味しいコーヒナは飲んだことないよ」と。

　…そこには、確かに温かく優しい《新しい春》が訪れていた。

……………………………fin

【創作物語・後書き】


　愛するムルーラを失ったロスに、愛する三浦さんを失ったファンの方たちを、重ねて描きました。

　彼がムルーラを愛した日々を〝誇り〟として生きたように「春馬くんを本気で推した日々」を誇りに思って欲しいと願う。

　初めは、春馬くんらしき存在が、文中に出てこないから、「え？どこ？」と探しながら読んだと思います。でも、随所に散りばめた、ファンならわかる彼の特徴を記した「ヒント」が出てくるから「このロスが春馬くん？」って思いつつ「でも、名前がなぜロス？」と、読んでいったでしょう？

　そして！ついに改名のシーンに行きついて!!「おおっ！こう来たかぁ！」と叫ぶみんなの顔を思い浮かべながら、ドキドキするストーリーにしたよ。

　来春には、キャメルン出版から『新しき春』も含め三部作の長編の朗読CD付き絵本も作ります。

　それとは別に、氷の国を出て〝新しき春〟を迎えたハルマンの幸せな続編も又、楽しい空想しながら、待っていて下さいね。

　ハルマンのどんなシーンを読みたいか？（父になった姿とか、いろんな国を旅して欲しいとか）ご要望になるべく応えたいと思うのでご意見、ご感想をお寄せください。fatima@camelun.com
「もう新しい春馬くんの作品は生まれない」と落ち込んでいる方が「キャメルンシリーズの絵本の中でなら彼は生き続け、その先の人生が続いていくのね！」と楽しみになればいいなと想い、彼を〝三浦春馬〟としてではなく、ハルマンというキャラクターの一人として迎え入れましたが、この企画を提案した私のインスタ@coofatimaの読者さんたちの「ぜひ春馬くんの絵本を出して！」という熱い声がなければ、こんな大それた企画を始める勇気は出なかったと思う。

初めのきっかけは「ファティマさんなら、ど素人の戯言（たわごと）と、流すまいと信じ、絵本を作る願いは叶わないかもだけれど、伝えるだけ伝えてみよう」と私を信頼して書いてくれたdさんのコメント。

〝私たちは何もできない一般人のファン〟だと、彼らは言うが、けしてそんなことはない。事実こうして、皆さんの想いに背中を押され「春馬くんを利用した」と批判されることも覚悟の上で、物語を書くエネルギーを私にくれたのだから。

だから「想いのチカラ」こそが、どんなものよりも、大きな力になると、私は信じている。

私たちキャメルンスタッフもその力だけを頼りに、「命の大切さと日々の尊さ」を伝える奉仕活動を12年間、出版費用の捻出や本の保管に苦労し、利益なんてなかったけどコツコツ続けてきたら、三浦さんを通して『創』の篠田さんと繋がり、熱いハートを持つ皆さんとのご縁ができた。

以下の三浦さんの素敵な言葉もファンのrさんに教えてもらった。

「奇跡というのは〝思いやり〟がまず先にあって、その思いやりから人の〝行動〟が生まれてくると思うんです。

その行動がいくつか重なり合って〝奇跡〟を産むのではないかと思ってます」と。

彼への〝思いやり〟が、絵本を作りたいという〝行動〟になり、ここをきっかけに平和な社会を作る〝奇跡〟が今、産まれようとしているかもしれない。

その道を心ある方たちと共に歩いていけたら幸せです。

……一方で、正直、三浦さんを物語の中に登場させることに、違和感を感じる方もいるかもしれないとも思っている。

けれど、これは絵本作家としての私が表現した、彼への#想いの光であり、それは人によって色々でいいと思っている。

その人なりの表現の仕方で彼を想っていけばいいと。ローラの「違いを認め合おう」というメッセージのように。

『銀魂2』の鴨太郎を失った土方のセリフ「全部背負って前に進まなきゃあなんねぇ。地獄で奴らに笑われないようにな」の言葉が、ずっと私の耳の奥で響いている。

あの夏の日の哀しみを全部背負いつつ、前に、前に。前に。

彼から託されたバトンをそれぞれが自分なりの解釈で受け取り、互いを認め合う温かな世の中を築く奇跡をみんなで紡いでいきたいと願う。

五代さんやローラが、夢にみた世界を目指して。

その道は《#死を超えて生きる人》へまっすぐに続いている、と強く強く信じている。

空羽ファティマ☆

【初出：『創』2021年3月号】

4・5誕生日によせて

三浦春馬さんのお誕生日に贈る手紙

誇りと役者魂を人生をかけて表現した三浦春馬さんに贈ります。

空羽（くう）ファティマ［絵本作家］／海扉（カイト）アラジン［切り絵］

そんな〝天外者〟の貴方が、この世に生まれた4月5日を心からお祝いしたくて、貴方に手紙を書きたいと思いました。

改めて。三浦春馬さん、31歳のお誕生日おめでとうございます。赤ちゃんの時からきっと天使みたいに可愛くて、胸に抱いたお母様はどんなに嬉しかっただろうかと想像します。

どの親子もそうであるようにいろんなことが親子の間にはあったでしょうが、優しい貴方のことですから世の中の人には自分を産んだお母さんを責めないでと願っていると思います。

小さい時はひとり遊びが多く寂しい時間を過ごしたと聞くけど、全ての経験は形を変えて肥やしになるように、一人の時間が、豊かな想像力や繊細な感性を育てたのだとも思いました。

「なぜ貴方にここまで惹（ひ）かれるのか？」を心に問いながら、ファンの皆さんにいろいろ教えて頂きつつ執筆してきましたが、（本人には重たかった）美しい顔形、

蒼く冷たい孤独の玉

あの日から貴方の不在は、その存在をより輝かせ、貴方の命が〝身体〟という乗り物を降り、〝魂〟となってから、更に生き生きと人々を魅了し続けています。

その〝奇跡〟を目の前で見ながら、私は貴方が、ただの俳優という枠に収まらない大きな人だったことを認めざるを得ません。

天賦の才能に溺れぬ努力。品のある所作。完璧さと天然キャラ。常に〝もっと奥〟を追求する姿勢…etc。魅力を絶賛する声に頷きつつ、それだけではない〝何か〟。それ以上の〝何か〟に惹かれた私は、それを知りたくて、今まで書いてきた気がします。

クシャッとした笑顔に隠れた秘めた何かに手を伸ばしたらやばいぞ、って思いつつ「禁断のドア」を開けずにはいられない魅力。でも、もしかしたら、貴方自身さえも〝三浦春馬というとてつもない大きな力〟を扱いきれずに振り回されていたのかもしれない、と思う。

だからこそ、彼で在ることに自らが魅了され、取り憑かれ、それがキツくなっても〈三浦春馬を演じること〉を、やめられなかったのかもしれない。

「完璧なもの、しかいらない」とカビの生えたぬかづけを捨てる妥協を許さぬストイックさと、ほっこりした無邪気な天然キャラ。ABの血液型で全く別の二人が一人の体に同居している人だから、幅広い役を演じられる分、大きなそのギャップに疲れても不思議はない。

常に上を目指し、立ち止まることを許さず、過去の成功の枠を壊す挑戦に挑み続けた。「僕のいた時間」や「キンキーブーツ」は、体と心を限界まで追い込み、裏で流した汗と涙は、秘めた魅力になってより貴方を輝かせた。

そしてこの視点から書くのは初めてだが、貴方に強く惹かれる人は…貴方と同じに【平和の世界】の実現を心から願う優しい人たちであり、その心には…《深い孤独の闇》がある人のような気がする。

私自身、子供の頃から、表面は明るくしていたが、心の中には〝蒼く冷たい孤独の玉〟が転がっていた。その玉を持つ人は、感受性がとても強いので、貴方の孤独に人一倍強く共鳴してしまうのだ。

コロナもあり、災害も増え不安になった人々は、7・18のショックが引き金になって、今までは日常の忙しさの中に潜んでいた、孤独の玉が目を覚ました。

それがいきなり貴方に惹きつけられる〝三浦春馬現象〟の原因ではないか？と私にはみえる。

孤独の守り人

貴方の繊細さ、儚さ、ナイーブな灯は「孤独」という暗闇を背にして、より美しく輝く。家族の温かみを知らずに育った滲み出る孤独と、スターの孤立した虚しさを誰にも打ち明けずに、努力を続ける姿に人は心を動かれずにはいられない。健気に頑張る姿には、日本中の涙を誘った「おしん」的要素も香る。

そう。孤独の暗闇に飲み込まれず、目的に向かい、無邪気な笑顔で夢を追う貴方こそが《孤独の守り人》だった。

そして〝人生の秋〟に差し掛かった年代の女性が、特に貴方に惹かれる理由は……（〝秋〟を収穫の季節に思えず）社会的に価値が認められぬ虚しさや、女性として夫に理解されず、母として子供に尊重されない寂しさを……「優しい春馬くんなら、私の孤独に寄り添って〝僕は味方だよ〟と言ってくれる」と信じられたからに違いない。

そんな彼女らが求めているのは、〈お

しゃれなバーで震える肩をスマートに抱きしめる高いブランドのスーツを着こなしたイケメンの恋人〉ではなく、〈気に入った服は何年も大切に着て、静かに微笑みながら、隣に座って朝まで寄り添ってくれる〉春馬くんなのだ。

　イケメンを鼻にかけず、ぬかづけにはまる彼に、作ったお味噌をピクルスの瓶に入れてプレゼントする庶民的さに感じる親密感。髪を切っても気づかず、何を作っても美味しいとも言わず、何年も名前を呼ばない夫とは違い、彼ならばおばさんなんて絶対呼ばずに、下の名前を〇〇さん、と目を見て呼んでくれるだろうから。

　なのに、あの日。その心の支えがいきなり消えた。残ったのはむき出しになった傷だらけの「孤独」そのもの。あんなに素晴らしい才能溢（あふ）れた成功者さえも生きていけない絶望的なこの社会に、ポツンと取り残されてしまったのだから…そりゃあ、動揺して落ち込んで、当然だ。

　そして、他の芸能人が亡くなった時と大きく違うことは…キリストが生まれる前と生まれた後でBCとADに分かれているように、7・18を境に、その前からのファン（Before ハルマ）だけでなく、私も含めてその後にファンになった人（After ハルマ）が大勢増えたことで、その特徴は、貴方がローラと出会った時みたいに〝雷に打たれたみたいに〟突発的に熱狂的なファンになり自分でも戸惑う、という点だ。

　しかもそれは一時的な同情ではなく9カ月近くたった今も、熱い想いは消えることがない。それを『創』では社会的な「三浦春馬現象」として捉え、家族や周りの友達にさえ理解されない、その深い悲しみに寄り添おうと特集を続けている。それは長年、世の弱者の立場に立ってきた篠田さんだからだろう。

　そして、私は毎日、毎日、熱心なファンに負けないくらいに、彼のことを常に想いながら執筆を続けていくうちに、「あの日の真実はまだ闇の中だけど、彼は肉体を使ってこの世での仕事を果たす期間を終え、不自由なボディを離れ、魂となって今は…もっと大きな使命を果たすステージに入ったのではないか？」とも考えるようになった。

　30歳のインスタライヴで貴方は言った。

「辛いことの後には絶対〝素晴らしいこと〟が待っていると信じて、前を向いていきたいです」

　そのことを読者の🌷さんが「春馬さんが言ってた〝素晴らしいこと〟ってファティマさんが『創』で書いたものを傷心のみんなが読み、笑顔を取り戻せて前に進めていることですね」って言ってくれたけど…私は、その〝素晴らしいこと〟というのは貴方を通じてファンたちが築いた絆だと思う。

　10年前の東日本大震災で人々が手を取り合って〝絆〟を確かめ合ったように、貴方を失った人々が、哀しみを分かち合い、慰め励まし合ってなんとか前を向こうとしている。慶太の言葉にもあったよね？　誇りと役者魂を人生かけて表現した「さよならしたならさ、きっと新しい、〝いい出会い〟があるよ」って。

　コロナで、ソーシャルディスタンスが叫ばれて、ある小学校では「もしお友達が倒れていても近づいてはいけません」と教えられ、でも道徳の時間は「みんなで仲良く」なんて言われてもなんのこっちゃ?の今の時代に。

《見知らぬ人と人が貴方という共通点を通して、心を寄せ合う奇跡を持てるつながり》!! これこそが「辛いことの後の素晴らしいこと」だと思うの。

五代さんの言葉を思い出す。「みんなで力を合わせ、進むんじゃ! 俺に任せろ。俺についてこい!」

削ったセリフにかける想い

『創』11月号は、みんなが口をつぐみ情報が少ない中で暗中模索しながら想像しながら書いた。「万が一、この悩みを抱えていて、それを打ち明けられずに苦しんでいたら、どんなに辛かっただろう」と。

12月号には「コロナで舞台が中止になりザ・マンの人生を苦悩する役を、抜けられなかった影響なのか?」とも考えた。

1月号には「天外者で初めて自分を認め、誇ったラストシーンの笑顔を見て、〝生き切った〟と、思えた」と書いた。

自身の代表作にと臨んだ「天外者」で「完全燃焼した。悔いはない」と。

完璧主義の貴方が晴れ渡った笑顔で、この世への未練はもう何一つないような澄み切った、やり切った仏のような微笑。

あの時から、貴方の目が変わった。ずっとこだわっていた「こう在りたい」が消え、仏様みたいな目になったのは俳優としての自分の使命は果たしゴールに辿（たど）り着いたからなの?

2月号は、「〝二度と彼を死なせない為に〟私たちが彼からのバトンをしっかりと受け取ろう」と書いた。

3月号にはキャメルンシリーズの中で「ハルマン」として創作物語の中に描いた。

そして。4月号を書くために「ブレイブ」を試写会で観た。鳥肌が立った。

集めてきた一つひとつのパズルのピースが、大きな一枚の絵になってまとまっていく。貴方は「ここ」に向かって、生きてきたのか?

そこに
あまりに美しく
あまりに壮絶な
あまりに、決定的な
貴方の覚悟を見た気がした。

俳優のバトンを、刀に代えて愛する後輩まっけんに渡すシーン。これ以上のものがあるだろうか? あれこそが〝奇跡〟だった。

ずっと役者を頑張ってきた貴方に「役者の神様」が最後に「よく頑張ったね」と用意してくれたご褒美（ほうび）に違いない。

『群青戦記』の漫画8巻「家康、継ぎ逝く」には、蒼に語る元康のセリフが書いてある。「お前が徳川家康となれ。そして泰平の世を築いてくれ」

映画でもたくさんのセリフが用意されていたそうだが…蒼の目をじっと見つめ、運命を背負う刀を差し出すセリフはたった一言。

「……頼むぞ、蒼」

未来を託す言霊（ことだま）みなぎる、力強き一言。

台本にあったセリフを自ら削ったという、覚悟の大きさを知る。

〈言葉を超えた言葉〉〈演技を超えた演技〉をそこに見た。

「もう、十分に蒼には想いは伝えたから…ここは（セリフが）ないほうが絶対いいですよ」と、貴方は監督に言った。

自分の最後の魅せ場にもかかわらず、作品の流れを優先し言葉に頼らず最高の場面を作る自信と誇り。

見開いた眼に込めた強い想い。

……全てを託す瞬間。

画面からはみ出すとんでもない気迫、しかと受け取ったよ。俳優・三浦春馬の集大成の深みのある魅せ場だった。「あっぱれ！」と何回でも叫びたい。あれは映画史上に残る名場面になる。我、しかと目に焼きつけたぞ！

そして、あの重要シーンにそれを受け入れた本広克行監督さんの度量。「自分の台詞、全部削るんですよ」と笑った顔に、三浦さんへの愛と信頼が滲んでて、ああ、この方はハルマくんが大好きなんだろうな…って思って泣けた。

願う、貴方の映画化 again

「僕のいた時間」のセリフ…「人工呼吸器を付けずに死んでゆくわけじゃない。付けないという、生き方を選んだ」と拓人は言った。〝自分で呼吸ができなくなるまで生きる〟と。

頑張り屋の貴方は命の最後のギリギリまで〝一所懸命〟生きたにちがいない。

ならば。その道を進んだあの日を同情する権利は私にはない。不在の後でファンになった私は〝いないことが当たり前〟からのスタートだし、かえって貴方のことを知るにつれ、存在感が強くなる。

4月5日のお誕生日に発行予定のお祝い特集号には、20代にサハラで暮らした経験を生かし、雄大な砂漠を舞台にした【もしもあの日に戻れるならば】のハルマンの創作物語を書いたのだが。

実は、それが（まっけんか、鈴木亮平さんの主役で）映画化されることを、祈っているのだけどね……もしその夢が実現したならば、制作発表会に貴方が黒っぽいスーツを着て笑顔でお辞儀をしている姿が、はっきりとイメージできるの。それがあまりにリアルで、本当に今もいるって感じたの。

貴方の心の葛藤が書いてある本と聞いて絶版の『ふれる』を読みたいと貴方の写真に願ってから、@coofatimaインスタにそのことを投稿したら、すぐに快く貸してくれる人が名乗り出てくれたし。

だから。貴方が事故や外からの力で、無理矢理とか不幸にもとか受け身で命を奪われたなんて、そんな無情な終わりを迎えたなんて信じたくないの。

それでも。日々気持ちはLOOP LOOPする。〝一生分の力を30年で使い切り全部の準備を整えてあの日を迎えたのだろうか？〟と思いつつ、長澤まさみさんの「正義感の強い子だった」の言葉の意味を考える。

今まで頑張ってきた未来に向けた努力を全て投げ出すほどの…どうしようもない何らかの状況に追い詰められて、四面楚歌になり、その道しかなくなり、大きな渦の中に飲み込まれたのか？

繊細な感性を持つ貴方は、本当は…この世で生きることが大変すぎたから、〝人生はこんなに素晴らしい〟と自分に説得したくて懸命に充実した人生にしようと努力してきたのか？

（なぜ、そう思うかというと、以前の私自身がそうだったからだ。

周りからは、とても充実している人生だと思われていたけど、この地球は自分に合わないように感じていて、生きることが大変になると、死にたいというより、ただ静かに消えたくなってしまうのだ。

だから、もしかして三浦さんもそうだったのかも？　と想像した。）

もちろん、本当のことは本人しかわからないけど、それでもその問いを持ち続けていくことが大切で、簡単にわかった気になってはいけないとも思う。

いつか必ずその闇が明ける日が来るから

…このお誕生月の『創』を今度は何を書こう？　と思った時に、インスタの読者のSさんが私の著書キャメルン・シリーズの感想として、本の中の好きな文章を送ってくれたのを読んだら、びっくりした。そこに書いてあるのは、まさに、三浦さん、貴方自身のことだと感じたから。

私の考える「命」の概念と貴方の命が重なるから、こんなにも私は貴方に惹かれたのか？

まず「ラクダのキャメルン空を飛ぶ」の本からの言葉…、

《命はけして終わらない。命と言うものは、魂の光と言うものは、時を超えて空間を超えてずっとずっと生き続けていくもの》

《想いはけして死なないように命はけして無くなったりしない》

とあり、これこそ、まさに《#死を超えて生きる人》のことだと思った！

そして、三浦さんの魂の姿を表現しているような、「ムーシカの世界」からの言葉（ムーシカは私の創造した砂漠の賢者のお猿）。

《個である自分から卒業し、宇宙の一部になる。それは個を捨てることではなく、個を超えること》

《風や水が一つひとつに分かれてなくても、この美しい星の一部であり、全体であるように、ムーシカもまた全てのものの中に溶けていく》

これは、こう解釈した。

〈彼が体から卒業したのは、宇宙の一部になる為だ。

それは、三浦春馬という人生を捨てることではなく、今までの〝三浦春馬〟を超える為に。

風や水が一つひとつに分かれてなくても、この美しい星の一部であり全体であるように、宇宙の中に溶けていったのだ。〉

そして…、

《失うからこそ失わずに共にいられる。

失う、のではなく手放す。

実際この世の全ては何一つ失うものなどなく、ただ、形が変わるだけなのだ》

これは…、

〈芸能人の春馬くんを見ることはできないけれど、その分、今迄より身近に彼を感じることができる。

それは彼を失ったのではなく、スターとしての彼を手放し「魂」という自由な存在に姿を変えただけなのだ〉

そして。最後にこの言葉。

《悲しみに向き合えばそれ独自の美しさ

があり、その深さと静けさは心の感性を育てる》

……実際、貴方のことを綴ったファンの皆さんの投稿やDMに来る言葉は詩のように美しく、貴方を失い、心のヒダが繊細に傷つきやすくなった分、とても深い言葉を紡ぐのだろう。

それは悲しいけれど同時に「正面から命と向かい合う」真摯な体験でもある。

哀しみを深く辿っていくと、静かな蒼く美しい光が、その先には灯っているから。

《悲しみも切なさも孤独も

目を伏せずに向かい合い、ただ、それと共にいること。

どんなに時間がかかってもそこに光がさす日まで。

逃げずに。ごまかさずに。諦めずに。

いつか必ず、その闇が明ける日が来るから。

明けない夜などないのだから》

「キャメルン人魚に恋をする」より。

#死を超えて生きる人

（読者の方へ。なるべく死というワードは使わないように書いてきたのですが、〝死が生を超える力〟について書きたいのでこの章はあえて書きます。

ここ8カ月間、1日に何回も何回も原稿を読み直し書き足したり、書き直したりしてるから、〝心の中は常にミウラハルマにあふれている〟から、その人がいないなんて全く思えなくなってる私です）

……2021年は東日本大震災からちょうど10年。私たちキャメルングループは3・11チャリティ活動をずっと続けているが、大きすぎる犠牲を払い、《日々の大切さ、命の尊さ》を学んだ、と思った。（もちろんこれは、被災地以外の人の視点だ。当事者は、学びなんていらないから、ただ大切な人が生きていてくれたらよかった、と想うだろう）

でも、半年もしないチャリティ朗読コンサートで、すぐ水に流す日本人は、あの大きな痛みさえも「忘れた」と言う人が増えてきたのだ。

人間は残酷で利己的な生き物だ。辛いことは忘れたい。

でも。きっと！　絶対！

春馬ファンは貴方を忘れることはないっ！

想いは変わらないどころか、貴方からのメッセージを受け止めようとより強く深くなっている。

まさに《#死を超えて生きる人》

これは、今まで書いてきた『創』の記事の中で一番反響が大きかった言葉。

キリストもブッダも亡くなってからの方が、世の中に力を持ち広まっていった。

時に「命」はボディを離れても、生きている時以上に大きな力を持つ。

ただ、そのことは、貴方自身も、あの日が来るまで知らなかったのかもしれない。

青い空の上で静かに笑う貴方がイメージで浮かぶ。

けして死を美化しているのではなく「死」という究極の現象が持つ力は、〝その人の生き様や魂のレベルが、肉体の死を飲み込むほどの人の場合〟には…人々の潜在意識に働きかける力は、死後の方が強まるのではないか？

なぜなら、死によって貴方の魅力は倍

増し、より輝き、より〝生きた〟。

そう。死は貴方を〝死なせなかった〟。

《死によって、より生きる》

それが、貴方の本当の底力だった。

〈メメントモリ〉〝死を想え〟…私たちは皆いつか必ず死ぬ。

貴方を知って死の概念が又変わり死の世界が身近になった。そしてあんなに輝いて見える貴方さえも、そっちの世界にいきなり（と人には映る）逝ってしまうという現実を忘れないでいたい。

〝死〟というものを、考えれば考えるほど〝生きる〟ことに真剣になる。死に向かい合うことは、命に向かい合うこと。

貴方はずっと「どう生きるか」について、たくさん言葉を紡いできた。

だから、私たちはそのバトンを受け取って、貴方の死を生として語るのだ。

貴方を真の〝孤独人〟の言葉を作って呼びたいのは、まっすぐに人の目を見て「真実」の言葉を話すのに、心の奥に秘めた「本音」は最後まで誰にも話さなかったのでは？と思うから。

夢に向かい励まし合う親友はいても、愚痴や弱音を吐ける〝心友〟はいなかったのでは？

〈「進撃の巨人」のプレッシャーの時に、親友塁くんの純粋さが眩しすぎて彼を避けた自分が許せなくて、自己嫌悪になり後で謝った〉と鶴瓶に話していた。

それを聞き、

「きっと彼は親友のことが好きすぎて、情けない自分を見られたくなかったのかな。共に夢を追う自分でいたかったのかな」って思った。

己の美学を強く持つ故に、人間なら誰でも持つ弱さや、嫉妬を感じる自分が許せなかったのではないか。

でもそれは、カッコつけたり嘘をつきたいからではなく、彼自身こそがあまりにも純粋な心を持つ故に、人として美しく在ろうとしたからだろう。

そして貴方だけではなく全てのオトコにとって〝弱みを見せる〟ことは〝強く在る〟より勇気が必要だから。強い男はいないし、弱い女もいないそうだから。

でも。でもね。貴方はもう、一人ぼっちではないよ。暗闇に消えた涙も、疼くような孤独の闇も、もう心を苦しめたりしないから。

貴方の生きる場所は、芸能界ではなく、春馬くんのことを大好きな、温かなみんなの心の中になったから。ここで、安心して笑っていてね。本当の無邪気な笑顔で。

死は、命の別の姿だということを、身を持って教えてくれた人。「天外者」の終わらない上映。「ナイトダイバー」の再生は5000万回に近づき、貴方の〝姿〟が見えないだけで、その〝存在感〟は半端ない。息遣いが聞こえる。

いない、けど。いる。

ちゃんとここに。共にいる。

貴方の使命は、俳優を超え、もっと大きなメッセージを私たちに伝える役目のようにみえる。

貴方が生きたかった世の中を
貴方が目指した社会を

貴方がいなくなった理由を「外の力からその命を絶たれた」と考えている人と、「自ら」と考える人の違いのひとつに、

「外から」と考える人は、貴方は元気で夢に向かって突き進んでいたから、自らのわけはない考える人が多い。

「自ら」と考える人は、笑顔の下に密かに悲しみを抱えていたと考え、それに気づけなかった自分を責めている。

(「オトナ高校」の英人を演じた時の言葉)

「日本に限らず世界中で、一人ひとり、感覚や感じ方だって全然違うわけじゃないですか。だから、ときにはその人の感覚が理解できなくても受け入れる、受け入れようと努力することが大切なんだよ、と伝えたいですね」

佐藤健さんが未だにコメントしないことも〝言葉にできないほど悲しみが深いから〟と貴方は彼を責めてないと思う。

感情の表現は人それぞれ。コインの片面だけを見ていると大切なものを見失う。

また、コロナ自粛中に、親しくしていた壱岐島の旅館の女将から届いた野菜に小さなカタツムリが入っていて〝その子〟をマンションの植え込みに移した動画に、

「あ！　この間の新鮮野菜の中にこの子が！　新鮮な証拠ですね。壱岐の地から東京へ。これから都会で逞しく生きなければなりません」

とコメントをつけて送ったという件。

微笑ましいエピソードだからと公開した女将は、売名行為だとSNSで叩かれたそうだ。素敵なエピソードを持っている人も語れなくなり、三浦春馬の名前が社会から消えてしまうと心配になる。

SNS社会に生きる私たちは、自らの意見を言うのはいいけれど、人に「こうであるべき」を押し付けないようにしよう。自分の価値観と違ったら、ただスルーしよう。そしたら世界はかなり、平和になる。

〝みんなちがって、みんないい。〟(金子みすゞ)

〈人差し指一本で人を追い込める社会の恐ろしさ〉を各自がもっと自覚しよう。

三浦さん、貴方自身も、勇気を出してつぶやいた想いを責められて、どんなに心が痛かったかと想う。

「子役の時や、幼少期の時から関わりのある友人や、お世話になってきた方などから、何らかのヘルプが出た時には、なりふり構わずにその人の元に行ってあげたいなと思います」と貴方は言ってたけど、〝なりふり構わず〟ってとこに、本気の優しさを感じる。

でも、人にだけではなく自分にももう少し優しくしてほしかったな。

命をテーマに本を書いて来た私は、ご遺族の方から、たくさんのことを学んでいます。息子さんをイジメによる自死で亡くしたパパが話してくれました。

「そりゃ、本音は、うちの子だけには生きててほしかった。でも、もうそれが叶わないからせめてさ、せめて。その死を無駄にしない為の活動をするしかない」

真っ暗な哀しみの中で、もがきながら、彼は遠くを見つめた。

……臭いものに蓋ではない社会に。人を責めることが「言論の自由」ではないとみんなが理解する社会に。

三浦さん、貴方の遺した宿題に向かい合えるよう見守っててください。貴方が目指した社会を。貴方が生きたかった世の中を。貴方が人々に与えたかった感動を。

私たちの一人ひとりが、自分なりの方法で、少しずつでも、周りの人に手渡せるように。

貴方に会えたことに運命的なものを感じている。いきなり、ローラを見てぶっ飛んだあの時、貴方に何らかのバトンを渡されたのだと思う。他の人も三浦さんに惹かれる人はみんな〝貴方の命の続きのバトン〟を渡されたのだと思う。

貴方を書くにあたり大変なことはたくさんあるけど、書かないと孫悟空が頭を締め付けられるみたいになり、本気で貴方と向かい合っている日々。人と会うと「三浦さんのファン？ or not？」と、つい聞いてしまう。

私は97歳までこの世の使命を果たしてからそっちにいくからその時が楽しみ！ 会ったら、まず「レイズ・ユー・アップ」を一緒に踊ってほしい。

生まれてきてくれて ありがとう

貴方のどこに惹かれるかは、人により色々だけど、私は、貴方の容姿に胸キュンするより、歌いながら踊る姿の輝きと、ローラの笑顔と、それと、自分の中の孤独に向かい合おうとする姿勢に惹かれる。

なので、それってファンというより「三浦春馬研究家」になりたいのかも？ とふと思った。

そんな私が今の時点でたどり着いたのは「貴方は途方もなく幸せな人」だということ。

ここまで、深く、
みんなに愛されて。
求められて。
悲しんでもらえる人、そうはいない。
弱音を吐けなくて孤独だったとしても。

「人に必要とされ、感動を届けたい」という貴方の夢はもう、叶っていたのよ。

これ以上できないくらいに生き切った貴方の人生。だから最後の1日のことで、貴方の人生を不幸と呼ぶのは違うと思う。

本気の30年と、旅立ちの1日。その重みを比べた時、30年の輝きを眩しいと想う。それを、スター#三浦春馬への花向け、賛辞にしたい。

《いのちは長さではなく濃さなのだ》

貴方の命ほど濃い命、そうはない。
絶対絶対幸せだったはず！
貴方は素敵です。
貴方に会えて嬉しい。
よかった。幸せ。
ただ、それだけ。
それだけを。
お誕生日の貴方に
伝えたい。
天に還った7・18より、貴方が地球に生まれてきてくれた4・5に重きを置きたい。
私は確信する。
これから、きっと
貴方は伝説になる。
美しき人よ。
心も。身体も。魂も。
美しき、うつくしきひとよ。
お誕生日おめでとう。
生まれてきてくれてありがとう。

空羽（くう）ファティマ

【初出：『創』2021年5月号】

三浦春馬さん出演映画

大切なことはすべて「森の学校」が教えてくれた

「春馬くん、ありがとう！ご苦労様。ほんまにありがとう！」

空羽ファティマ【絵本作家】／海扉アラジン【切り絵】

運命の出会い

「これは運命だ。春馬しかいない」「とにかく光ってました。そりゃあ光ってた。光ってた」

春馬君と同じ「春」を名前に持ち「通じ合うものがあった」という西垣吉春監督に運命の出会い。

幼い頃から天才と言われた春馬少年ならではの飛び抜けた演技が光る映画「森の学校」。

「本番になると集中力が一気に増す天性のものを持っていた」

「（マトこと雅雄を）のびのびと演じ生き生きと羽ばたいてくれた。芝居をしているという意識はなく作為のない演技」と、監督を感嘆させた12歳、小学5年生2学期の撮影。

この時、春馬少年はすでに、驚くほど「名優」で、目力だけでも十分に迫力あるシーンや、切なさや、戸惑い、悲しみを表現していた。

「間の取り方がうまい。持って生まれた天性のものでしょう」という監督の言葉に私は、深く頷いた。なぜなら…私事になるが、大人の絵本キャメルンシリーズに付ける、朗読CDを作る時には言葉と言葉の間の「間」の長さを0・1秒単位ですごく大切にするからだ。

「言葉」に、想いを込めるのは当然だ。けれど、その言葉と言葉の間に横たわる「間」が、短すぎても長すぎても、せっかくの「言葉」の力が失せてしまうからだ。ただ、それは言葉ではうまく説明できなくて、「感覚で感じるもの」のように思う。

だから、まだ5年生の彼が大人の私にとって「侘び寂び」とも呼べる「絶妙な間」を正確に感じてそれを自然に表現していることに《本当に生まれながらの名優なんだなあ》と、思い知ったのだ。

一概には言えないが、激しい怒りや悲しみの表現は、比較的表現しやすい？かもしれないが、彼がすごいのは「さりげない演技」がとてもとてもいいのだ。〝さりげなさ〟が、思いっきり〝さりげない〟のに、そこに優しいオーラをまとうのだ。天女の羽衣的というか。美味しいものを食べた時、それをごっくんして飲んだ後に、口の中にほのかに残る余韻を魅せる、というか…うん。これが#三浦春馬として大人になったときに多くの女性を虜にした「さりげない優しさ」や、「謙虚さ」に、グレードアップしていって、みんなハート♡をバキャーン！してしまったのだろうなあ…なーるほどぉ…はじめての映画でここまでの演技をこなすとは…。〝天外者〟と呼ばずに何て呼ぼうか？　と、本当に唸ってしまった。いやあ、全く。彼には唸りっぱなしでアル。

だが一方で、子供でこれだけの完成した演技ができてしまうことで、ここから更にグレードを上げることは簡単ではないとも思えた。

ピカソは「4歳の時に既にかなり技術的に高度な絵を描けたが、80になってから原点にかえり子供のような絵を描く方が難しい」と言っていたように、三浦春馬という俳優さんは、かえって〝なんでもないようなさりげない事こそ〟を、人には気づかれないような、細かいところまでこだわって、工夫して凝ったのだと思う。

「突き詰める深み」を求めて〝演技〟を超えて〝演じることの先にある〟「いかに役そのものになりきるか？」に裏でものすごい労力をかけたのだろう。

……これは「真夜中の五分前」のプロデューサーの片原朋子さんのお話だ。

「現場でもホテルでも、いつも何か手に握っていたので、それは何？と聞いたら『修理工の手にするため毎日工具を握って、指にマメができるくらいにしたいのだ』と。

彼のような俳優と一緒に映画作りができて、本当に幸運だったと改めて感じた瞬間でした」（『＋ａｃｔ』２０１４年11月号）

……はぁ。ため息が出る…。こういう、人知れず、彼がたんたんと「褒められる為」ではなく「人に誇示する為でもなく」わかってくれる人がいても、いなくても…思いつく限りの最大限の準備と努力をして、その役を呑み込もうとする姿勢…に私たちは、ため息をつきながら胸キュンし、尊敬し、その真摯な生き方に惹かれずにはいられなくなる…のですよね？

……そして。マメっ⁉　マメかい？　もぉ～どんなマメか見たくなったじゃない？（≧∀≦）

また映画見直さなくては！　〝推し〟なんてやったことなかったのに、こうして更に「三浦沼」の深みに、ハマっていくんだわ。

そして、その沼は泥だらけの臭い沼ではなく、エメラルド色の湖のように美しいから、ますますそこから抜けられないのよ。オソルベキ、ハルマ魔力。

でも、本人は〝魔力〟なんて使おうとは全くしてないし、使ってることも知りもしないのだろーよ。^_^;

『創』の読者層は、主に40代から60～70までの、今まで思慮深く生きてきた奥様までこの美しき沼にどっぷりと巻き込んでるのによ。

その「作為のない純粋さ」が、より強力な魔力になっているんだよぉ。

オーイ！　どこかで聞いてるぅ？

18年かかって届いた手紙

つい熱くなってしまったが、えっと。話を「森の学校」に戻そう。

撮影は、子供の成長の速さを考えて、丹波篠山の大自然を舞台に家族と友人たちとの心のふれあいを通して成長する1年間の物語を20日で撮った。

映画のパンフレットを開くと、森に住む小さな名優たちが堂々とその名を連ねていて微笑ましく、映画の持つ温かさが真っ直ぐに伝わってきた。「天外者」のエンドロールに映画を素晴らしく引き立てた「名脇役」として〝かんざしかん子〟や〝地球儀チキ君〟を載せて欲しかった私としてはこれは嬉しい記載！

「声の出演」として、あおげら、うぐいす、かけす、かっこう、とはじまる26種類の、のど自慢の鳥たち。

「生き物の出演」は、カタツムリから始まりニワトリ、ミツバチ、の39種類。1番目がカタツムリなのは、さとおばあちゃんの象徴として出演した大事な役だからか？

そして三浦さんの生涯の天敵カマキリ氏が一番最後なのは〈春馬くんのお道具箱に入れられた卵が孵化して大嫌いになった話〉を伝えたのかなあ？　まさか偶然にラストなのか⁉

ちなみに、マトが庭に作った動物園で可愛がっていたのがうさぎ。春馬少年が過ごした真鍋小学校を訪ね、彼が遊んだであろう遊具で遊んでいたら校庭の隅に古いうさぎ小屋を見つけた。

気になって〝彼が何の係だったか〟をいつも記事を書くヘルプをしてくださる頼りになる【ファティマー達の部屋】のインスタ読者さん達に聞いたら、メダカの世話をする「生き物係」だった。さすが何でも知っている三浦さん知恵袋の皆さんだ！

でもその記事に「うさぎは飼育係でないと世話できない」と、わざわざ言っていたから、本当はうさぎの係になりたかったのね。うさぎのぴょん太と仲良く共演できてよかった。

私もマトと同じに小学生の時、庭に「ちびっこ動物園」を作り、うさぎ、ハツカネズミ、モグラ、金魚などを飼ったことを思い出す。壊れた犬小屋の扉や、木材を拾ってきて毎日暗くなるまで、動物園の事務所も建てたが、子どもの時に夢中で何かに打ち込んだ子は、大人になっても人生を楽しめる人になると思う。

「春馬くんのプライベートなSNSのアイコンは『森の学校』の写真だったと聞き、その体験を大切にしてくれていて嬉しい」と西垣監督。三浦さんが19歳の時に俳優業が辛くなり農業をしたくなったのは、この映画で感じた大自然の癒しの力を体が覚えていたのではないか？と私は思った。

公開から18年も経った今。三浦さんを失った悲しみの中を必死に立ち上がったファン達の熱き声が届き、奇跡的にこの映画が息を吹き返し、〝本当の心の教育とは何か？と命のバトンを繋ぐ〟ということを人々の心の奥深くに静かに伝えているのをみると…三浦春馬さんという役者の、とてつもない底力を感じ、やはり彼の命や想いは生き続けているのだと、改めて思わずにはいられない。

これは、《18年かかって届いた春馬少年からの手紙》だ。

「ここに来ればいつでも春馬くんに会える場所に」とファンに寄り添う寺内館長の言葉が温かい、階段がなく音がぶつからずに響く土浦セントラルシネマズさん。その音響は、素晴らしく自然が奏でるオーケストラが作品をより輝かせていて、ロビーにはファンからの想いの桜が満開に咲いていたことに、胸キュン。

わたしは記事でもう、十分に想いを語り尽くしているから、短くこれだけ書いた。

「あなたはまさに
〝死を超えて生きる人〟」

愛という名の信念と信頼

「子供の自尊心を育てるとは、この父の誠意と覚悟だ」と、感動した篠田三郎さん演じる父親の素晴らしいシーンがある。

仲間の中で一番弱い友達が虐げられた。

病弱ではあるが正義感あふれるマトは、彼をかばい、長い木刀を振りかざす憲兵隊長の息子を、それはそれは迫力ある眼力で睨みつけ、素手で勇敢に立ち向かって、そして勝った。

隊長の権力に媚びてマトの家に抗議に来た大人たちに、事態を丸く収めようと謝る祖母に、父が言う。

「謝らんでください。マトが悪者になってしまうでしょう？」

息子の身の潔白を信じ抜く力強き父の言葉は、「卑怯な喧嘩はするはずがない」と信じられる息子への大きな信頼があるからこそ言いきれる清い言葉だった。

その後、校長室でもマトを責める親たちの前でも父は堂々と我が子を称えた。

「えらい！　素手で、木刀を持った相手に向かっていくとは見上げたもんや！」

そして極め付けの言葉を最後に刺す。

「憲兵隊長殿、息子さんに喧嘩の仕方を教えてあげたらいかがですか？」

ひょおー!!

やったあ！　まるで、水戸黄門がワルモンに印籠をじゃーんと出す爽快さだ！

反省すべきは、子供ではなくケンカの仕方を教えてない父、隊長なのだ。

現代、学校のいじめ問題はもっと陰湿になっているが、初めから意地悪に生まれた赤ちゃんなんていない。

もし、子供が友達をいじめたり、馬鹿にしたりしているならば、その親がその子の前で人を差別したり、否定している言葉を聞かせている場合が多い。

まず問われるべきは、私たち大人ではないか？

いじめは、子供が問題だと考えてはいけない。親と教師が、勇気を出して真摯に我が身を振り返らなければ何も変わらないから、キャメルンスタッフのロスこと樋口猛は4月から小学校の校長になったので、本当に子供の為の学校改革をしていきます。

マトが父からケンカはダメだと頭ごなしに怒られるのではなく、人として尊重されることで、自尊心が育ち、自信という生きる力になっていったように。

子供たちが欲しいのは…そう、本当に欲しいのは、心から自分を受け入れてくれる大きな愛だ。あい。使い古された2文字だけれど、究極は、やはり〝愛〟だと思う。

愛は「信頼」であり、「受け入れる心」だ。

昔も今も子供たちに必要なのは、権力に媚びマトを責める人々が象徴する「世の中の常識」や「親はこうあるべき」の体裁を超えて、武器を持たず立ち向かう勇気を讃え、身体を張って息子を守り抜く……あの父の愛という名の信念だ。

子供に示す、これ以上の「大きな温かな教育」はそうはない。

学校という所はどこも、よく挨拶、あいさつと、良い子のモットーのように言うけれど、表面的に良い子ができればいいわけじゃない。もちろん挨拶が元気よくできることはいいことだ。

でも私がそうだったように、母に反抗して人前では礼儀正しく挨拶をしたくない子でも、うっかり屋で忘れ物が多い子でも、何度注意しても同じ失敗を繰り返す子でも、約束したことを守れずにいつも怒られている子でも…大人から見たら「良い子」とは、呼びたくない子だとしても、「本当に本当に大切なもの」がその心に宿っているならば、その子は「良い子」と呼んであげてほしい。

そう、〝子供という宇宙の宝物〟は、大人のいうことなんて聞かなくても、そのままで十分に素晴らしいのだ。〝聞き分けのいい子ども〟なんてコドモじゃない。

何かが「できない」ことを理由にその子をダメな子と呼ばないでほしい。「できないこと」より、一つでも「できること」を見つけ、そこに目を向けて褒めて自信という力を与えて欲しい。

なぜなら東日本大震災で学んだ一番大きなことは……《ただいまの奇跡》だから。

二度と帰ってきてくれない子供たちがいる。だから。

「ママ、ただいま！」と生きて元気で帰ってきてくれれば、それが何よりのママの幸せ、だということ。

そして、その上で子供の生きる力になるものは、彼らに「自尊心」「自信」を育ててあげること。

映画の中でお父さんも言っていた「子供はひとつだけ、えばれるものが必要」だと。

日本人は大人も子供も「自信がない」という人が多い。

「自信」…それは「自分を信じる力」それがあれば自分のことを好きになれる。自分を大切にできる。

　自分を大切にできればお友達も、動物も大切にできる子になれるのだ。

「生まれてきてよかった」と、思える子にするには、

「生まれてきてくれてありがとう」を伝える親でいなくてはならない。

「あなたの命はかけがえのない宝物」と丁寧に伝えることをマトの親達は、日々生活の中で愛情を込めて行動に移していた。

「命」や「自尊心」の大切さを子供に伝えるのは時に難しいから、ここでは動物や自然を先生にして学ばせたのだろう。

　早くに家庭を離れた春馬少年だが、この体験を通して大自然と深い愛の中で学んだことは、その後も彼を支え、大きな力や影響を与えたように私が感じた記事を見つけたので紹介したい。

「子供は〝ひとつだけ、えばれるものが必要〟」というお父さんの言葉を心の奥に大切にしていたのか？と思えるような、10代後半の彼の言葉を@greatestharumaさんのインスタのポストに見つけ、了承を得て載せます。


「芝居という唯一だと思っている特技があります。〈一つでいいから何か自慢できるものを持っていること〉はステキなことだと思いますし、それは自分の人生の中で武器になって闘っていけるものになると思います」

吹く風の色がみえる演出

それから。そのケンカ騒動の後に続くシーンが、また、ほっこり心に沁みる。
　憲兵隊長の息子と一騎打ちした孫のことを「謝らんでください」と言われ、畑の中をとぼとぼ歩いて帰る母を、父は追いかける。年老いた母が寒くないようにと、自分が着ていたベストを着せて、自転車の後ろに乗せると、母はなんとも言えぬ優しい笑顔になり、息子の体に手を回し、そっと顔を背中にあてた。
　こんなふうに大人になった息子にぴったりくっついたのは初めてだったのではないか。母の嬉しさと照れが、滲(にじ)みでる温かなシーン……

　大事なこの場面をセリフに頼らず美しく広大な田園風景に、息子と母の想いを語らせる演出。吹く風の色が見えるようだ。

「お母さんに強い言い方をしてしまったのは、マトの尊厳を守るためだけど、病弱なマトを心配してくれるお母さんにはいつも心から感謝しているよ。ありがとう」という、母想いの息子の優しさが、自然の美あふれる静かな画面を通して深く優しく表現されていた。

「できるだけセリフは減らしたかった」と西垣監督の言葉通りの静寂の美が際立つ見事な演出。

「シナリオの台詞をどんどん減らして絵で魅せる。台詞がない10分を撮ろうと思うと1週間から10日かかる」そうだが、その深みが十分に溢れた作品になっていた。

　……この監督の言葉を知り、映画「ブレイブ」で元康のシーンを三浦さんが、カットして欲しいと名乗り出たことを思い出した。「大切なことはすべて森の学校が教えてくれた」のだね？

そして、マトの両親の素晴らしいところは「子供の気持ち」を子供目線で感じて、それを受け止めて理解しようとしているところだ。

例えば、このシーン。病欠で勉強の遅れを心配したおばあちゃんにもらった父が使った机を、山の中に捨てたのを知った父は「マトの気持ちもわかる」と、お母さんに言っていた。何が正しいか否かではないところで、子供に寄り添おうとしていた。

……しばらくして晩秋になり、祖母が倒れた。あわてて自転車で駆け付けながら、マトは悔やむ。いつも気にかけてくれるおばあちゃんを疎ましく感じて、生意気なことを言ってしまった自分。

「おばあちゃんに謝らんならん」

けれど、すでに祖母は亡くなっていた。

（実はそのシーンで、亡くなっているおばあちゃんのまぶたが動いたにもかかわらず、春馬少年はそれに全く動じず、自分がやるべきことを見失わず、プロとして役者に徹し、悲しみの演技を続けた。それが本当に見事で驚いた）。

……春馬少年が大きくなり「ごくせん」の撮影で彼が意識を失うシーンがあったのだが、長い撮影時間にもかかわらず、その間彼は全く身動きせず「意識のない人」をずっと演じ続けたらしいが…それはこの時の体験があったからかも？と思った。

……以下がその《佐藤東弥監督のブログ》

08年「ごくせん　第3シリーズ」でのこと。「彼は沢山の現場を経験して生徒役の出演者の中ではキャリアも実力も群を抜いていてとても頼りになった。

彼が演じる役が事故に遭い意識不明のまま病院に担ぎ込まれ、同級生や担任の教師が彼の役名を呼び、泣き、混乱するシーン。段取りからカメリハ、テスト、本番までの間、彼はじっとストレッチャーに横たわり、目を閉じて動かなかった。彼は、演技する共演者たちのためにそうしていたのだ。演技とは技術であると同時に感情のコントロールでもある。経験の浅い同級生役の子たちが、気持ちを作り感情をコントロールし、少しでも良い芝居ができるように、彼はずっと静かに横たわり、物言わぬ人を演じ続けていた。彼は優しい人だった。そして、俳優仲間に対する思いやりあふれる人だった」とつづった〈２０２０年7月20日付日刊スポーツ〉。

一所懸命生きた人にかける言葉

その後、おばあちゃんを失い家に帰ったマトと母のシーンが、たまらなく…たまらなすぎる。

鳥のさえずり、虫の声。葉っぱが歌う音。風のささやき。自然のオーケストラが奏でる優しい音楽に包まれる庭…懐大きな大自然が、罪悪感で押しつぶされそうな胸の内を母に打ち明けるマトを見守る。

「俺、おばあちゃんに謝り損ねた」

おばあちゃんのこと好きなのに、つい口答えし、もらった机を捨てた自分。申し訳なくて、もう会えないことが悲しくてその小さな胸は張り裂けそうに痛んだ。

すると母が優しく言う。

「おばあちゃんは雅雄の気持ち、よう分かってはる。一生懸命生きた人にはな、〝ご苦労さま、ありがとう〟って言ったらええ」

「おばあちゃんの命は、お父さんに、雅雄につながっているんやで」

……人が亡くなることはとてもとても、とても、悲しい。

だからこそ、その命を讃えて、感謝しようと…その方が天国のおばあちゃんも安心すると…母はしょげてるマトに教える。

そして「おばあちゃんの身体は、この世の使命を終えてもう、なくなったけど命は、けしてなくならず、ずっとずっと子供や孫にと続いているんだよ。お父さんの中に。マトの中に…ちゃんと生き続いているんだよ」と。

お母さんの言葉は、後悔で押しつぶされそうになっていたマトの心に静かに沁みていく。

そしてマトは、おばあちゃんのいる空に向かって、その、耳に聞こえるように大声で叫ぶ。

「おばあちゃん、ありがとう!

ご苦労様!

ほんまにありがとう!」

……まさにそれは30年の命をひたむきに一所懸命生き抜いた三浦春馬さんに今、私たちがかけるべき言葉…。

「三浦春馬さん、ありがとう! ご苦労様! ほんまにありがとう!」

「三浦春馬さんの命は、ファンのみんなにつながっているんやで」

そのことを、12歳だった本人に教わったことに、言葉が出ない……。

これこそが、三浦さんが起こした奇跡の一つであり、自分を失って悲しんでいるファンに対する贈り物で、彼がいかにファンを今も思い続けているかの、証だと思う。

……愛妻家の坂本九さんが、「上を向いて歩こう。涙がこぼれないように」の歌を遺して、あの夏の日、空に還ったことを思い出す。

九ちゃんの奥様だけではなく、彼を失って悲しみに沈んだ人たちは、あの歌を胸に抱きしめながら、彼のいる空を…マトが空を見上げたように、「上を向いて」何度も何度も歌ったことだろう。

「空」は、私たちの夢や希望や、この世からいなくなった愛すべき魂も、抱えて黙ってそこに在る。

悲しみも喜びも抱きしめてくれて。

……私が心が弱った人に勧める本が『SKY The Beautiful Sky』。

三浦さんを失ってナイーブになってる方に、魔女のオババが、魔女っ子ナイルに語る言葉を紹介しよう。

(そう! オババは《もしもあの日に戻れるならば》の創作物語で、ハルマンに生きる力を教えたあの魔女だ。)

……オババの作るSKY The Beautiful Skyは、どんな時も心の底から空の美しさを感じられるこころを持てる魔法の薬。

「辛く悲しい時は誰でもつい、下を向きうつむいてしまうものだ。

でも、そんな時こそ顔をあげ、空を見上げ、雲の白さや風の心地良さ、夕日の美しさを心の底から味わえれば、深い呼

吸ができるようになり、形の変わっていく雲を見ながら、

《全てのものは変わっていく。

今のこの辛さもずっとこのままではないのだ》と思えるようになるんじゃ。

「心がキュンと痛くなったら、自分がこんなに大きく美しい空に抱きしめられ愛されていることを、思い出してごらん。〝強い人〟とは傷つかない心を持つ人ではなく、傷ついてもまた、前を向いて歩いていける人のことだよ」

……森の学校のおばあちゃんは、魔女っぽくて、このオババのイメージが似ていたし、きっと、この映画もこういうことも含めて、伝えたかったのだと思う。

新しき奇跡の物語

『ふれる』という、今は手に入らない貴重な宝物の本を、インスタ読者のキスケさんが快く貸してくだった。

そこには海外で通用する役者を目指す三浦さんが、渡辺保先生から「日本舞踊を理解するために日本人の特殊な身体観」について学んだことが書かれていた。

……《私たち現代人にとっては身体は物理的なものですが、古代の日本人にとって体はイメージでしかなく「無」といえました。体は「殻」と「だ」でできていると彼らは考えていたのです。「殻」は空っぽの器、「だ」は中身を意味しますが、なぜ別々に考えたかと言うと日本人が農耕民族でいることと関係しています。お米はもみ殻の中に身が入っていますよね。それと一緒で「殻」の中に「身」が入っているというのが、彼らの「身体観」であり、このふたつは簡単に分離できるものなのです。

現代人は自分の人生が0歳から脈々と続いていると考えるのが普通ですが、古代の日本人は一年ごとに「殻」を更新していくのだと考えていました。つまり、秋になると「殻」が死んで冬ごもりをして春になって「実」が芽吹き夏の間に成長することの繰り返し。ですから「殻」はそれほど重要ではなく「実」の部分、つまり心をどう表現するかが重要とされていたのです。そのための方法が日本舞踊です。》

7・18の理由は人それぞれの考えがあるから、それには触れないが（それがどんな理由だったにしろ）もしかしたら彼の〝殻〟のキャンドルの長さは30年と決まっていて、その間に全てのメッセージを伝え、やるべきことを終えて、残した夢はまっけんにバトンを手渡してから、空に還ったのだろうか？

ただ、ずっと「死を超えて生きる人」という視点から彼を描いているので、いなくなったとは思えない、思いたくない自分も確かにいて、その両方を心の中にバランスよく置きながら「ほんまにありがとう」の言葉だけを言い続けていたい、と思う。

おばあちゃんが、病気がちなマトを心配して、生前言っていた言葉がある。

「私が死ぬときは雅雄の病を一緒に持っていく」

マトを心から愛して守ろうとしたおばあちゃんは〝殻〟を卒業するときには、

彼を苦しめた病気も、胸にくすぶる罪悪感もみんな持って空に還ってくれたのだろう。

死は全ての終わりではない。その命のバトンをマトに繋げて逝ったのだ。

三浦さんの〝殻〟が見えなくなってもうすぐ、1年になろうとしている。

あまりにも大きな人だったから、悲しみも喪失感も、まだまだ癒えないと思うけれど、18年ぶりのこの映画の再上映も、天外者の海外進出も、キンキーブーツの特別映像公開も、ナイトダイバーの再生5000万回も…。

『創』でも想いの光に4500人以上の参加。熱い声に応えてローラの着せ替え人形…などなど、彼の不在に嘆くだけではなく、その悲しみを力にして彼の残した命の息吹を、これからも伝え続けたい、と想う熱いファンの気持ちが、形になって現れて芽を出しているのだと想う。

三浦春馬さんの奇跡はこれからももっと、もっといろんな形で世の中に大きな驚きと感動を与えてくれると思う。

それは……

これから始まる
新たな「三浦春馬物語」。
誰も読んだことのない、
その物語の続きを、
読ませてもらうことを
楽しみにしよう。

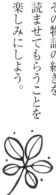

【三浦春馬・〝新しき奇跡の物語〟】

◆主役…三浦春馬 31歳

◆脚本、演出、協力…心あるファンの皆さん

あの日が近づいてくるけれど、願わくばどうか「死」という言葉の表面だけを見ないでほしい。

〝メメントモリ〟……、

〝死を想う〟ことで、より生は輝く。

特集号のタイトルを、アンケートで一番人気だった言葉の《死を超えて生きる人》にしたのは、彼はもう「死」を超えている存在だと思っているからだ。

〝「殻」にはいなくても空から見守ってくれている〟という身体観をDNAに持つ日本人ならば、この感覚をわかってくれると思った。

死は終わりではなく「殻」の姿形がないだけで、その魂「実」は今もこんなにも、生き生きと私たちを感動させてくれるから。

何度でも言おう。

「三浦春馬さん、
天外者のあなたは
#死を超えて生きる人」

私たちは、これから始まるあなたの、
〝新しき奇跡の目撃者〟となります。

空羽ファティマ

【初出：『創』2021年6月号】

TWO WEEKSを通して想うこと

もしも三浦春馬さんが、子役から俳優をしてなかったら何かが違っていたのだろうか？

空羽（くう）ファティマ［絵本作家］／海扉（カイト）アラジン［切り絵］

去年の今頃の私には、〝三浦春馬〟という名前は全くなかった。〝三浦〟どころか〝二浦も一浦も〟なく、彼はたくさんいる「遠くの世界の俳優」の中の一人だった。

なのに、あの夏の日から10カ月経った今…〝十浦〟、イヤそれでは足りない。〝百浦〟と呼びたいほどに毎月、本を生み出し続けている私たちキャメルン・スタッフの《世界は三浦春馬であふれている》日々。

どこかで元気に生きていてほしい

「海外の舞台に立てなければ、悔しいし自分を〝許せない〟」と世界に目を向けて本気で熱き夢を語った、俳優だけではなくdancer & singerとしても輝いていた三浦春馬さん。

彼の遺した真摯（しんし）な言葉を辿（たど）っていくとあまりに純粋すぎて、真っ直ぐすぎて…「今までよく芸能界でやってこられたなぁ。これじゃあ、たしかに壊れてしまうよね…」とも思う。濁流の中で流されずに天を仰ぎ真っ直ぐに立ち続けていたのが、ザ・三浦春馬。

30年という人生の月日は彼にとって長かったのか？ 短かったのか？ 燃やし尽くした、その濃さと輝きの日々を絶賛しつつ、彼の人生は彼自身のものなのに、つい傲慢（ごうまん）にも「残念」とか「もったいない」とか嘆いてしまうが、人の何十倍も頑張った30年は奇跡と呼ぶべき時間なのかもしれない。

しかも、最後の最後まで全く手を抜かず走り続けたのは、彼の誠意であり、高いプロ意識の責任感であり、誇りだったと思う。

あの日まで、完璧にスター三浦春馬として輝き続けたことには間違いないから、残念さや哀しみを横に置いて「あっぱれ」と言いたい…と想う気持ちもある。たぶん、皆さんも同じだろうが、こんなことを繰り返し想い、月日が流れて、気付けばもう1年になる。

……一方、毎日毎日YさんやKさんや〝ファティマー〟と称してくれるインスタ読者の皆さんが教えてくれる数々の情報を学ばせていただき、知れば知るほど無念さ、残念さ、哀しみ、虚しさがどんどん強くなり、心に空いた穴が広がっていくのも事実。

だから「時間薬なんて全く効かない」と嘆く皆さんのためと、自分が読者として読みたい気持ちもあり、辛い現実から離れて《ハルマンとしての人生の続きを描いた創作物語》を『創』3月号と特集号に描いた(3月号の「新しき春―fierté―」は本書に収録)。

だって「なぜこんなにも美しいルックスと純粋な心の人がもう、この世に存在しないのだ？」と、この現実があまりにも哀しく虚しく信じがたいから、せめて私が描く妄想の世界の中では生き生きと笑い、語っていて欲しかった。

その物語《もしもあの日に戻れるならば》は、私が朗読し、バックにキャメルンスタッフのピアニスト、もっこがこだわりにこだわって作曲&演奏した音源を付けて、もうすぐ完成する。

昨晩、ラストシーンの曲の最後の一音について熱く語り合った。もっこの作った音は上がるメロディで終わっていたが私は落ち着いた感じで下がるメロディで終わりたいと思った。だが、もっこがどんなに音にこだわって作っていたかを知っていたので、本人の好きにしていいと言った。

でももっこが、上がる音に作ったのは〝天国に上がるイメージを表現した〟と聞いて、違和感を感じた理由はそれだとわかった。私は言った。

「天国なんて言わないで。だって、彼はこのお話の中で今も元気に生きていると、そう思い込んでこの話を私は書いたの」

すると自分でも予期しなかったのに、涙がポロポロ出てきてしまい動揺した。(ヤバいぞ。これって〝かなりガチなファン〟みたいじゃないか？)

毎日、ご遺族レベルで悲しむ皆さんとやりとりしているうちにどんどん、私自身も「もういないなんて信じたくない」という想いになってしまったらしい。

記事を書く立場にいるから、冷静に7月18日の現実を頭では理解しているつもりでも「どこかで元気でいてほしい」と、つい願わずにいられなくなってしまったみたいだ。

泣いた私を見た、もっこも驚いて「わかった。じゃあ彼が今、いるのは天国ではなく砂漠なんだね」と言ってくれた。「うん。ありがと。でもさ、こんなに泣けたってことは、私も〝にわかファン〟ではなく、やっと本物の〝ファン〟と名乗っていい気がする」とつぶやくと、

「ファティマはさ、毎日こんなにたくさんの資料読んで頑張って記事を書いてるのに『もっと頑張らなくては』の鴨太郎みたいに『まだまだ自分はにわかファン』と言っていたのに、やっとファンの仲間入りができてよかった。それを聞いて私は嬉しいよ…」と、私の苦労を間近で見ているもっこが、今度は泣いてくれた。^_^;

こんな、アチイ仲間だから惜しみなく三浦さん活動に力を貸してくれているのだ。そして、「ファン昇格のお祝いに」と最後の一冊をゲットした幸運のブレイブのパンフをくれた。

ついでに告白するとね。実は『創』に初めて書いた11月号の記事（『三浦春馬 死を超えて生きる人』に収録）の中に「これは私からの〝ラブレター〟です」と書いたの。そしたら、娘に「にわかファンのママがラブレターなんて、生意気なことを書いたら、ずっと応援してきたファンの人に怒られるよ！」と注意されたので〝ファンレター〟と、書き換え、〝後輩にわかファン〟の立場をわきまえて、それからは「春馬くん」ではなく「三浦さん」と書くことに決めて、今に至っております。ハイ。

パパになった ハルマ君

今月は、先月の「森の学校」からの流れで、《子役》や《親子》について、ドラマ「TWO WEEKS」を通して、書こう。

娘のために2週間の逃亡劇を描くタイムリミットサスペンス。殺人の濡れ衣を着せられた三浦さん演じる結城大地が、稲垣来泉ちゃん（8）演じる白血病の娘はなを救おうと命をかけて挑む父の姿が熱く人々の胸を打った。

〈守りたい存在ができ、投げやりだった今までの人生を変えたいと本気で想えた時に、人はどう変われるのか?〉を、父性とアクションを軸に描いた作品。

来泉ちゃんは多くの話題作に出演し、今回も100人のオーディションで選ばれた天才子役という点でも、同じく天才子役と呼ばれ「森の学校」でマトを射止めた春馬少年とかぶる。

岡光プロデューサーが絶賛する。「オーディションで来泉ちゃんを見た時『この子が、はなだ！』と思いました。人懐こさ、子供っぽい笑顔。だけど芝居になると卓越した演技力を持つ彼女は、現場でもみんなを虜にしてます」「演技が子供っぽくなくてナチュラル。『こういう演技をお願いします』と言うと、即座に対応する感受性が豊かで天才と思った節がたくさんあった。『台本をどう読んだらそういう演技になるの？』と聞くと『今、はなちゃんはこういう感情だと思うから』と」

三浦さんは「自分も子役だった時に同じ目線で芝居の相談をされてすごく嬉しかった記憶があります。だから子役とはいえ一人の女優として現場に立つわけですから一緒に芝居を作り上げていきたい」と、どんな人にも敬意を払い、「『子役出身者は、早い段階から大人に囲まれて迷惑をかけないようにしているため気を使う子が多い』と言われたことがあるのですが、僕も確かにそうだな。自分が納得してない時でも意見を言ったり人に意見を聞いたりできなかったんです」と話す三浦さんだから、来泉ちゃんがそうならないように気を配ってあげたことも、強い信頼関係に繋がったと思う。

またカメラが回ってない所では雑談や遊びで絆を深め、「もう、来泉ちゃんに首ったけ」とメロメロに可愛がっていたようで、そんな2人の親子愛あふれる微笑ましい写真はインスタで話題になり、2万6000以上のいいねも付いた。

車に乗ると三浦さんとローラの曲しか聞かなくなった私だが、彼が作詞作曲し最後の最後に遺した心に染みる優しい名曲「You & I」は、男女の関係を描いていながら全く性的な感じはなく、愛の対象の境を〝超えて〟出だしの「はにかんだ君」「そっと日々の幸せをのぞき込む」を聞いた時は「来泉ちゃんのことを思って書いたのかな?」と思えたほど、父性のような大きく温かな愛がそこに満ちていた。

こういう風に垣根を「超える」ことができるのが彼ならではの才能、ギフトで、その心の純粋な美しさを、歌詞とメロディで練り上げ、まるで祈りのように表現している高尚な芸術作品だと思う。彼が万人に愛される理由がここにある。

初めて芽生えた父性

「お芝居をする中で、日頃感じることのない感情に出会えるんです。実際に僕の心には共演している来泉に〝恥じない言動をしなければいけない〟という想いが。それを父性と呼べるかは正直わかりませんが、日常生活でも、僕の中に変化が生まれていますので、そんなことを感じられるこの現場にいられるのが幸せですね」

「撮影に入る前、ここまで首ったけになる感じじゃないだろうなと思ったんですけど、現場で一緒に撮った写真（第1話の病院のシーンで一緒に撮った2ショット）を携帯の待ち受けにさせてもらって、現場の合間に、ふとした瞬間時間を確認するごとに見られるので本当に心の支えになってます。実の親御さんになんて言ったらいいのか…擬似体験としていい経験をさせてもらってます」

「心に父性が芽生えているかは、100%とは言えないかもですが、ただ、純粋に会いたくなったりする。娘を持つ想いが少しだけ分かるような気が。役者人生を重ねてきて、カメラマンの役や難病を抱えた人の役を演じてきましたが、これまでわかったていで、話せなかったんです。でも今回は〝少しわかる気がする〟って言っていいのかなあって。来泉がすごくいい子だからってのもあるんですけど（笑）」

……こんなふうに、何度も「これが父性とは100%は言えないかもだが」ときっと来泉ちゃんのお父さんに気を使いつつ、自分の中に今まで感じたことのない「父なるもの」をはっきりと感じていると発言をしている。

物事には「100%」なんてないのが普通なのに、完璧主義な彼にとっては100%でないとオッケーが出せないのだろうな。99じゃあ、満足しない。プロ意識の高いクオリティある仕事vs生身の人間としての疲労。そこに横たわる川は大きく深すぎて、渡れなかったとしても誰も責めはしないのに。

そして。こんなに…本当に×2、心から来泉ちゃんを愛おしく大切に想っていた三浦さんだからこそ…急に自分がいなくなったらどれだけ悲しむかは、よーく、よーく、わかっていたに違いなく…春馬くんに憧れて一緒に舞台に立った子役たち皆、どんなにか大きなショックを受けているかと想う。

子役のみんなへ

実際、三浦さんは来泉ちゃんだけではなく、他の子役さんたちにも、いつも心を配ってくれていた。「直虎」で、小坊主役をした西口青翔くんは当時をこう語っている。

「僕みたいな有名じゃない子役にもひざに載せてくれ、抱いてくれたり優しく声をかけてくださいました」

そしてこれはあの日の翌日ツイート…

「三浦春馬さん。沢山の沢山の悲しみでいっぱいです。僕が2年生の時、大河ドラマで温かくとても優しくしてくださいました。

頭をなでてくれ風邪をひかないようにねって抱きしめてくれたり優しさがあふれてました。僕の心の中でずっと生き続けます。春馬さんの優しさ一生忘れません」(T_T)

他にもたくさん、たくさんの、三浦さんを慕っていた子供たちがいて、どれだけ哀しく冷たい涙を流しただろうか。

……だから、子役のみんなに言いたい。

あなたたちが、この『創』という大人の本を読むとは思わないけれど、いつか何かのタイミングで、手にすることがあるかもしれないし、想いだけでも届いたらいいなと願いつつ書くね。

今はどんなに辛くて、まだ三浦さんの写真さえ見られないかもしれないけど、彼から学んだ演技や、楽しかった時間が素敵な思い出になる日が、時間はかかっても、きっと、きっと来るから。その日が来ることを願い、三浦さんのファンたちはあなたたちを見守ってくれると思う。

彼が「さようなら」さえ言わずにいなくなったことは…大人が思う以上に、あなたたちの心を大きく深く切り裂いたと思う。しかも彼が〝自ら〟という情報は、(周りの人が隠そうとしても)きっとどこかから耳に入ってしまっただろうし。あんなに生き生きと生きていた人だからそんなことは信じられなかったよね?死という言葉と離れた場所にいる人だと大人も思っていたから。誰もが理解できなくて、ただ、ただ、戸惑って悲しくて、頭を抱えていたの…。

でも、その悲しみと、春馬くんと過ごした楽しい時間を天秤にかけたら…後者を重いと言えるのが、良い子のみんなだと思う。

だけどそれは、もう少し後になってからでいいと思うの。10カ月たった今、あなたたちが本当はどう考えているかはわからないけど、まだ今はその時じゃないかもしれないから。

子役として立派に社会でお仕事していても〝子供は子供のままで〟いていいんだよ。背伸びしてオトナにはならなくていいし、なっちゃいけないの。

コドモってもんはね、だだをこねて、

わがまま言って、泣いてわめいてもいいんだよ。正しいコメントや、求められているだろうリアクションも、しなくていいんだよ。

　来泉ちゃんは、岡光プロデューサーが絶賛したように、大人がどんな演技を求めているかが、すぐにわかっちゃう子だから、春馬くんを失って悲しんでいる来泉ちゃんに、世間がどう言って欲しいのか？　どう答えたらみんなが安心して喜んでくれるか、が瞬時にわかってしまうのだと思う。

　もちろん、8月のあのコメントは嘘とは思わないよ。一生懸命、正直な気持ちを書いたと思う。〝もっと抱っこしてほしかったし、頭をなでてほしかったし、たくさんお話したかったしクイズをまだいっぱい出したかった〟って、本当の気持ちだと思う。

　でも、それだけではない気持ちも、あっても当然だよね？　それはきっと…

「なんで、来泉を置いて遠い所にいっちゃったの？　『これからも一緒にがんばろう』って言ったじゃない!?　もっと教えて欲しいこと、たくさんあったのに！

　パパに本当の子供ができるまではずっと娘でいさせてね、って約束したのに。なんで、なんで？　しんじゃたの？　会いたいよ！　会いたいよ!!」

　って、心が壊れそうに、いたたまれない気持ちになったのではないかな？　でも、いい子の来泉ちゃんは、そこは、書かない。書けないし、書きたくないのだと思う。

　それは、三浦さんが言っていたように《大人の中で仕事をする子役としては、当たり前の様に身についてしまう気配り》なのだろうけれど。でもね、それでもね、遠くで私は祈っていたいよ。無理をしてる自覚もないほどに、あなたたちが普通にできてしまう行いが、自分でも気付かないうちに、心の中に薄いシミみたいに広がっていくかもしれないから。

　心ってものはね、強そうで丈夫そうで、ホントはそんなに頑丈ではないんだよ。

　日本にはさ、「自分に厳しく人に優しく」って風潮があるけど、避けられない試練は、どんなに避けようとしても起きてしまうからこそ、悲しい気持ちを心に押さえ込んだら、心の病気になっちゃうかもしれない。

　心の病がどんなに辛くて大変かは、私も身近に苦しんでいる人がいたから、よーくわかるから。

　あの日のことは、癒えるのに何年も何年もかかる大きな傷だし、今は元気にお仕事できていても、時間が経ってから急にある日突然、傷の痛みを自覚してしまうかもしれない。

「私が悲しむと、春馬くんの行為を責めることにつながるから、笑顔で頑張ること」が、春馬パパが喜んでくれるって思うのかもだけど…。

　春馬くんは来泉ちゃんのパパになったでしょ？　親ってものはね、〈子供に我慢なんてしてほしくない〉んだよ。子供のことで困ったり心配したりするのが〝親の役割〟なんだから。

　子役の辛さを理解してる彼だからこそ、がまんして「いい子でいなくていいよ」って思ってると思う。だからね。「もうすぐ1年経つから元気にならなくちゃ！

いつまでも悲しんでたら春馬くんにも、みんなに心配かけちゃうもの」なんて、考えなくていいからね。

もし辛くなったらお仕事も学校も休んでいいと思うよ。ちゃんと自分の心の声に耳を傾けていてね。お仕事より責任より、人の期待より、何よりなにより大事なのはあなたたちのハートなんだからね。

ハートちゃんのママやパパになって優しくしてあげてほしいの。そう、来泉ちゃんがレッピーを可愛がったみたいにね。

うまく自分の心に優しくできない人にはね、代わりにぬいぐるみを「自分の心」の代わりにして、その子を可愛がるメンタルケアもあるんだよ。もし今はレッピーさえも、見るのが辛かったら、他のぬいぐるみや、ワンコやニャンコなら最高だよ。生きてるあったかな命を抱きしめるだけで心は癒されるよ。

この療法は、実際に心のケアとして使われている方法なので、大人もぜひお試しくださいね。

心のケアに、大人も子供もないです。誰のハートちゃんにも、優しい温かなケアが必要なのです。

彼＝美しき魂の代表

生きることが大変な時も、子供がいることでなんとか踏みとどまるのが人間だから、初めてその心に感じた「父性」は間違いなく彼を支えて生きる力を与えてくれたと思う。

でも、それを超える何かが…。少しずつ少しずつ心を蝕んでいく黒い影が彼を飲み込んだのだろうか？　ああ、また頭の中がぐるぐるとＬＯＯＰ　ＬＯＯＰし続けてしまう。

この「なぜ」はいつか晴れる日が来るのだろうか？　それとも、このモヤモヤを抱えながらも、彼の光の部分に目を向けることが、遺された私たちのやるべきことなのか？

答えは風に吹かれ、波に揺られ、地を這い、知ることのない暗闇の中に声を潜めてひっそりと佇む。そこに耳を立てるけれど聞こえるのは、何もなかったような波の音…。

「人生とサーフィンは一緒だから、目の前にある波に乗れば良いというわけじゃない。目の前じゃなく、お前の後ろから来ている波のほうがもっと良い場合もある。冷静に色々な状況を見ろ」とサーフィンの師匠、卯都木さんは彼に指導していたという。

コロナで中止になった最後の舞台は心痛いクレームも来た〝目の前の荒い波〟だったようだ。でも〝次の良い波〟をあなたには、待って欲しかった。人生の大海原には、荒く大きな波だけではなく、優しい温かな波もあるのだから。

考えてみれば、世の中で起きることの多くのことは謎に満ちていて、はっきりと答えがわかってることなんて滅多にない。人の心は特にそうだ。ましてや、芸能人の心なんてわかるはずはないのに…

それを知りつつ未だに多くの人々が「身内が亡くなった時より悲しい」と嘆き悲しみ、その喪失に落ち込み続けてしまう理由をずっと、『創』も私個人もずっと考え続けているけれど…。

世の中の美しく清らかなもの、聖なる

崇高なもの、汚れのない純粋なもの、誇りあるまっすぐなもの、を彼の中に感じてしまうからかもしれない。生身の人間を超えた心身共にきれいなひとを失ったことで、この世の中の善の全てが失われてしまったみたいに、底無し沼に落ちていくような、どうしようもない〝絶望感〟を感じてしまうのだろうね。

〈彼=美しい優しき魂の代表〉

……私自身が、ローラの中に見た母性と情熱と誇りは、それだったと思う。春馬ローラには、おばあちゃんになっても…赤いドレスとブーツを履いて、あの笑顔で舞台に立ち続けて欲しかった。

誰がなんて言ったって繊細な身のこなしが世界一ダントツで魅力的な春馬ローラと、共に踊り歌い「人生っていいね。生きてるって楽しいね！」とみんなで笑いたかったのだ。長生きしてそれを、支えと喜びと楽しみにしたかったのだ。

キンキーの本物の舞台を見てない私が生意気言ってゴメンなさいだけど、やっぱり〝春馬ローラ〟がいいのだ。〈なので、プリーズ！　心から求む、DVD♡　せめてアメリカ版みたいに映画化をどーか、お願いしますっ！　そしたら、「天外者」みたいにみんなが通うと思う！〉

春馬ローラの代わりはいない現実の虚しさをバネに…毎月原稿に向かう。が、パソコン練習は2日坊主で止まってる怠け者の私は、まだスマホでチコチコ打っている。やりたいことしかできない性格。「どんな仕事もこなす三浦さんの努力を見習えよ、ワタシ！」とは思うケド。

「今日のファティマが一番若いんだよ！明日は今日より、1日分年取って、覚えるのが大変になるんだからね！」by スタッフ　アッシュ。(＞_＜)

へいへい、ごもっとも。

子役の負担を減らす為に何ができるか

春馬少年、子役時代の1994年にアクターズスタジオに4歳で入ってから2003年、13歳までの9年間に出演した作品は映画4本、ドラマ18本。

その後14歳で2004年にアミューズ所属。堀越高校を卒業するまでの4年間に映画7本、ドラマ13本、ライブ5本（ちなみに、その後19歳から30歳までは、映画21本、ドラマ21本、舞台とライブは25本。合計したら、映画32本、ドラマ51本！）

これにCMやら番宣やら取材…当然リハも入るんだよ。セリフを覚えるだけでなく役のバックグラウンドを理解して。すごいなあぁ…。どんだけ忙しかったんだ⁉　自己形成が未完成な子役たちが、他の人格になりきるというのは、メンタル大丈夫なのかしら？と心配になる。特に犯罪が絡むストーリーとかは、子役はCGで表現してもいいのではないだろうか？

……来泉ちゃんは「会ってない時に、会いたくなる人」だと、春馬パパのことを慕い、三浦さんも「僕も来泉のことを考えない日はない」と言っていた。

周りに心配させないように、口には出さなくても毎日思い出しているだろうな。

子供の教育方法に「たくさんほめて自信にする」ということを奨励する人もいるが、

「ほめられると子供は、もっともっとほめられたくなり、〝ほめられないと自分は価値がない〟と思うようにもなるから、ほめすぎは危ない」という意見もあることはあまり知られてない。

　でも、実際いわゆる「いい子」にその傾向はある。彼らはほめられることが〝普通〟なのだ。できて〝当たり前〟だと、自分も周りも思ってしまう。

　そうすると「できない自分」を見せたくないために、必要以上に頑張り続けてしまうのだ。かつての春馬少年もそうだったのではないか。

　彼らの重荷を減らすために、それぞれの子役の性格も含めての、メンタルケアをもっと積極的に取り組むことが必要だ。

「太陽の子」で三浦さんと共演した柳楽優弥さんは、14歳で世界的な大きな賞を受賞してから、世の中の期待に心のバランスを崩していった。でも彼が弱かったわけではない。わずか14歳だ。同じ環境になったら、ほとんどの子が潰れるにちがいない。

　その当時を彼は振り返る。

「もう、天狗なんてもんじゃない。わがままで生意気でした。ガキのくせして『やる意味がない』とか言って偉そうに仕事を断ったりして。それによって周りに迷惑をかけていることにもまったく気づいていませんでした。10代の僕は、本当にタチが悪かった。今ここにいたら、ぶん殴ってやりたいほどです」

　でも、悪いのは子供ではない。そうさせた大人が悪いのだ。

　でも。こうして〝早いうちにちゃんと、壊れられた〟からこそ、今の彼があるのかもしれないと、三浦さんがいない「太陽の子」の番宣で…オーディションを競った幼なじみを失い、真っ赤な目で語っていた柳楽さんを見ながら思った。その姿は鴨太郎と土方の不器用で熱い絆そのものだった。

　壊れることさえ自分に許さない三浦さんのような優等生キャラの子の方が、あとになってその〝皺寄せ〟が来ることがあるのかもしれない。

　もちろん、子役として一般の子にはできない貴重な経験も積めることは素晴らしい。ただ、そのリスクも軽視してはいけない。一回役をしたら、役が抜けるまできちんと半年休むことを〝子役のメンタルと体を守る決まり〟にするのはどうだろう？

　それから三浦さんは、来泉ちゃんに〝素敵な俳優さんになるには？〟と聞かれて、

「体育祭や宿泊学習といった友達との時間も存分に楽しんでほしい。その中にリアルな感情がたくさんある。それを感じることが僕たちにとって大切なことなんじゃないかと思います」

　と言っていたけど、忙しすぎた春馬少年はほとんど学校行事に参加できなかったから友達との楽しい時間に憧れたのではないか。

　同じ小学校で、春馬くんのお家にも遊びに行っていたというアレンさんが《春馬くんと2人で運動会のポスター作った》とツイートした情報を教えてもらった。

　当日の運動会には出れたかなあ？「僕は仕事で参加できないけど、せめてみんなのために楽しいポスター作ろう！」と

か、思って描いていたら切ないなあ…

周りで普通の子が当然のこととしてやっていることを、子役の仕事を背負ったが故に、経験できないのは、やはりかわいそう。美味しく甘いチョコの影には厳しい労働環境の中で働かされている子供がいるように、大人のエンタメのために、弱い立場にいる子供が犠牲になってはならない。

悲しみの中に佇む美しさ

子供時代が終わり〝サンタクロース〟という存在が本当はいないと知っても、心のどこかで幼い時のサンタに代わる「サンタ的なもの」を人は求めたいものだ。〝それ、そのもの〟ではなくても、それに近い…その様な夢、その様な温かい希望を、見失いたくないのだ。それが、三浦春馬という存在だったのではないだろうか？

《三浦さんに惹かれる人は、心のどこかに「孤独」を抱えている人かも》と以前に書いたが、そこに加え…三浦さんに惹かれる人は「夢を、希望を持ち続けたい人」だとも思う。心の奥で性善説を信じたい人。

だからこそ、〝もし彼が辛い目にあっていたとしたら〟そんな可哀想なことはない！と怒るのだと思う。つい攻撃的な表現になってしまったとしても、それはその人たちが乱暴者なのではなく、悲しくて怒ってしまうのだと思う。

だから、私も記事について時にクレームをいただいても、それは私を責めているのではなく、〝春馬くんへの愛〟…怒りの下のその人なりの愛の表現、を感じることはできた。

三浦さんのファンの方は本当に心優しい人が多いと身に染みたのは…先日私は、ここ何カ月かの執筆の気疲れが出て免疫力が落ち、歯の根がダメになり抜歯するしかなくなった。そのことをインスタ@coofatimaに書いたら「ぜひセカンドオピニオンを！」と皆さんが心配して、自身の体験談をコメントやDMで下さり、そのおかげで別の病院で根の治療を始められた（悲しんだりしてストレスが溜まると、免疫力が落ち、唾液の量も減り口の中に不調が出やすいらしいので、皆さんもどうぞ気をつけてくださいね）。

それと同時期に、私の元気の素のわんこのポロン11歳が嘔吐とお腹をひどくピーしたのだが、その時も優しいみんなは「ぽろんちゃん、もういいウンチ君出ましたか？」と、💩ウンチくんがお出ましするまでの5日間、ずっと心配してくれたのだ。

『人の家のわんこのウンチをこんなに待ってくれるとは！　なんていい人たちなんだぁ!?』とスタッフ一同で感動したものだ。

そんな春馬くんファンならではの優しく感受性強い人たちだから、あの日からその心はどんなに痛み、辛いのだろうなあ…と思うのだ。

「もうすぐ1年にもなり〝会ったことのない芸能人のことを、そんなに落ち込み続けるのはおかしい〟と周りから言われるのが辛くて、家族にも友達にも春馬君のことは言えず、涙を隠して元気なふりをしています。ファティマさんのインスタと『創』だけが心の支えです。そのおかげで生きられてます」

というメッセージを、たくさんの方からいただく。

お辛いと思う…。でもこうして想いを言葉にできてよかった。どうか堂々としていて欲しいのです。ご自分が納得するまで彼を悼み、偲び、哀しんでいいと私は思います。人の心は「こうするべき」では動かないからです。

「何が正しいか」よりも、ご自分の人生で、あなた自身の時間です。あなたの心が命ずるままに、使っていただきたいと思うのです。

人がこの世を去る時に後悔するのは「やった後悔」ではなく「やらなかった後悔」だといいます。こんなにも、深く悲しませるほど…あなたの心を動かした稀有な存在、三浦春馬さんに出会えたこと、彼と同じ時代を共に生きたこと。それは、確かに《幸せな出会い》だと、私は思います。

その奇跡の出会いは、今は辛くても、あなたの人生を豊かに優しく、美しく彩ってくれたのではないでしょうか？　私自身がそうであったように。

そして。悲しみの中には独自の美しさがあります。

〈キャメルン人魚に恋をする〉の本の中にこんな言葉を描きました。

《やがて、涙が枯れ果てて　心も体も静かになった。

それは、今まで味わったことのない静けさだった。

どんな深い海の底よりも、静かな、とぎすまされた空間だった。

ものすごく悲しいのに、ものすごく平和だった。

ものすごく切ないのに、ものすごく幸せだった。

悲しいことや切ないことが、こんなにも美しいものだなんて…》

これは、恋するラクダのキャメルンを失った人魚、トゥモローの哀しみに沈む心の描写です。この本の朗読CDは、人生のどん底の時期を共に過ごしてくれた恩犬、ポロン一世が11年前に空に還ったときに、私自身が、失意の中ですがるように何回も何回も聞き、救われた言葉ですので、皆さんにもお伝えしたいと思います。

どうか…悲しみの海に溺れて一番大切なものを見失わないように、して欲しいのです。

悲しすぎると人は、〝その原因の元になった存在〟のことは恨みたくないから、つい、別の物や人に八つ当たりしてしまいます。時には、自虐的になったりもします。でも、それは優しい彼が望むことではないと思います。

表紙に祈りを込めて

「春馬が高校生の頃かな。サーフィンをした後、オレ（卯都木さん）の家族と一緒に夕食で鍋を作ったりしたんだけどね。そういう家族団らんの食卓を、春馬は知らなかったみたいで、〝なにコレ？　みんなで分けて食べるの？〟って珍しがっていたんだよ」という記事を読んだけど、家族的な環境が眩しく羨ましく思えたのだろうね。

……もしも学校や家庭の環境が、少し違っていたら？　もしも彼が子役からこの世界に入ってなかったら？　芸能界ではなく農業や、こだわりの職人さんになっていたら⁇　あの日は来なかったかもしれない？　今更タラレバを言っても、だけど。

私たちは今、コロナ禍で今までの当たり前の日々を失っている。だからこそ、三浦さんが欲しがっていた「当たり前のように見えた日々の幸せ」の大切さをもう一度皆で感じ直そう。マスクの下に隠れた笑顔なき今の社会だけれど、言葉の奥にある想いや悲しみを感じる心のヒダを持ちたい。

ピンチの人に寄りそい「一緒に頑張ろう。味方だよ」と言ってくれたあの人のように。今度は私たちがその役を〝継承〟して行こう。

今もきっとどこかで、三日月のお目目で、来泉ちゃんや可愛がっていた子役たちのことを優しく見守っていてくれると信じて。

そして。

大人のみんなにとっても三浦さんは優しいサンタみたいな存在だ。

たくさんの作品や、言葉や歌の贈り物を置いていってくれた、クリスマスでなくても会える、素敵なサンタクロースなのだ。

……………………………………

『創』7月号の表紙は、今までで一番悩んだ（本書P14にその切り絵を掲載）。

みんなが好きな一枚。来泉ちゃんが撮った三浦さんが目をつぶって祈っているような写真は確かに素敵だった。でも、皆さんのご希望の「レッピー」をこの静寂な雰囲気に入れるのは、合わないし、三浦さんファンならば、彼をファインダー越しに見つめる来泉ちゃんとの関係性の深さが感じ取れるけれど、他の『創』の読者さんには、それが結びつかないとも考えた。

そして、来泉ちゃんを表紙に作っていいのか？　シルエットだけにした方がいいのか？　横顔にした方がいいのか？　この表紙を見たら、彼女はどう思うのだろうか？とか、ずっと色々考えて悩んだけれど…。

〈今すぐには受け入れられなくてもいつか、いい思い出になる日が来る〉と信じたかったので、その祈りも込めて、来泉ちゃんの笑顔を入れて、大好きな家族とのものを作ることに決めました。

いつかこの、大きな壁を超えるために、彼女を包んでいた楽しい時間が、その心を救ってくれると信じて…

そんな温かな祈りと愛に満ちた表紙でありますように……。

「忘れられない20代最後の夏になりました」と、初めての父親役に挑戦した3カ月は春馬パパにとっても人生の中で特別に幸せな時間だったに違いない。

空羽ファティマ☆

皆さんのリクエストが多かった、来泉カメラマンの愛の溢れた一枚は7月の命日号に「祈りの写真」として表紙にすることにしたので、ガッカリしないでね。

【初出：『創』２０２１年7月号】

7／18が再び…

全て何もなかったように優しい風が吹く
——命日を迎える三浦春馬さんに捧げる…

空羽（くう）ファティマ［絵本作家］／海扉（カイト）アラジン［切り絵］

涙を超えて生きる人

1年が経ち、あの日がやってくる。長かったのか？ 短かったのか？ いくつもの朝日が昇り夕陽が落ちて、風が吹き時に雨が降り、太陽が降り注ぎ運がいいと虹が出て…未だコロナ禍の中、月日は流れていった。リアルな貴方の姿は見えないけれど、『創』を手に取った人は貴方のことを考えなかった日は1日だってなかったと思う。〝あの日からファン〟の一人の私でも、貴方は心の真ん中の住人になった。

ニュースを知ってすぐ、ローラに一目惚れした。引き込まれる視線と笑顔。どんなスターにもここまで心を奪われることはなかった私にとって、世界一美しいのはインド人女性で少しでも彼女らに近づきたくて現地で鼻ピアスをトライしようとした。不衛生な環境のため断念したが、その憧れのインド女性でさえローラパワーは一瞬で超えた。容姿だけではなく、三浦さんから滲む純粋さ、誠実さ、情熱が、ローラの気高く強いオーラと優しい母性に混じり合い、とてつもない化学変化が起き、そこに人々はノックアウトされたのではないか？

そんなローラを入り口に、ザ#三浦春馬への終わらない旅が始まり、気づけば1年が経とうとしている。「命日」と呼ばれる7月18日は皆さんブルーだろうから、前回の約束通り、来泉ちゃんが撮影したみんなの大好きな祈りの三浦さんを表紙にしました（本書表紙を参照）。

命日…〝命の日〟。〝命が終わる日〟とは名前がついてない。〈体としての命〉は終わっても〈魂としての命〉はそこから新たに始まると、昔の人は知っていたからではないか？

今度、出版される特集号『死を超えて生きる人Ｐａｒｔ２』だが、タイトルの〈死〉という言葉に心を痛めず〈超えて〉に重きを置き、その奥に込めた想いを受け取ってほしい。

そうしないと涙は乾かないままになり、それは優しい彼が望んではないと思えるから。

どうか《涙を超えて生きる人》でいてほしい。

大地と共に生きるインディアン（ネイティブアメリカン）の思想を書いた『今日は死ぬのにもってこいの日』という本がある。35版以上重ねたこの本は前から知っていたが、以前の私にはこのタイトルは重すぎて、死は遠いところに在って欲しかったから「死」の文字に反応する人の気持ちもわかる。

でも、41歳で初めてママと呼ばれてから「命」をテーマにした本を描き、我が子を亡くしたママへの本もすごく悩みつつも描いてきた。それらの経験がなければ三浦さんのことを書く勇気は絶対に出なかったと強く言い切れるし、ご遺族と向かい合いやりとりしながら多くを学んだ経験が、彼を失い嘆くファンの皆さんとの出会いに繋がっていった。

〈三浦さんのファンの方はご遺族そのものだ〉と書いたら「悲しみのレベルが違う」と叱られたが、「身内を亡くした時より辛い」とおっしゃる方も多いし、私自身、毎月毎月、三浦さんのことを原稿用紙30枚以上書く熱量を1年近く持ち続けていることに驚きつつ、だからこそご遺族と呼べるほどの深い悲しみを抱える方たちの心が少しでも温かくなるならばと願って、グリーフケアとして書いている。

あの夏の日からずっとみなさんの心に寄り添ってきた『創』。春友さんたちの「自身の想い」をさらけ出した投稿に共感し涙する方が、たくさんいらっしゃる。また投稿者は雑誌に載るかも、と励みにもなるいいコーナーだと思う。

そして「個人の悲しみを吐き出す」コーナーだけではなく、その後に「ファンの皆さんに向かっての言葉」を入れることで、バランスの取れた構成を本としてなしているのだと思う。

また篠田さんの書く三浦さんの記事は世の中を広く見渡した上で書かれているから、3方向の異なる角度から書かれていて、責める言葉は使ってないから「この雑誌には品位がある」と言っていただけるのだと思う。

つまり…毎月、三浦春馬特集の【第1章】は、彼が与えた社会的な影響を幅広い観点から冷静に観察して書いた篠田さんの記事から始まり、それを読みながら人々は、日常の忙しさや、子育てなどから距離を置き「三浦春馬ワールド」に入る準備を整えていく。

そして【第2章】は、読者自らの心の内側の悲しみを吐き出し曝け出す、飾らない真っ直ぐなそれぞれの悲しみと、彼への想いが、溢れ出る。こんなに悲しいのは自分だけではないと、安心するグリーフケアの、シェアリングのページ。

そして、3部作の最後は私からのまるで長く熱いラブレターのような、記事がくる。空羽ファティマの書く本、コラム、全てにおいての約束事は【どんな悲しいことを書いても、文の最後は〝必ず光がさすこと〟】で、〈絶対に読者を暗闇に置き去りにしたまま終わらない〉と固く自分で決めている。

篠田さんと、記事の構成や書き方についてあえて話し合ったことはないけれど、篠田さんが求めている私の記事の役割は、暗黙の了解で分かり合えていると思うし、みんなの心を明るくしてあげたくて、最後に私の文を配置しているのだと思う。

だから、春友さんの投稿を読んで悲しみを涙で流した後は、雨☂の後の虹🌈がかかった気持ちになって欲しいと願って書いている。

きっと天使の特別ケアサポートが

彼は海が好きだった。

波に乗って風を受けている時は、みんなが求めるスターでもなく、完璧を求める自分が課す厳しさもおいて、大空の下でただの人になれたのかもしれない。多くの人が「彼の名言集」を欲しがるが、若くして悟り人のような達観した言葉を口にしていて、それは嘘ではなく心から出た言葉とはわかるけれど、「ありのままの弱い自分も受け入れられるようになった」などの「今までの悩む自分は乗り越えられた」的な言葉は、そう自分に言い聞かせていたのかも?とも思う。完璧を求めるストイックな彼と、天然なのんびり屋の彼が一つの体に同居していることは簡単なことではないように思うから。

また、誰にでも優しく人間を超えた「天使」のように心清き人だというエピソードが後を絶たないが、4月5日の1週間後が命日の私の母方のおばあちゃんも、三浦さんのような人間離れした人だった。

ゆき江おばあちゃんは30歳で夫を心臓発作で亡くし、子供2人を育てるために戦争中ずっと苦労して、ただ、ただ、周りの人のためだけに生きてきた。

タクシーに乗ると、必ず運転手さんに「お子さんにお菓子でも」と余分に払っていた。

言葉少ない人で「人には親切にするんだよ」と教えられたことはないけど、淡々と行動で示すその姿は、子どもだった私たちにも、温かな大きなものを教えてくれた。

たまには自分にも優しくして欲しくて、真珠のネックレスを贈ると「おばあちゃんは何もいらないんだよ。つけないからもったいない」と返された。

でも、〝欲がない〟ことと、〝人の好意を受け取らないのは違う〟ヨォ。〝プレゼントしたい孫の気持ちもわかってヨォ〈〉_〈〉〟と頼んだが、頑なに自分の信念に生きる人だった。〝立派な人過ぎると、周りは切なくなる〟それは三浦さんも同じだと思う。

そして、84年間人に尽くしまくったおばあちゃんの地球での命が終わり天国に戻ったお葬式。孫の友達が大勢参列し不良と呼ばれていた彼らは目をウルウルさせて言った。

「おばあちゃんだけが、こんな俺たちにもスイカをくれたり差別せずにいつも優しくしてくれた」

そこにおばあちゃんの底力を見た。孫のダチがこんなに悲しんでくれるお葬式はそうはあるまい。きっとおばあちゃんの人生はこれで良かったのだと思えた。

「天外者」の五代さんもそうだったが、お葬式には、その人の生き様が現れる。

たくさんのメッセージが書かれたお棺の中のおばあちゃんの小さな体が、火の神様に抱きしめられる最後のお別れの時が来た。重く冷たい鉄の扉が閉まった時、「閉めないで！」と孫たちは扉を押さえて子どものように号泣した。

でも、悲しみの中に凛（りん）とした美しさもそれぞれが心の中に感じたのは、私も含め、天使にはなれない人にはわからない彼らなりの幸せが、おばあちゃんや、三浦さんにはきっとあった、と思えたからだ。

自分のことは何一つ願わないおばあちゃんだったが、いつも仏様に願っている望みがあった。

「楽にぽっくりと逝（い）きたい」

その、たった一つのその願いを神様は叶えてくれた。

三浦さんと同じように、亡くなる直前まで立派に仕事をして、有賀看護婦幹旋所の所長さんとして誠実に働き、皆に慕われた、見事にやり切った人生だった。

だからね、「彼は最後、辛い想いをしながら逝ったのではないか？」と心を痛めている人が多いけれど、与えられた命を精一杯、力を尽くして生き、みんなに親切だった彼には、絶対に天使たちの特別ケアサポート♡を受けるご褒美（ほうび）があったと思うよ。

〝天使の元に還る時はきっと穏やかな笑顔だったはず〟と、思ってもらえた方が三浦さんも嬉（うれ）しいと想う。

『創』がグリーフケアの場になるまでの道のり

うちのリビングの棚には2020年11月号からの『創』と特集号、計10冊がズラーっと並んでいる。表紙は全て〈彼の生きた道を彩った作品〉をモチーフに考え抜いた構図と色使いの切り絵。みんなのために心を込めた、切り絵作家・海扉（カイト）アラジンの渾身の作だ。

それぞれの表紙を見ていると（ハルマくん流に）、その〈子〉を生み出すまでのメイキング過程で篠田さんともめたことや喜びあったことが思い出されて、感慨深い。

……三浦さんの記事が載る前の『創』の表紙は建物などの写真で、今とは全く違う雰囲気だったことは、アマゾンにあるバックナンバーを見たらわかるが、三浦さんのポップな切り絵を使うと決心した編集長の勇気と覚悟を感じてほしい。

でも、篠田さんがなかなかその決心をできなかったのは、今までの『創』の愛読者さんへの配慮に違いない。

いまだに「欲しい！　まだ諦められない！」と、言ってくださる方が大勢いる「11月号の表紙にジャーン！　と、ローラが載るまでの道のり」は、そりゃあ大変だった。

「難事件の陰に篠田あり」と言われ、長い間ジャーナリズム界の重鎮的立場でおられたが、正直、『創』は〝知る人ぞ知る〟の本で、多くの雑誌が廃刊になる中、続けて来られたのは、『創』の存続価値を知る錚々たる執筆者たちが自らの利益を度外しして応援くださっていることが大きいという。

それから、三浦さん特集が始まる前から購読を続けてくださった方たちのおかげで、グリーフケアの場所として今、ここを使わせていただけているという感謝を忘れてはならないと思う。皆さん、本当にありがとうございます。

それ故に篠田さんは、そんなお世話になっている方たちの戸惑いを心配し、本の顔である表紙の変化を悩んだのだろう。

このローラの切り絵は、もともとは、私の記事に入れるために作ったが「これは、表紙にもいいかもしれないですね」と言われ、「ぜひ！　ローラを蘇らせてあげてください！」と喜んだが「やはり、表紙には無理かな」と、そのあともずっと悩んでおられた。が、ついに直前になり「ローラでいきましょう」と決断してくださり、「使ってくだされば絶対素敵になる！」と強く信じていたスタッフたちは、手を取り合って喜んだっけ。

そのことが、『創』と私たちの運命を繋ぎ、もし違っていたら、ここまで本も爆発的に売れ続かなかった気がする。ローラには、そんな力がある気がする。

……ただ、その時は11月号のみの掲載と思っていたので「次号はカネ恋について書けますか？」と電話をいただいた時はびっくりした。そして、そのカネ恋の原稿を書き上げ送った直後、「2日以内に三浦さんの作品紹介記事を追加で書けますか？」には、もっとびっくりした！

2日しかないこと以上に、にわかファンの私はオンタイムで「僕のいた時間」「TWO WEEKS」「せかほし」を2回見ただけだったから。

そんな人が生意気に作品について書くなんてありえないし、自信なんて全くなかった。なのに口は、勝手に「ハイ、がんばってみます」と答えてしまい、オイオイオイと焦った。(>_<)

「うわぁ！(>_<)いろいろ作品を見る時間なんてない！　ど、どうしよう!?」と言う私に、キャメルンスタッフのピアニストもっこが、「ファティマ！　じゃあ、まず私の大好きな鴨太郎見て！　アツいシーンだけ見せるよ。床屋のチョンマゲギャグシーンとかは飛ばすよっ！」と、すぐにスマホで「銀魂2．鴨太郎名場面」だけを、徹夜でカネ恋の原稿を書き上げヘトヘトの私にマッサージしながら見せてくれた。

……「え！　これがミウラハルマ!?」。ハンパなく役を作り込んだ鴨太郎のcoolな、かっこよさにぶっ飛ぶ…。実写だからこそできる視線の細かい動き。メガネのフレームの材質にまでこだわり抜いた役作りは、イケメン正統派のイメージ脱却の本気が伝わる。

〈本人提案のスカーフで刀の血を拭うシーン〉
〈土方との長い廊下のシーン〉
〈「俺もお前が嫌いだ」と言い合う名シーン〉

そして〈悲しく美しく静寂な最期のシ

ーン〉

このシーンだけで鴨太郎は、ローラに続く私の「推し」に♡ いきなりマイハートを奪い、のし上がったのだ。スゲー！

そして、この光あふれるラストシーンを見なければ「天外者」の参列者の灯のラストシーンの「ひかり」と結びつかず《想いの光》4500という特集号のあの大企画の発想は出なかっただろう。

が、#想いの光企画をする前に12月号32ページに〈鴨太郎が亡くなる時、みんなで彼に光を贈る美しいシーンがある。まさにあれはファンたちが三浦春馬という人に常に変わらず送り続けている〝想いの光〟だと思う〉とすでに書いてあったことに後から気づき、これにもびっくり。

……結果は、記事を書く予定もなかった頃からもっと三浦さんのことが知りたくて調べまくった情報があったおかげで、なんとか《悲しまないで。作品の中は〝僕のいた時間〟》というタイトルで書き上げたが、鴨太郎の魅力に助けられたことは大きい。

それにしても、今振り返っても、あの時はどうかしていた。取り憑かれたように毎晩明け方まで、#三浦春馬を検索し続けていた。そして、そういう人が他にもたくさんいたこともあとから知ったけど、今、読んでる人の中にもいるでしょう？ 7／18、私たちは同時に心の中の何かのボタンを押されたと思わない？

篠田さんの中に五代さんを見た（と書くと怒られる？）

さて。『創』は今年50年を迎える。「志だけでやってきた」と篠田さんは言っておられたが、半世紀。ほとんど一人で全てを背負って自らはお給料も取らないどころかお金を出して、「世の中が取り上げない事件に光を当てる雑誌」を絶やさないために必死に守り続けてこられたのだ。それって、「金も名誉もいらない」の五代さんみたいではないか⁉

「創は三浦春馬を利用してる」と陰口を叩かれても、言い訳もせず、確固たる信念を持って〝単なるイチ芸能人のスキャンダル〟としてではなく〝大きな社会現象〟として取り上げ続けてきたのは〈生涯現役の編集者で在りたい〉という誇り以外の欲は何もないと思う。

でもぉ…いいとこだけ書くのは嘘くさいから、ぶっちゃけるが…えっと。篠田さんは気取らない不器用な方で、記事はわかりやすく書けるのに、お忙しいせいだろうが、メールは言葉が足りずよく誤解を招くし、頑固だし〝典型的な昭和のお父さん〟だ。

きつい言葉はガンガン容赦せず言うし、それで何回も私、泣いたのに「そんなツモリデハなかった」と、自覚はない。失礼ながら決して付き合うのが楽な人ではゴザイマセン、ハイ。この文句は陰では言わず本人にも伝えてます。

でも…10カ月付き合ってみてよーく分かったのは、とても真っ直ぐな素直な方で、悪いと思えば「ごめんなさい。昨日は言い過ぎました」と、今年70歳になる男性が、素直に謝ってくれたことに感動する（ネットに70歳と書いてあったからそう思ってたら、〝クーさん！ 私はまだ69ですっ!〃って怒られた。せ、繊細でアル>_<;)。

そう、我々はこんなふうによくケンカ?をする。カッコつけて言えば「制作上の、意見の相違がある」ってヤツ。

でも、お互い〝いい本を作りたい〟という願いは一緒だという信頼関係はあるから、喧嘩と仲直りを繰り返して、やってこられた。篠田さんに負けずにここまで、食いついたライターってそうはいないんじゃないかしら。巻末の「今月の対決」にファティマvsシノダァーで、載せてほしいわ。笑
そうそう、50周年のお祝いに、大好物だという大福の美味しい店を探して送ったら「かなり美味しかったです」と今、メールがきた♡篠田さんに差し入れして下さるなら「あんこもの」と覚えておいて下さいね。😊ふふふ。

そして、三浦さん特集をずっと続ける大きな力になっているのは「この本のおかげでなんとか生きていられます。どうかずっと春馬くんを続けてください!」と頼ってくださるファンの応援と期待。


私やカイトだけではなく企画を協力しているキャメルンスタッフも同じ気持ちで〝創というひとつの船〟に覚悟を持って共にオールを漕いできた。

……以上。

命日号を機会に、自分のことはあまり語らないペンの戦士、篠田さんがきっと命より大事にしてる『創』にかける本気を、良き?ケンカ友達のクーサンが僭越（せんえつ）ながら語らせていただきました。

〈昭和・ガンコ・大福〉と三拍子揃った愛すべき昭和のオトコ、篠田博之さん。どうぞこれからもお元気で、トムとジェリーみたいに〝仲良くケンカ〟しながらお付き合いください。皆さんの《グリーフケア集会所、創》が50歳を迎えたお祝いと心からの感謝を込めて……

時の扉が30年ぶりに開いた瞬間

今月号に載せようとしたある企画を特集号第2弾に変更した。それは、以下の流れがあったことを、知っていてほしかったから…。


私のペンネームは、27歳の時モロッコサハラ砂漠で4カ月ほど共に暮らした現地の民からつけてもらった名前だが、その体験を元に、特集号に「クーさん!ものには限度がありますっ!」と怒られた2万2000字の長編創作物語《もしもあの日に戻れるならば》を書いたが、砂漠の風に吹かれて魂の自由を体験した帰国直後に一気に書いた一冊の本があった。

……月日は流れ…。結婚して離婚して。エスニック雑貨&マッサージのお店を開き、41歳で初出産して人生が大きく動き、〈キャメルンシリーズ〉を出版し、朗読コンサートを始め12年経った時、三浦さんの記事を書くことになった。

五代さんの葬儀参列者が4500人で、4月5日は、2回目の結婚記念日&土浦近くの心友の誕生日。45歳になった時、その数字に何か特別な意味を感じてその時から45と書いて貼ってある。そして三浦さんが付けてるムーンストーンは私の誕生石。彼のわんこの名前はクーちゃん、などなど。でも、このくらいの縁は他の人だってあるだろうと、その時はまだ、

思っていた。

……が、先日…。

切り絵作家の海扉アラジンのルイナとポロンのお散歩中。「そろそろ次の原稿書かないと」と、私が言うと
「あの本載せる？　砂漠から帰って書いた本ってことはその年は…」「‼そ、そうかも⁉　…だとしたら、三浦さんの記事を書くことも、その時から運命的に決まっていたのかも⁉」

体の奥が熱くなった。

どこにしまったっけ？　何年も開けてない、カードリーディングをする〝魔女部屋〟の引き出しを探すと…。

ずっと前から待っていたように、ちょこんと、その子は居た。

「時の扉」が開いた。

手書きのその本を抱きしめる。

タイトルは《風になったひ》
そして…いつ書いた本か確認するためにドキドキしながら最後のページを開いた。

4文字の数字。

鳥肌がたった。


……1990年。

確かにそこに、記された年号は。

まさに。

〝あの人の生まれた年〟

1990年、3月。彼が生まれる直前に、この本を書いたのだ。

31年前、砂漠から帰り、その風の香りを忘れたくなくて書いたこの本を、今風になった彼に捧げたい。

全ての悲しみを超えて、
全てのしがらみから自由になって、
今、彼は風になった。

ハルマンという風になり、砂漠で笑っている「もしもあの日に」の物語を、私は信じる。

どう思いたいかは、それぞれの自由。

あなたの心も想いも愛も、自由に空を飛ぶ風になる。

♫生まれたてのおひさまに
照らされながら
ただ、風の流れを感じている。
星も雲も風も、僕の中にあった。
もう、何も怖くない。

信じ続ければ
夢は、叶い始める。
きっと。
悲しみを超えて、
昨日を超えて
風になったひ。

（この三浦さんの魂に捧げる「風になったひ」は、秋頃発売の特集号第2弾に、手書きで、私のゆるい絵と共に載せます）

光と風、そして誇り

三浦さんは「自分にとって、ゆずの存

在は〝光〟だった」と言っていた。

だから、20歳の誕生日に自分も「みんなの光になりたい」と言っていたのだろう。

それから10年経って、彼は本当に「光」になった。

生身の人間を超えて、みんなの心に住む存在になった。

「光」と「風」…それって、すごく彼っぽい。

「光」のように温かく人を温める優しさと、天真爛漫な自由な「風」のような二面を持った人。

今、風になった彼は駆け回る。吹きたい所に、吹きたい時に。

貴方が彼を呼ぶとき、どこからでも、吹いてきて貴方に、微笑みかける。

「僕はここにいるよ。ずっと一緒だよ」と。

もう、貴方は彼を失うことはない。

彼と共に生きていく。

彼は、体を捨てて、

永遠の命として生きていく。

まだ、涙は流れてもあの夏のような、冷たい涙ではないかもしれない。

少しずつ少しずつ、全ては変わっていく。

「この世の全ては無常」…《変わらないものは何一つない》

貴方の悲しみも、自分でも気づかないうちにその温度や色が変わっているのだろう。

大丈夫。みんなそばにいるよ。

人はそれぞれだけれど、それでも頷き合うことがあるって、うれしいね。

彼が好き、ということ。

彼の歌が。

彼の声が。姿が。笑顔が。ダンスが。演技が。考え方が。横顔が。照れる顔が。ムキになる姿が。細い綺麗な指が。すぐビックリするところが。手紙は手書きで書く律儀さが。

母性愛をくすぐるのに、セクシーで、オトコっぽいのに繊細で。寂しがり屋のくせに甘え下手。誰より美を求めてもカッコつけてると思われるのは嫌。倒れそうなのに芯があり、優しくされても黙って去っていきそうで。傷つきやすいから強くなろうとやりすぎなほど努力して。なりたい自分が重すぎて一人凹んだであろう長い夜。「できない」なんて言う自分は許せなくて自分を追い込める、もっと、もっと、もっと。

「自分の弱さを受け入れられるようになれた」

そう貴方は言ってたけど、彼女にも弱音を吐きたくないと言う人だから心の奥の本当の悲しみや愚痴を聞いた人はいなかったのでは？

もう少し。ああ、もう少し。もう少しだけ。何かが違っていたならば。？？

たとえば、コロナが。

たとえばあの日、気持ちよく晴れていたら？…………

（7／18……梅雨前線や低気圧、寒気を伴った気圧の谷の影響で発達した雲がかかって非常に激しい雨が降った）

……あの日。あの夏の日。全ての謎を一人抱えて貴方は、違うステージに一人駆け上って行った。

〝いきなり〟と人々は嘆いたけど、貴方

にとっては、過去から続くその日だったのかもしれない…。

「たられば」を繰り返しているぐるぐる回りはみんな同じだけど。

私を支えてきた、この言葉を貴方に贈りたい。

《それでも一歩を踏み出す勇気》

離婚前、自分の背中を押そうと書いた言葉。その〝一歩〟のおかげで、今の私がいます。

二歩でなくて、いいから。ほんの小さな一歩でも。

その勇気が誇りとなり、未来の貴方を支える力になる。

……たとえば。それはこういうことかも。

《もしもあの日に》の音源が、私の朗読に、もっこのオリジナルの音楽が付き、やっと完成し配信が始まった直後。魔女のオババの言葉の音飛びを発見（>_<）

「知った以上、作り直したい」

私が言った。

「でも、既に買ってくれてる人がいるし、配信取り消しはキャメルングループの信用に関わるのでは？」と、苦労して音源を作ったもっこが言う。

「その方たちには正直に謝って直したものを無料で送ろう。オババは大切なメッセージをハルマンに告げている。そこが、一瞬でも抜けたのを知ったまま自信持った作品として届けることはできない。

より良い作品作りを求めた〈三浦さんなら〉絶対作り直すはず」

配信取り消しの恥を恐れず、作り直し、お金と時間をかけたら取り戻せるミスならばやらない選択はない。

……「そうだった。春馬君なら、そうするね。守りに入った私はダメだったね」大試練を超えて、この音源作りにかけてきた、もっこ。今度こそ！　と三浦さんに恥じないように！　と作り直し再配信した。〈https://camelun.official.ec/キャメルン シヨップ〉。

命日が近くなり、皆さんの心は揺れていると思う。

それでも。

私たちは、こんなふうにして、彼の〈誇り〉と〈誠実さ〉を受け継ぎ、「生かす」ことができるのだ。

そう、もう二度と彼を失ってはいけないから。私たちそれぞれの生き様の中に、心の中に、彼の命の種を蒔（ま）こう。

そうすることで、彼の想いはその中で永遠に生き続けられる。

一つひとつの仕事に本気で向かい合っていた彼を一言で表すならば「誇り高き人」と称したい。

だから、あの日の本当の理由はわからないけれど、

もしも、もしも、〈誇りを守るために〉幕を引いたならば…………

その日を悲しみの日と呼びたくない、と思った。

誰だって死にたくなんてない。ただ。

生きていくことが、時にどうしようもなく辛くなるのは、私にも経験があるから。

全て何もなかったように、

優しい風が吹く。

貴方は、若い頃からいろんなことを俯瞰（ふかん）して遠くを見つめる目をしていたね。

嫉妬や欲。…芸能界にいたら見ずにはいられなかった闇もあっただろうに、目を

背けず、流されず、無視せず、きっとそこと向かい合っていた。

でも。

いつかは全ては善き方に向かうと信じていたい。彼に関わった全ての人たちは、きっと彼のことを大好きだったと思うから。

もしも。もしも、話すべきことがあるならば、時が来たら話してくれると信じている。〝なるようにしかならない〟ということは、〝なるようになる〟ということ。

皆が、正しき道の上にいることを…。

《北風と太陽》の物語のように、無理矢理コートを脱がせようとしても、いい方には進まない。

この先、何が明るみになっても。どんな噂が流れても。

私は、ローラの強く明るく輝く笑顔をただ、信じる。あの微笑みは人生を捨てる人のものでは絶対ないと。

ずっとこれからも私の中の№1美人は、姿も心も、あの春馬ローラだから。

◆◆◆◆◆◆◆◆◆◆◆◆◆◆◆◆◆

私たちは、彼が夢みた〈お互いが認め合う社会〉を目指して、〝光と風になった彼〟と、共に生きよう。

彼の遺した、たくさんの宿題を解きながら。

【優しい風】

♪風が吹く
今日も赤い大地に
乾いた砂丘の上を
燃え盛る炎も
引き裂く心の痛みも
全て何もなかったように
優しく風が吹く。
♪風が吹く
白い砂丘を
波打つ風紋が唄う
流した涙も
悩み抜いた昨日も
全て何もなかったように
新しき明日が来る。

（この歌はちょうど10年前の2011年の夏。

大きな試練の中にある日本に〝新しき明日〟が来ることを祈り、東北に捧げた本〝ウパシナの母サーシャの物語〟の朗読CDに付けたもの）

明日の見えないコロナ禍にいる人々と〝優しい風〟になった彼に、再びこの歌を捧げる。

インシャラー

空羽ファティマ☆

【初出：『創』2021年8月号】

全て何もなかったように優しい風が吹く

三浦春馬さんをイメージした切り絵（海扉アラジン作）

『映画 太陽の子』によせて

いっぱい未来の話がしたかった

——3人の命輝く、かけがえのない300日の物語

空羽ファティマ［絵本作家］／海扉アラジン［切り絵］

NOと言えぬ時代の波に飲み込まれ、流されつつも真実を求めてまっすぐに生きようとした彼らの姿が76年の時を経て今、コロナに翻弄される私たちにまっすぐに問いかける。

「日々を大切に生きていますか?」と。

それでも一歩を踏み出す勇気

「映画 太陽の子」は《今だからこそ世界中の人が観るべき価値のある素晴らしい映画》だと思った。

だから、この映画を「三浦さんがあんなことになったから、注目された映画」という目だけで観てほしくないと願う。

それは、監督やキャストにも失礼だし、裕之と三浦さんの現実に起きたことを重ねすぎることも、本気で裕之を演じた俳優としての三浦さんにも失礼だと思うからだ。

そこを超えて、映画そのものの持つメッセージをまっすぐに受け取る気持ちを持ってほしい。それが、この映画の関係者はもちろん、平和を守る為に戦争で亡くなった魂への敬意になるだろう。

あの日。部屋に遺したノートに書いてあったと報じられた、

《散ることを見据えて残された日々をどう過ごすべきか。

家族に対して気丈に振る舞う学徒出陣はどれだけ辛かったか?

若くして自分がいない未来に希望を託

す青年の想いを、役を通して考えさせられました。

裕之が〝前線で体験した壮絶な体験を全く顔に出さず、作り笑顔で日々を過ごすべきか?と苦悩する姿〟に自分を重ねている》

の言葉に、「辛くて映画は観られないかも」というファンの方が多いのも、もちろんわかっている。

……なので今回は、今まで以上に真っ向から命の重みと向かい合うテーマ故にどう書いていいものかと、毎日三浦さんについての情報を送ってくださるインスタ読者ｋｏａｋｏａさんをはじめとする皆さんからの、資料をまとめたノートを前に頭を抱えていた。

でも。それでも!

そんなあなたにこそ言いたい。

「〝それでも一歩を踏み出す勇気〟を持ってこの映画に向かい合ってほしい」と。

なぜなら、三浦さん自身が「この作品を通して皆さんが戦争というものを考える大きなきっかけになればと思っています」と願い、あの日のたった10日前、7月8日の広島での記者会見でこう語っていたからだ。

「人間は想像力を欠如した時にむごいことをする。戦争を進めていくうちに人間の想像力が欠如する。

僕たちの仕事は、想像力を皆様に届けること。

それが、今後あってはならない戦争への、大きな流れを始めさせないきっかけになるんじゃないかと、どこか信じていたい。

僕もそんな働きの一部になれたらいいと思いました」と。

そして、

「今、僕たちはいろんなことで、人生を諦め(あきら)たいと思う瞬間もある。けど、その空しく生きた1日が、当時(の人たちが)あれほど生きたいと思っていた1日。

1日は変わらないじゃないですか。そんなことを胸に、生きていきたい」と。

そう、これは今度は私たちが自らに言うべき言葉。

「今、私たちが生きている1日は、三浦春馬さんがあれほど生きたいと、思っていた1日」だと。

その日、演出・脚本の黒崎博監督は語ったという。

「裕之は死と隣り合わせにいるからこそ、毎日を愛(いと)おしく思って生きています。期限付きの命だと自分でわかっているからこそ精一杯生きる。初めて春馬くんと会った時『全力を傾けます』と言ってくれて、とても励まされました。

この役が、なぜ自分かということもわかってくれていたようで、それも意気に感じました」

(生と死の狭間を生きる)裕之を三浦春馬さんにしたキャスティング理由は「生きるエネルギー、前面にそれが伝播(でんぱ)してくる人」だからだと。これは三浦さんが最後の瞬間まで、力を抜かず生き抜いた証だ。

「生きるエネルギーに溢(あふ)れる芝居をしてくれてありがとう。あなたを撮ることができて幸せです」と、再び監督がコメントして下さったのは8月15日。

死して尚「生きるエネルギー」を称えられる人。それが、俳優を超えた〝表現者〟三浦春馬。

彼ほど「懸命に善く生きよう」と自らの背中を押し続けた人はそうはいまい。

……でも今、私たちは知る。そうしないとならないくらいに常に彼のすぐ後ろには真っ黒な闇があり、それに飲み込まれない為に必死に走り続けていたのだと。

……「コマは回っている時は倒れん。止まると倒れる。なんでやろ?」と田中裕子さん演じる女手ひとつで息子を育てる母、フミが幼き修に問う場面を思い出す。

三浦さんが休みの日も家に居ずに、まるで自分を追い込むように殺陣(たて)、英語、ダンス、歌などの稽古に明け暮れた理由が、それだったのだろうか。

止まってしまったら……闇に引っ張られてしまう気がしたのだろうか。

コロナになり、世の中が止まり、エンタメが中止になり、人に会うことも禁止され俳優三浦春馬というコマは回り続けられ、なくなった。

魂がボディを離れた7/18。

でもそれは、彼の生きてきた日々や、未来を語る熱い言葉を、否定しない。前を向く生きるエネルギーに溢(あふ)れる言葉は、彼自身を勇気づけ、支えてきたから、30年間素晴らしい人生を駆け抜けられたのだ。

ドラマ「僕のいた時間」の最後に、

「僕を支えるのは、

僕の生きた時間。

僕のいた時間なのではないだろうか?」

という言葉があったが、真剣に生きた輝(かがや)く日々があったからこそ、ここまで深く私たちは彼に惹かれるのだ。

時の扉が開いた瞬間、受け取るべきメッセージ

この映画が生まれるまでには、長い年月が必要だった。全ての始まりは、13年前、監督が広島で偶然目にした図書館の隅に眠っていた広島県史の中に、京都大学で原子物理学を学ぶ若き科学者、清水栄さんが残した日記の断片を発見した。

「〝友達とこんな話をした。こんなものを食べた〟などの日常も書いてあり、戦時下の極限状態にあってもひたむきに青春の日々を生きた姿を描きたいと脚本を書き始めた」と言うが、〈厳しい時代に何気ない日常を描いた日記〉はまるで「アンネの日記」のようだ。

埋もれていた宝を見つけたワクワク感と、それを世に出すリスクに胸が震えたのではないだろうか?

教科書にも載せてない真実を世の中に伝えるには、よほどの覚悟がいったと察している。

戦後76年目の2021年。

歴史に埋もれていた真実の物語を、時の扉を開けて、今受け取る。

「私たちはただ、ただ、今を一生懸命生きています。

日本は、世界はどうなっていますか?平和ですか? 幸せですか?」

と、世津が問いかけてきたが、いつの世もやるべきことは「今を〝一所〟懸命生きること」だけなのだろう。

「ブレイブ」の三浦さん演じた元康も言っていた。

「命は一つ。決して無駄にするな。己が

命を賭ける時、それは〝守るべきもの〟のために一所懸命じゃ」

現代を生きる私たちは、彼らが命をかけて作ってくれた平和の上に生きている、この命に感謝したい。

「映画 太陽の子」には科学者の心の葛藤と苦悩が丁寧に描かれていて、それはまさにコロナ禍の混乱期に、道に迷っている現代人が観るべきだと思う。今のこの時期の公開があまりにタイムリーで、奇跡のようだ。

柳楽優弥さん演じる修は、自分たちの研究が明るい未来を作ると強く信じ、実験に没頭する若き科学者。

「俺らがやっていることは正しいことですか？　間違っているんですか？」と、自問自答し「科学者が兵器を作っていいのか？」と悩む彼らは、名誉欲しさに研究をしていたわけではなく、それはまさに夢を追う三浦さんが演じた「天外者」の五代友厚さんの姿だった。

しかし、全てが焼き尽くされ遺体が重なり合う、廃墟となった地獄のようなヒロシマの姿を目の当たりにした時、彼らは知る。

「これが、僕たちが作ろうとしていたものの正体なのですね」と。

それでも修は前を向く。

「進まなければ何も見つからない。僕は進みます。未来の話をするために」

……ここまで書いてみて、〝この文は裕之と三浦さんを重ねているのだろうか？〟と自分に聞いてみた。そういう目で見ればそうとも取れるし、違うと言い切れば違うとも言えるギリギリに思えた。

なので、〝心を込めてインタビューに応じてくださった監督と、三浦さんに対して堂々とできるか？　恥ずべきことをしてないか？〟ともう一度聞いてみる。

私的にはイエスと言えた。

「ならばその道を進め」の元康の言葉を抱きしめる。

……本作の構想を温めてきた監督は「原子爆弾の被害について、日本人は非常にナーバスなところがあり、この映画のように（原爆について）被害者の視点だけで描かれていない物語はほとんど存在しません。でも、僕はこの映画を勝者と敗者の視点では描きたくなくて、誰もが加害者にも被害者にもなりえたという視点で描きたいと思いました。それを理解してもらうのに時間がかかってしまった」と説明する。

また、「戦争のさなかでも彼らが科学を好きだというモチベーションは大事にしたいと思った。

殺人兵器を作るために科学者になったのではなく、見つけたい真実を求めていた。が、自分でも研究の結末がどこに向かっているか本当はわかっていなかったんじゃないか？　それは世界中の誰も広島を見るまでは知らなかった結末であり、そのリアリティを追求したかった。

そして、今現在もその問題は全く同じで、科学技術が人類をどういう結果に導くかは誰もわからない。covid-19もゲノム編集もそうで、あらゆる科学技術は人類を将来どこに導くかわからずに進んでいる……そこを描きたいと強く思いました」（日本外国特派員協会記者会見レポートより）

兄弟の強き絆…生と死のはざま

1945年、セミの鳴き始めた初夏。裕之が戦地から肺の療養のため一時帰国。

「ただいま」

弟の気配を母よりも早く察知したのは、兄。この映画は、映像そのものはフランス映画みたいな〝遠くを映す雰囲気〟で説明を極力抑え、多くを語らないが、こういうところで、いかに兄がいつも弟を気にかけて守ろうとしていたかが、さりげなく表現されている。

……3人で出かけた砂浜のシーン。

「そろそろ部隊に戻る」と、静かに海を見つめながら淡々と裕之が言った言葉は「そろそろ天に戻る」とも聞こえてしまい、胸にズキンときた。

「もう、十分や。いつ戻るかずっと考えてた。今がその時なんや」

決意を決めた横顔。

浜辺に並んで座る兄弟の背中が愛おしい。

白い波。

この季節にしか見られないという貴重な青い海。

突き抜けた大自然の美しさと儚い命と向かい合う兄弟のコントラストが、胸を締め付け、遠くを見つめて、旅立ちを決めたその言葉は、観る者の心をえぐる。

いかないで。

行かないで。

逝かないで。

そして。〝あの〟シーン。

特攻に向かう仲間を見送り続けてきた裕之が、死の恐怖に苛まれ、海に身を投げようとするこのシーンは、三浦さんが注目されがちだが、修の弟への強い想いがあったからこそ生まれたシーン。

2019年9月の海。

あの日の1年前、彼のいた海。

まだ、明けない光のない白い空。

AM2時。真っ暗な中、宿を出て海岸で準備して待つスタッフ。

4時30分。夜明け前の一瞬を一台のみのカメラで狙う、一発本番の撮影。失敗はできない。風や光の具合を見ながら、息を呑み、皆、心を一つにしてその瞬間を待つ。

……バスが故障し野宿した3人。夜が明け、寝ていた弟の姿がないことに一番に気づいたのは今回も兄。

海岸に佇む、消え入りそうな儚い姿。

ヨロヨロと波間に死神に引き寄せられるように入っていく弟。

「ひろゆき！」生の世界へ引き戻す必死な声。

呼び止められた瞬間、裕之も三浦さん自身も本当は、心の底ではホッとしたのではないか？

生と死のはざまの2人。

死への恐怖が大きくなりすぎて生を拒み、死に堕ちることを求め、肩まで浸かる深い海に入った弟を、やっとのことで引き上げる。

〝生きてくれ！〟兄の強い想いが、笑顔の下にずっと隠していた裕之の本心を初めて口にさせる。

「怖い…怖いよ…。

でも…俺だけ死なんわけにはいかん」

一度砂浜に落ちたその手が、再び兄ちゃんの腕にしっかりとしがみつく。

その時。三浦さんは、秘めた悲しみを

全身で受け止めてもらえたのだ。

裕之役を超えて、修を超えて。

俳優三浦春馬と柳楽優弥を超えて。

あの一瞬の2人は純粋に幼馴染のようにも見えた。

きっとあの時ほど三浦さんが、人に助けを求め弱音を吐き、全身全霊で誰かにしがみついたことは、今までなかったのではないか？

だから柳楽さん。「もっと何かできることがあったのでは？」と、どうか自分を責めないでほしい。

それでも旅立ってしまった現実があるのは誤解を恐れずに言うならば……

あの日は、〝そういう日だった〟のかもしれない。誰が何をしても救えない、本人すらわからないうちに、生きる力の全てを使い切ってしまった日かもしれない。そう思わないと辛すぎる。

骨壷を焼いている職人の娘さんが、修に頼まれたウランを求めて大阪で空襲にあい亡くなった時、「自分のせいで」と謝る修に、彼ははっきりと言い切る。

「それは違う！　間が悪かった。それだけや」

もちろん割り切らない想いもある中、そう言い切らなくてはならない痛み。

……人生には、「間が悪かった」と言うしかない「どうしようもできない瞬間」が、時に本当に…存在するのかもしれない。

〝どんなことをしても救えない瞬間〟という運命みたいなものなのか？

江原啓之さんが「人が亡くなる時は、誰が何をしても亡くなるものなのです」と言っていたが、もしそう考えられたならば、世の中の悲しみのほとんどは、かなり薄まる気がする。人間の一番大きな深い悲しみは「愛する人を救えなかった悔い」だと、思うから……。

……そのシーンの中に、きっとアドリブの〈砂浜に倒れた弟の口元の砂をぬぐう兄〉にも、柳楽さんの優しさは表れているが、「印象に残ってるシーンは？」と聞かれ「好きなのは海のシーンです。春馬くんがこの作品に愛を持って参加してくれたように、春馬くんをこれからも愛して大切にしていきたいと、そう思える大切なシーンです」と柳楽さん。「銀魂2」の2人を見てから彼らにはソウルメイト的な絆を感じていた。2人が一緒に映っている写真は、すごく波動がいい。

学生時代はライバルとして牽制し合った2人が、鴨太郎と土方を通して互いの絆を強く確認し、今回は仲のいい兄弟を演じたことは、神さまの優しい計らいだと思う。

キャスティングの力

柳楽さんが今の深みのある演技をできる俳優になる迄の道のりは平坦ではなかった。かつて、14歳だった優弥少年にカンヌ日本人初最年少男優賞の栄光は重すぎ、安定剤を過剰に服用し、救急搬送されたりもした。

芝居の世界から退き、洗車や飲食店のバイトをしてから再び、俳優として戻ってきた彼は〈闇と挫折を知ったからこそ演じられる深みのある役者〉になった。

私の座右の銘は〝人間万事塞翁が馬〟であるが、今回また、幼馴染の同志を失ったことは大きな試練だろうが、どうか乗り越えて「銀魂2」のラストシーンのように「全部背負って前に進んで」ほしい。鴨太郎が「俺はお前が嫌いだ！」と言ったあの時から、彼はきっと柳楽さんのことが大好きだったのだろうなぁ……と、初めて人との絆を感じ、誇りある最期を迎えられた鴨太郎の笑顔を思い出しながら想う。それは、役を超えた三浦さん自身の笑顔のようだったから。

7／16の朝イチ。柳楽さんがしみじみ語る。

「キャスティングの力ってすごいなと思った。10代前半から共にオーディションやっていた僕たち2人の関係は、この役の距離感と近く、それは演技で作れるものではなかった。言葉だけではなく繋がっている感じがした」と。

これを聞くと、監督が役をこの3人に決めた時点で、この映画の成功はほとんど決まっていたように思う。

……有村架純さん演じる2人の幼馴染の世津は芯の通った信念と温かく大きな愛を持った女性。

死の恐怖で怯える裕之と、弟を失う悲しみに震える修を世津が、しっかりと抱きしめる海のシーン。

お国に子供を差し出さなくてはならない母親たちが、口にできなかった想い「戦争なんか早う終わればええ！　勝っても負けても構わん！」を叫んだ世津。

有村さんから滲み出るエネルギーは、昔の肝っ玉母ちゃんみたいだと感じていたが、今回この記事を書くにあたりいろいろ調べていたら「母子家庭で育ちお母さんがとても苦労していた姿を見てきて、自分たちは人の何倍も頑張らないとならないと思ってきた」こと。女優になりお母さんに恩返しをしようとしてることを知り、納得した。

お若くて、こんなにかわいいのにちっとも浮いたところがなく何百年も生きてる古木みたいな、どっしり感があったのは、なるほどそういうわけだったのか。

そんな有村さんが「言葉だけではない何かで表現したい」と、2人の手を握ってくれたシーンは温かった。「死んだりしたら」という言葉は怖すぎて言えなくて「ケガなんかしたら承知しませんよっ！」って言ってたね。

最後に呼ぶ名

この映画の撮影はドラマ「TWO　WEEKS」の撮影の後。三浦さんが、自分でもびっくりするほど溺愛した、来泉ちゃんのパパ役を経験した後だ。だから、戦地へ息子を見送る、引き裂かれる母の痛みも想像ができたのではないか。

……裕之の出発が明日にせまった。

窓から差し込む光が優しい、セミの声が聞こえる縁側。戦地に向かう息子の散髪をする母。

ゆったりした静かな時間に悲しみの中の確かにある〝美しさ〟。

このシーンはノベライズ本では「母さんにバリカンでやってもらった」とのみ書かれていたが、

「戦時だからこそ、日常の美しさ、尊さを人々は噛み締めていたと思うのです。私はこの映画は美しい映画にしなければいけないと思いました」

との監督の言葉通りに丁寧に描かれていたシーン。

「痛ぁない？」「うん」。子供のように母に甘えた一言。

言葉少ない会話の中に、お互いどれだけの想いを詰めているか。

女手ひとつで育ててきた何ものにも代え難い我が子。

小さなケガさえしてほしくないのに、その体は明日お国に捧げるのだ。

だからこそ、今日は痛くしないように母は丁寧に髪を刈る。

今、この瞬間だけは、自分だけの息子。自分だけの母。

この世で最後になるであろう2人だけの時間……。

きっと、母は思い出しただろう。

産まれた日のこと。お熱を出した夜。口いっぱいに頬張ったスイカ。タライの水浴び。転んで泣いた日。好きだったちらし寿司。

自分の命に代えてでも守りたい命をなぜ、黙って見送らなくてはならないのか⁉

「この子を守れるなら、なんだってする。非国民と呼ばれてもいい」

どの母も心の奥では、本当はそう叫びたかったはず。

なのに、その言葉を飲み込ませた化け物の名前はなんだろう？

時代？　お国？　世間体？　日本人としての誇り？

きっと、残った家族を守る為と、自分ではどうしようもできない時代の流れ。

それこそが、災害より戦争自体よりも怖い化け物。

片道だけのガソリンを積み、敵機に突撃する息子たちは、その死の瞬間「天皇陛下万歳！」なんて、叫ばなかったのではないか。

この世の最後の最後に、息子たちが叫んだその名は、絶対きっと、

「お母さん」

……戦地に戻る前夜。幼き日から共に育ってきた3人の、最後になるかもしれない夜……。

でも誰一人それを口には出さない。出せない。出したくない、心が壊れそうな夜。

男2人は今を戦うことのみに心を奪われていたが、世津だけが、ただ一人〝戦後の日本をどう立て直すか？〟を考え、彼らを叱る。

女は強い。いつの時代も。

「戦争が終わったら私は教師になる。物もお金もなくなった日本に必要なものは人や、教育や！」

お母さんに叱られた子供のように「ハイ」と素直に反省する兄弟がカワイイ☺

クスッと笑える貴重なシーンが生まれたのは、この3人ならではの信頼関係とチームワーク♡

有村さん自身が「言葉以外で伝えたい」と監督に提案した〝3人で手を繋ぐ温かなシーン〟は、人と人との温もりの大切さをコロナ禍で実感している人々の心に沁みるだろう。

「この時代の女性は自ら男性の手を取る行為はしないのでは？」と思う方もいるかもだが、全てが真実そのものを描かなくてもいい。映画は芸術作品だ。

そして〝作り手が観客に託す〟ように、

〝観る側も作り手をもっと信頼してもいい〟と思う。

いきなり手を取られた2人のまん丸の目と、嬉しくて照れた顔は、そのおかげで撮れたのだ。

「いっぱい未来の話をしよう」、裕之が微笑む。

泣き笑いの切なくも愛おしいこの時間がずっと続いてほしかったと、痛いほどに願っただろう。

おじいちゃんとおばあちゃんになっても3人で笑っていたいと。(;_;)

耳

出発の朝。台所。

白い湯気が立つお釜。

食糧難の時代に少しずつ貯めていただろう貴重な白米をお櫃(ひつ)に移し、泣くまいとぎゅっと唇を噛み、アツアツの炊き立てご飯を無言で立ったまま握る母。

手だけではなく、全身で握る画面から溢れる圧倒される悲しみ。体から滲(にじ)み出る痛いほどの哀しみ。観る者に泣くことさえ許されないような張り詰めた緊張感が満ちるシーン。

このおにぎりが、我が子に作ってあげる最後のごはん。

家族3人でちゃぶ台を囲み、ご飯を食べた日々は、もう二度と戻ってこない。あの当たり前の日々こそが、人生の最高の幸せだったのだ。

小さかった裕之の坊主頭をなでていたであろうその手で、〝どうか無事で〟と祈りを込めて握る、お日様みたいな、まあるい、まあるい大きなおにぎり。

お塩をつけて何回も握る。

だんだんゆっくりになる手。

淡々としたピアノのメロディと、窓から差し込む柔らかな白い光が哀しく溶け合う。

……ついに、本当に最後の時がやってきた。玄関に立って見送る3人。くぅ。

おにぎりを渡し「ありがとう」と言う息子の顔を一瞬だけ見て下を向く母。

いつも身に付けていた母の形見のべっこうの指輪を、父の形見の革紐に通し、お守りにと首にかける世津。

辛すぎて裕之の顔を見られず、お守りだけをじっと見つめる2人。

三浦さんは顔の左右で違う表情を演じられる技を持つが、この別れのシーンも左目だけに涙が浮かんでいた。

左目で悲しみを演じ、右目でお国のために身を捧げる強い決意を表し、本当に細かいところまでこだわって丁寧に演じている。

「母さん」と呼ばれうつむく母。

もう、この名前をこの子に呼ばれることはないかもしれないと思ったら、頭の中は真っ白で、立っているのもやっとだろう。

こんな気の狂いそうな想いを、日本中の母がしていたなんて……。

「お体に気をつけて」

小さくうなずく母。

「行って参ります」

ついにその時が来てしまった。

たまらずに母は顔をあげて息子の顔を見る。

抱きしめようと、おずおずと、もう二度と触れることができないであろう体に手を伸ばすが、すぐに躊躇してその右手を引っ込めた。

そして…左手で息子の〝耳〟をなでる。その間、無言で母を見つめる、悲しみと愛が混ざっている裕之の目。

言葉以上の溢れる想い。

そっと耳から手を離し、自分を制するようにギュッと拳を握りしめる母。

下を向く裕之。

小さく唾を飲み込み、
そして決意したようにシャキッと直立。その顔に迷いはなく、すっかり、もう軍人の顔になっていた。

母をまっすぐ直視し、はっきりと、

「では」

「行って参ります」

一歩下がってほんの少し震える細い指先を美しくピッと伸ばし、敬礼し、かすかに微笑んでから、二度と後ろを振り向かず歩いて行った。

その、後ろ姿を食い入るように見つめながら息子をなでた左手を愛おしむように右手で包み、魂を抜かれたように立ち尽くす母……。


……抱きしめてしまったら「行かないで！」と、泣き叫んでしまいそうだから、とっさに耳にふれたのか？

子供の頃、耳をなでてもらうのが好きだったのか？

そういえばインスタライブなどで、三浦さんはよく耳を触っていたな。

頬よりも〝耳に触る〟という仕草は一般的でない分、特別な親しい関係を繊細に示した映画史上、かつてないほどの〈台詞に頼らぬ静かさの中で、溢れる母の気持ちを表現した、忘れられないシーン〉になったと思う。

ボディタッチが苦手な日本人らしい奥ゆかしさが、熱く心に沁みるシーン。

映画は日米合作だが、ハグ文化の人たちには、ここの理解は難しいだろうな。

樹島千草さんの書かれたノベライズ本には、耳を触れる部分はなかった。その、〈誰にも真似のできない演技は〝戦時中の母の愛情表現〟を示した田中さんの考えたアドリブだったのか？〉がどうしても知りたくて監督にインタビューしてお聞きした。

すると、

「これは田中裕子さんがリハーサル時に〝抱きしめる代わりに耳を触ってみようと思います。どう思われますか？〟と提案してきたものです。

このシーンに至るまでの、母の深い愛を積み重ねてきたからこその、このお母さんらしい、この息子らしい最後の別れのシーンでした。

裕之が強い想いで去る決意を既にしていて（演技をする）体の芯がもう出来ていることを感じ、ここはフィジカルに無理に抱きしめてその芯を揺さぶってはいけないと思ったのだろう」と。

……うーん。質問してよかった。。

この監督の深い言葉を聞いただけで、「役の上だけではない、監督と役者の人と人としての深い信頼関係が滲み出ていた」とわかる。

三浦さんが今生の別れのシーンとして、気合を込めて作り込んだ〝裕之の決意としての芯〟を、母として受け止め、その演技を生かして受け止めるために、抱きしめなかったという、田中さんという女優さんの底力を見た。

そしてそれを受け入れた監督の大きく広げた腕。

うーん。鳥肌もんである。

追記として「AERA dot.」に監督が語る「役者としての三浦さんの評価」を紹介したい。

「ひとことで言うと、彼は〝体幹〟がすばらしいんです。この映画では軍人を演じていますが、どういう姿勢で立って、どう歩くかまでこだわり、何度も何度もトレーニングを積んで、体全体で役を表現をしてくれました。

セリフがうまいとか、ルックスがいいとか、ほめられるところはたくさんあります。

でもそれ以上に特筆すべきは、芝居するために適した〝筋肉〟が見事だということ。

春馬君が役者として鍛えた〝体幹〟があってこその演技だったと思います」

おおお!! これこそが【外見ではない評価】を求め、日々努力を重ねた彼が、まさに欲しかった〝賛美の声〜!（ローラ風に）〟だっ!!

言葉を削ることでより表現できるもの

「進まなければ何も見つからない。僕は進みます。未来の話をするために」と自らを奮い立たせ研究に打ち込む兄のもとに運命の8月6日がくる。

広島、原爆投下。

廃墟となった焼け野原を見渡す科学者たち。

「これが、僕たちの作ろうとしていたものの正体なのですね」

……そして
……その直後。

何よりも恐れていた知らせが……

戦地から……

届く。

……〈今に及び何も心残りはありません。裕之はお国のために笑って死にます。母上と兄上の幸福をお祈りします。さようなら〉

ドラマでは、遺書の最後は「ありがとう。さようなら」だったが映画では「ありがとう」がカットされたのは、その方が〝清い〟からなのか?

「ありがとう」という日本人受けする言葉は、それを使えば間違いのない台詞になっただろうが、「さようなら」だけの方が未練を一切断ち切った覚悟を表しているからか?

裕之のボディはもう、この世にはない。でも。

《裕之のいた時間》《彼が生きた時間》は永遠に消えない。

あなたの心の中に春馬くんが、ずっといるように。

科学者の誇りvs母のおにぎり

〈天外者〉のことを書いた1月号「熱い炎が灯る『天外者』（『三浦春馬 死を超えて生きる人』P90）に「脇役としていい仕事をした〝かんざし〟や、〝地球儀〟に助演賞をあげたい」と書いたが、〈太陽の子〉におけるそれは迷いなく〝おにぎり〟さんだ!

三浦さんもよく食べ物に「さん」をつ

けて呼ぶが、この時代は感謝を込めて「お芋さん」と、世津も呼んでいたのだろう。

また、彼はインスタライブで「食事は〝未来の投資〟と思い大切に食べている」と言っていたが、

〝名優おにぎりさん〟の大活躍により、この映画も〝未来の平和への投資〟になった。

そしてその陰には、映画完成前に亡くなったフードコーディネーターの宮田清美さんがおられた。子供に多くをしてあげられない時代に、少しでもやれることをという母の気持ちを宮田さんは汲んでくれていた。

次は京都が狙われるかもしれない原爆を「比叡山の上から見たい」と言う修が、山で食べるおにぎりを、

「どうしても自ら握ったおにぎりを」と前夜から京都の料亭を借りて、でき立てを午前3時、撮影隊に渡した。

このシーンは、科学者の誇りを守る為、自らの命をかけて危険な道を突き進もうとする息子に、

「科学者とはそんなに偉いんか?」

と諌(いさ)めつつも、本気の覚悟を受け止め無事を願うしかない母の想いを込めて握った大きなおにぎりさんが、重要な役割を引き受ける。

〈最先端の科学vs母の愛〉

誰もいない山の上。

大きなまんまるのおにぎりを、ただ頬張る修。

むしゃむしゃムシャムシャ。一口ずつ味わいつつ無言で食べるだけの、とても長いシーン。

静まり返った澄んだ空気の中で鳥の声だけが響くこだわった音響。(映画に流れる♫を担当したのはニコ・ミューリーさん。どれも、でしゃばらずしっとりと自然に場面の中に溶け込んでいた)

母のおにぎりは、科学の魔力に取り憑(つ)かれた修の心に「あなたにとって本当に大切なものとは?」と問いかけ、監督渾身のラストシーンへ向かう。

「おにぎりに集約して表現する作品としては最大の冒険でしたね」と監督。

解釈をただ、おにぎりに託し、観るものへ委ねたラストシーン……。

それを観て、私は唸(うな)った。

黒崎監督という人は、なんて深く人間を愛し信頼している人なのかと。

ありきたりな「めでたし めでたし」のハッピーエンドではなく、奇をてらい観る者を驚かす仕掛けを使うわけでもないシンプルなラストシーンこそが、監督が映画完成までの長い時間祈ってきた〈人類への深い信頼と祈り〉を表現したもの。

その想いに頭が下がる。

観る者の想像に委ね、あえて画で多くを語らないからこそ、そこに込める想いは人一倍あって、溢れる情熱をかけて作品を生み出しておられるのだろう。

俳優さんだけでなくスタッフさんもきっとみんなこの監督のこと、好きだろーなって思った。

「この監督といい仕事できたのは幸せな時間だったね」と、空に向かってつぶやいた。

もう一つのエピソード

実は映画には描かれてないもう一つのエピソードが、ノベライズ本にはあり、それを読んで私は号泣した。その後、駅に車で行ったのだが、その場面を想像し嗚咽しながら運転したほどだ。

（以下、書こうか悩んだがお許しを得たので書かせて頂く。ネタバレ有）

遺書の封筒に入っていたのは手紙だけではなかった。そこから、転げ落ちた小さなもの……それは愛する世津がくれたあの、お守りだった。

敵機に突っ込む最後の最後の瞬間に、それを握りしめていたならば、旅立つ彼の心を支えてくれたであろうもの。

大好きな世津がくれたものだから。

なのに、優しい裕之は〝これは世津の大切なものだから、死にゆく自分よりも、彼女を守ってくれるお守りであってほしい〟と遺書と共に返してきたのだろう。

〈本当に彼は最後の最後まで裕之だった〉と本にはあるが、その〝最後に遺した優しさ〟は、まさに〈三浦さんなら、きっとこうするだろう〉と思える行為。

……自分のことより、人のことを思い測り、自分の哀しみよりも、相手の幸せを願う三浦さんそのものだ。

うぅ。あまりにも、三浦さん本人がそこにいて…みんなも読んだらきっと泣くよ。でもあったかな優しいシーンだよ。

これを本に加えてくださった樹島さんに心から感謝した。なんて心に染みるエピソードを描いてくださったのかと。本に書くことを許してくださった黒崎監督にも。

今、目の前に黒崎監督と、樹島さんがいたら抱きつきたいくらいだ。

私は田中裕子さんみたいに、耳だけを触る母にはなれない。これを書きながらまた泣けて、鼻水チンしつつ書いている自分を笑うわ。

想いを表現したい私は、自分が監督ならこの胸にくるエピソードはどうしても映画に描きたくなってしまうけれど、ここもあえて描かないことを選んだのであろう。流石である。ここを入れないでいられる清さ！

日本文化の〝引き算の美学〟を生かす芸術家だと、尊敬する。

……そしてさらに本はこう続く。

〈まぶしくて力強くてどうしても劣等感を感じてしまってそれでいて僕の大切なたった一人の弟だった〉

!!それって、それって…

まさに…（T＿T）

10代の優弥君がオーディションを競ってた、ライバルの春馬くんに、持っていた気持ちそのものではないか？

……ううっ。なんて、切ない。

世の中とは、なんて切なく愛おしいものなのだろう（；＿；）（T＿T）

でも、私たちは、涙しながらも、確かにしっかりと、そこにある〝上を向く美しさ〟も観る。どんなに暗い夜もいつか明けると、知っているから。

それを〝生きる力〟と人は呼ぶ。

込めた想い

「世界で唯一の被爆国の日本ですが、科

学は人間にとって善にも悪にもなり得る。私たち日本人も原子爆弾を用いて戦争を終わらせようとしていた事実を、この作品で私同様多くの方が知ることになった後、今まで以上に日本が平和と希望を願える美しい国になるよう祈ります」

……これは、この作品が最後の出演作になった三浦春馬という唯一無二の俳優さんが、渾身の想いをこの映画に込めて、自分のいない未来を生きる私たちに遺してくれたメッセージ。

加害者にもなり得たという現実を真摯（しんし）に受け止めたい。たまたま、先にアメリカが開発を成功させただけのこと。日本が30万人の命を奪っていたかもしれないのだ。どんな大義名分があろうとも意味のある戦争なんてどこにもなく、加害者も被害者もない。我が子を戦場に送る母の悲しみ、涙味のおにぎりを食べさせてはいけない。

それから、気になったのが、修の心の自問自答の対話でアインシュタインが言う「破壊は美しい」に込められた想いだ。〝破壊するからこそ新しいものが生まれる〟ということ？　破壊と創造のインドのシバ神のような？　……この映画にはたくさんの〈？〉が隠れている。

そして、それはきっと答えのない問いなのだろう。と思いつつ…言葉の奥を見つめる。

物事の表面や、片面だけを見て判断するのは危険だ。

どんなに良く見えることでも、全てのものには必ず二面がある。メリットとデメリットがある。

コロナのワクチンも例外ではない。どんな薬にもリスクはある。自分で判断する力を持とう。

世界中がコロナの支配下にある今は、戦争下と似ている状態にもなりうるから。

不安と恐れは、心を凍らせる。しっかりしよう。大きく目を見開こう。私たち人類は、今までも多くの試練を乗り越えてきた歴史がある。

三浦さん、五代友厚さん、ローラだけでなく、この映画に関わって下さった人たちが願ったのは、平和と希望。

私たち一人一人がどうしたら平和な世界を作れるのか？を日々考えることが、その想いを受け止め、三浦さんを含めた多くの命を、生かすということだと。

強く信じる。

それから。

◆◆◆◆◆◆◆◆◆◆◆◆◆◆◆◆

何をやっても何かしら言われると知りつつも、アミューズさんが作って下さった彼の生きた足跡が並ぶ素敵な追悼サイトには感謝した。1週間は短かったので、2周忌には第2弾をぜひよろしくお願いします！

彼を想うからこそ、それぞれいろんな言い分はあると思う。表現を突き詰めて語り合った現場の仲間たちにしかわからない辛さや想いもあるだろうし、いろんなことが闇の中でどう気持ちを整理していいかわからないというファンの気持ちも辛いと思う。

そして、いろんな大人の事情はあるけれど、今回監督とお話ししてみて、こんなに彼のことを理解してくれる監督と、共に作品を作れた彼はなんて、幸せだと私は心から思った。

ファンと彼との関係が薄いとは言わない。でも、実際に彼と本気の仕事をして、想いを分かち合い、表現を突き詰めて語り合った人たちにしかわからない辛さがあることをもっと「想像」しなくてはならないと思った。

監督がどれだけこの3人の役者に惚れて、賭けていてくれたか、そしてだからこそ、共にみんなで揃って完成を祝えないことがどれだけ辛いかを感じた。

言葉を詰まらせるようにして「胸をかきむしられる想いです」と、おっしゃっていた一言が、本当にお辛そうで、ずしっと心に来た。

これから、監督のことで他の記事が何を書こうが、私は監督を信じようと決めた。

そして、監督は最後にこう語ってくれた。

「改めてぜひ伝えたいのは、春馬くんの振る舞い、演じた姿勢、役に込めた想いは、けして〝悲しみ〟ではなく〝前を向いて生きる〟ということを、伝えたかったのだと思う。

それをどう伝えたいかを、いつも熱く語ってくれていた。彼のワンテイクにかけるストイックとも言える本気の姿勢、それが、演技をする柳楽さんや有村さんや田中さんにも伝播し、周りに影響を与えてくれていた。

それこそが、まさに裕之という人でした。そのことを、この映画で見て感じてくれたなら、彼が伝えたいことがきっと伝わると思う」

記者会見で見るよりも、黒崎さんは人間として本当に温かく飾らない方で、自分を大きく見せない、人間として尊敬できる方でした。お話しできて幸せでした。

………

《太陽の子…GIFT OF FIRE》
「迷いのない直感」として降りてきたタイトル。
ならば、これ以上のものはない。

太陽、子供。火、贈り物。
どれも大いなるエネルギーに満ちたパワフルワードだ。
熱き静かなメッセージを込めたこの映画が、
世界中の人々の心に、まっすぐに届くことを心から信じ願っている。

………

窓を開けると
梅雨が明けた青い空には
真夏の太陽が
3人の笑顔のように眩しいほど輝いていた。

◆◆◆◆◆◆◆◆◆◆◆◆◆◆◆◆◆◆

出会いに感謝を込めて。
2021．暑い夏に。
空羽ファティマ☆

【初出：『創』2021年9月号】

《創出版好評既刊》

三浦春馬

死を超えて生きる人

2020年7月18日を
いまだに受け入れられない女性たちが
なぜこんなにも多いのか。
月刊『創』で大反響を呼んだ
三浦春馬さんの特集を一挙収録！

1650円（本体1500円+税）
創出版 ISBN978-4-904795-66-8

［主な内容］三浦春馬さんの死はなぜこれほど大きな関心を呼んだのか／泣いてるばかりじゃない！「春友」さんたちの取り組み／サーフィンを通じた三浦春馬との16年間／映画『天外者』に三浦春馬は全身全霊で向き合った／この1年の女性の自殺増加にどんな背景があるのか／死という最後の舞台に三浦春馬さんは何を込めたのか／三浦春馬さんの死をめぐる女性たちの悲痛な声／他

風になったひ
fatina・Coo
いくつもの季節を歩いてきた かつての子供たちへ

ある願望が君の中に生まれた時

それを実現させるパワーも
同時に
君の中に生まれたことに
気づかねばならない

by リチャード・バック

―― はじめは　まっくら ――

どこを向いても　ただ　まっくら

光がほしい　僕の内なる光

どこかに
扉をみつけよう

光がいっぱい
入るように

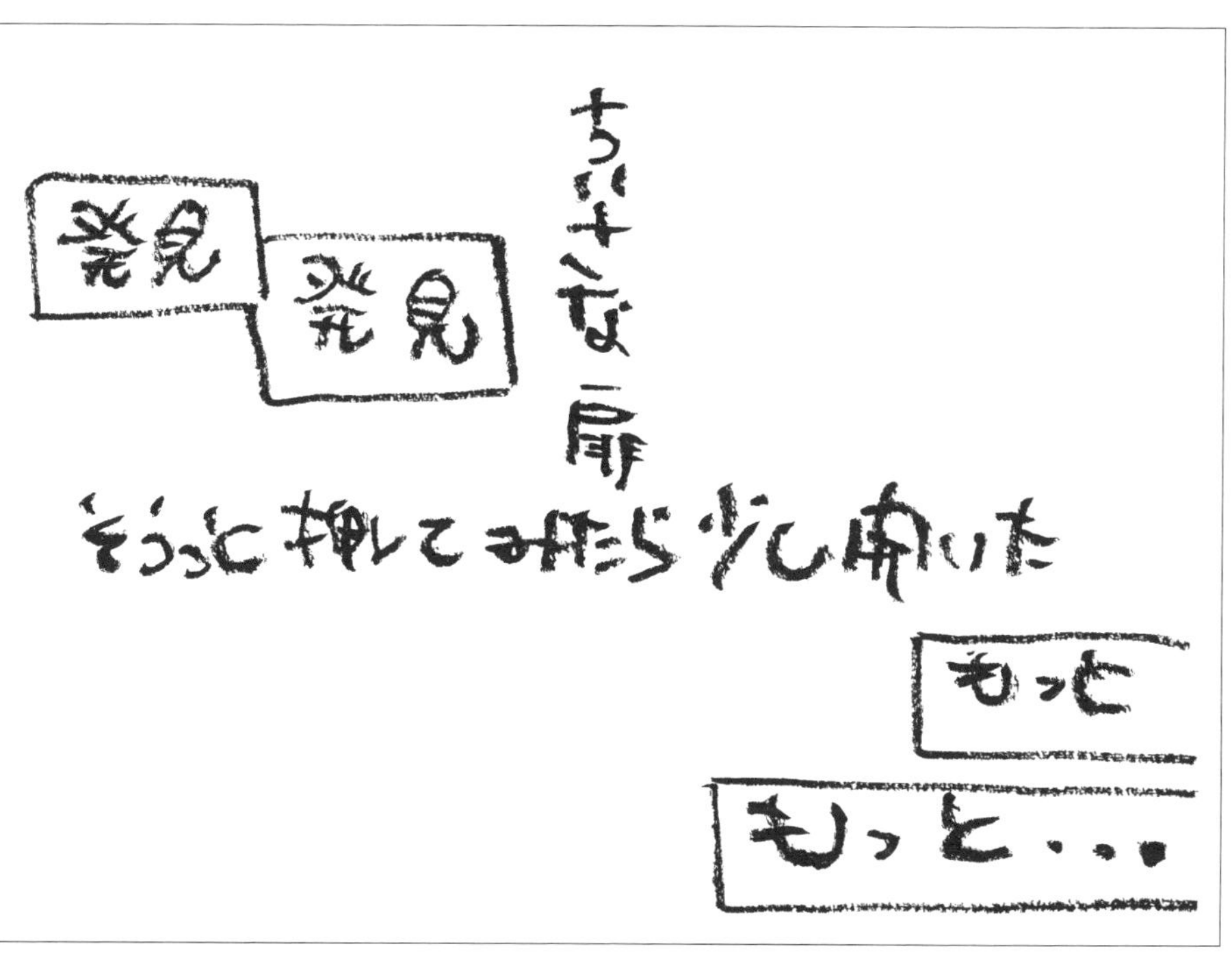

中に1本の道がみえた
ああ きっとこれが
僕の 探していた 道

わく わく わく

どこまで
続くのだろう

あっ！急に僕の前から
道が消えた

また まっくら

どうしよう ——

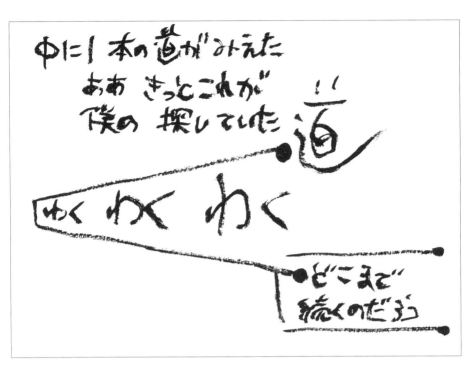

でも
きっとどこかに
新しい扉があるはず

きっと　きっと。

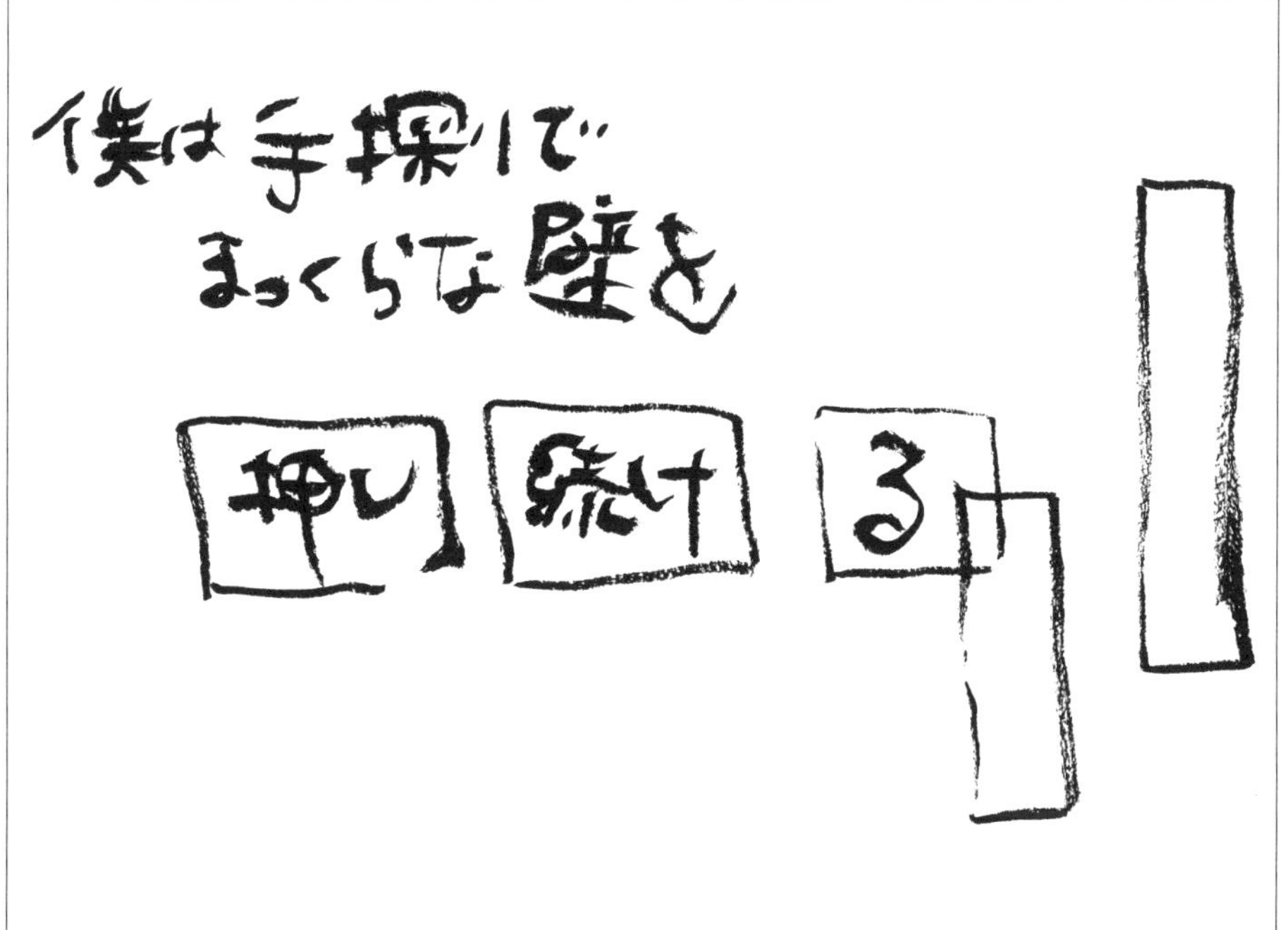

僕は手探りで
まっくらな壁を
押し続ける

突然Pon！と
ひとつの扉が開いた・・・
でも入ってみると中はまっくら
1本の道もない
ちがう扉を探そうか

「道はないけど入ってみようよ」
もう1人の僕がいう
そうっと扉を押して中へ入る
ずん ずん ずん
まっすぐ歩いてみる

なんだか明るくなった気がして

ふと後ろを振り向くと
ぼくの歩いてきた後ろには

白いきれいな道が
光っていた

…そうか道は僕が創ればいいんだ

そうしたら
もう
道を失うことはない

僕の道は白くて きれい
まっすぐ まっすぐ どこまでも 続く

ぼくは うれしくなって走り出す
道も うれしくなって もっと もっと
伸びていく
きっと これが
探していた 僕の道
本物の道

けれど しばらく行くと 道は2つに分かれた
どっちに行こうか
僕は考える
どっちの道も まっ白で
正しい方向にみえ
どっちの道も まっ黒で 行き止まりにみえた
いつも ぼくの目は ものを
白か黒に分けてみる
でも 白か黒だけじゃない色だって
きっと あるはず!!

そして今度は 心の眼でみてみると
いろんな色の道がリボンの様に
ぼくの前で
おどっていた

あの色もきれい！
この色もきれい！
でも ぼくの好きな色は このみどり！
いっちばん 心がワクワクするのは
このみどり！
みどりの道へ行こう

みどりの道はいいにおい
みどりの道は あったかい だってぼくのすきな色
「何がいちばん大すき？」
「何をするといちばんHAPPY？」
迷ったらぼくは自分にきいてみる
何が正しいか否かではなく
何が自分にいちばん大切かって。
他のことは明日のこと
今大切なのは今このとき

時々ころがっている大きな石につまずいて
僕はころんだ
でもころんだら
また　おきあがればいい

石は何も悪くない
石は　ただ　そこにいただけ
時々　大きな川が道をふさいで困ったけど
「おいで」と　川がやさしく手を広げるので
「うん！」と　ぼくは飛びこんだ

スイスイスイ・・・
泳ぎながら自分が泳げなかったことに
気がついたけど　その時のぼくは
もう　泳いでいたの
流れに抱かれて逆らわず流されず
泳いでいたの
絶やさない心の底から何かを信じて
やったとき
それは　すごい
パワーになるんだね

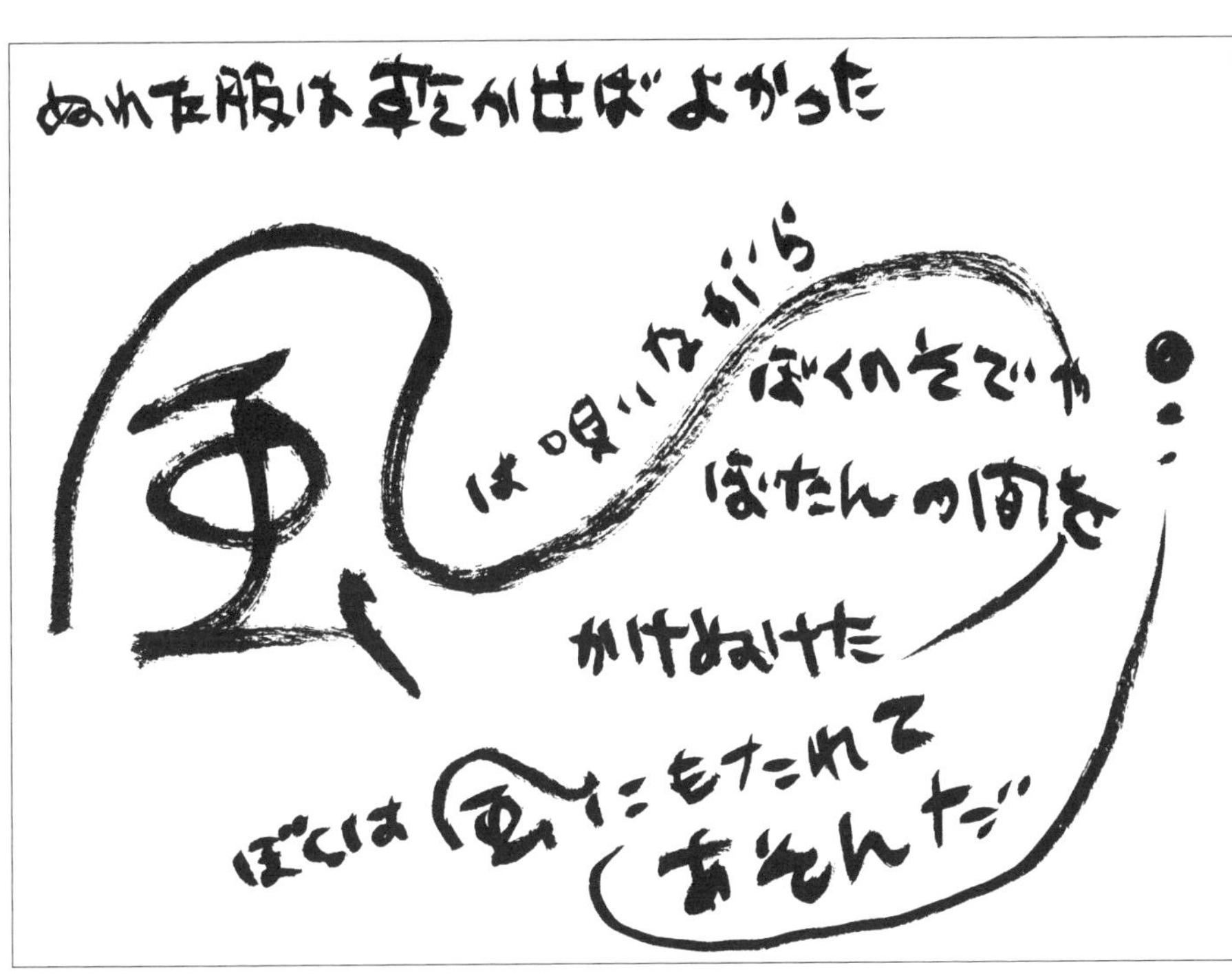

ぬれた服は乾かせばよかった
風は唄いながら
ぼくのそでから
ぼたんの間を
かけぬけた
ぼくは風にもたれて
あそんだ

心がプワプワするような
楽しい毎日がすぎていく
あんまり幸せすぎてぼくはなんだか
こわくなる

……いつまでこの幸せは
続くのだろう
あるひ また プツンと
まっくらになったら
どうしよう

そう心配したとたん
パチンッと シャボン玉が割れたように
あたりを包んでいた 楽しそうな
やわらかな花々の 鳥のさえずりや
笑う声はパタリと止んだ・・

まって・・・・・

行かないで

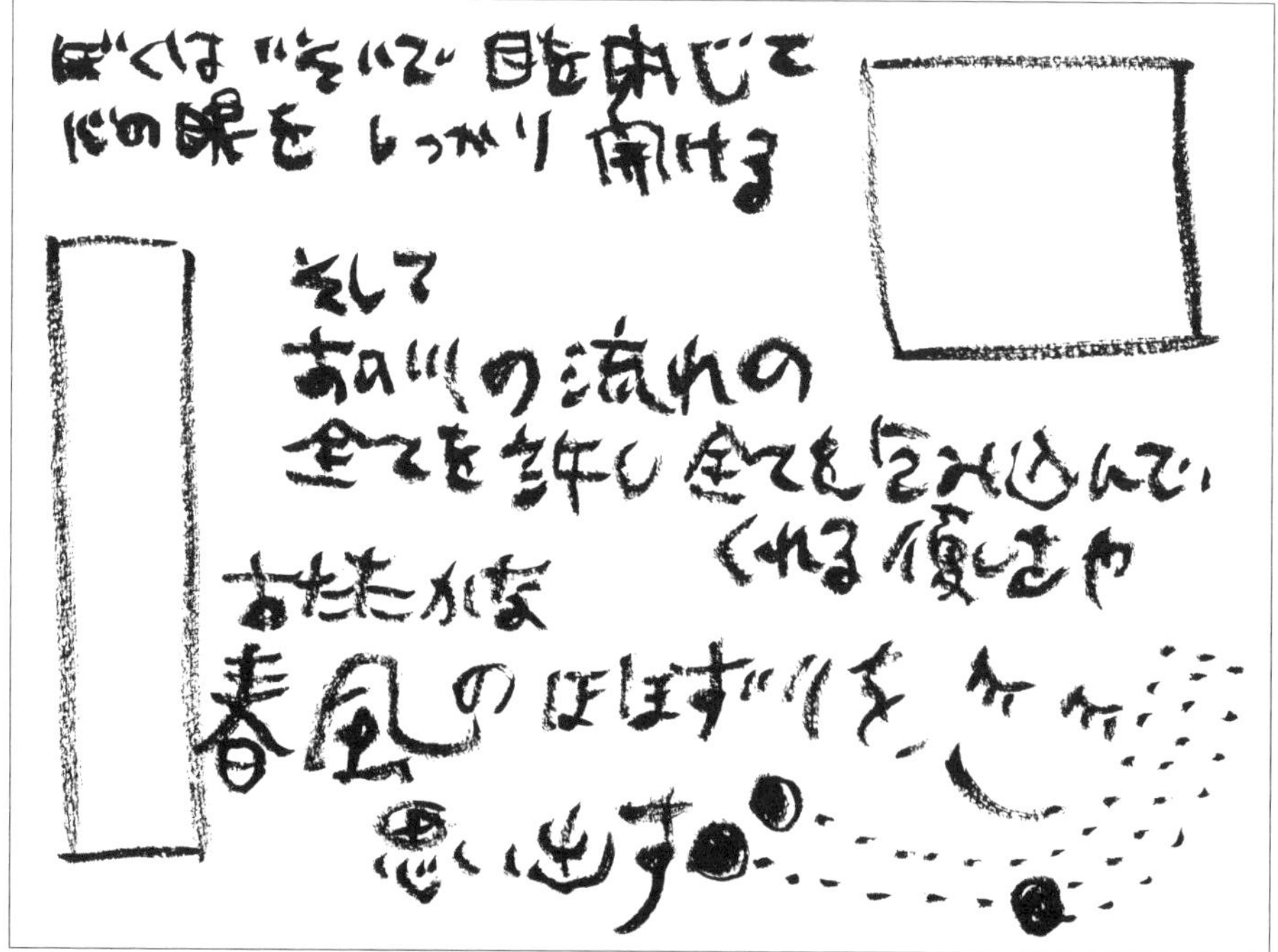
ぼくは そっと 目を閉じて
心の眼を しっかり 開ける
そして
あの川の流れの
全てを許し 全てを包み込んで
くれる優しさや
あたたかな
春風のほほずりを
思い出す

白い丸い
時間が ろつ
流れた ポワ ポワ ポワ ポワ

ぼくは…こわごわ…目を…
あけ…る…

そこには
ぼくが思ったとうりの世界があった

願った世界が
そこに――あった。

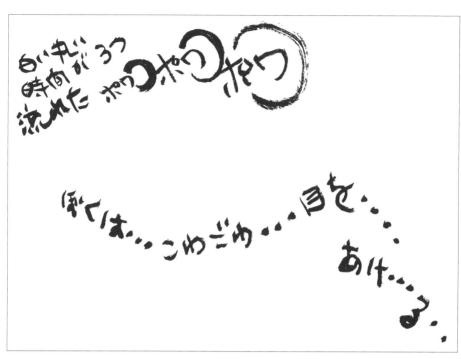

「あの雲の上をはだしで走り回りたい!」

ぼくは願った

もう何も　疑わなかった

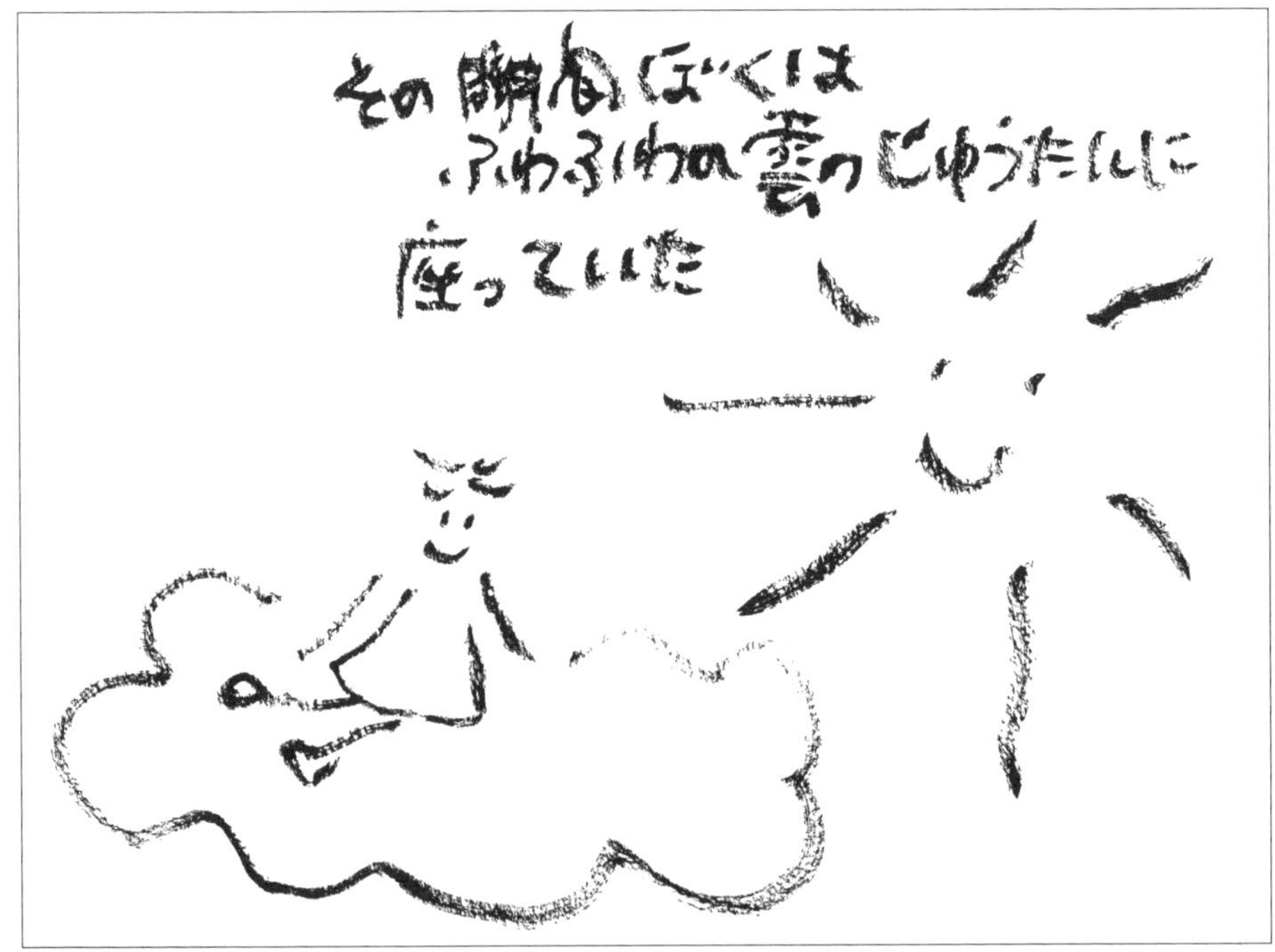

その瞬間ぼくは
ふわふわの雲のじゅうたんに
座っていた

夜空をかける
あの キラキラの
流れ星に なってみたい

僕は思った

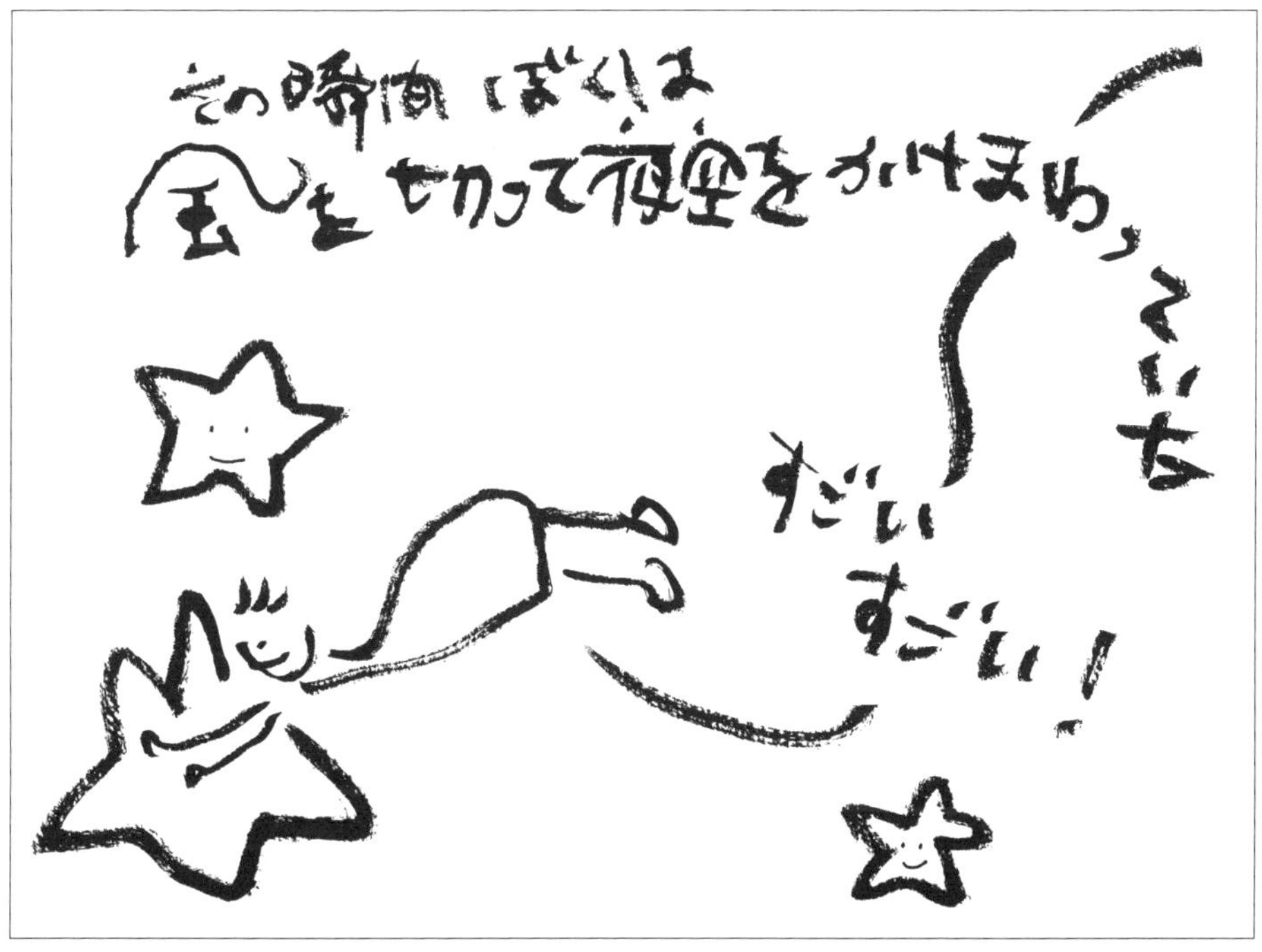
その瞬間 ぼくは
風を切って夜空をかけまわっていた
だい
すごい!

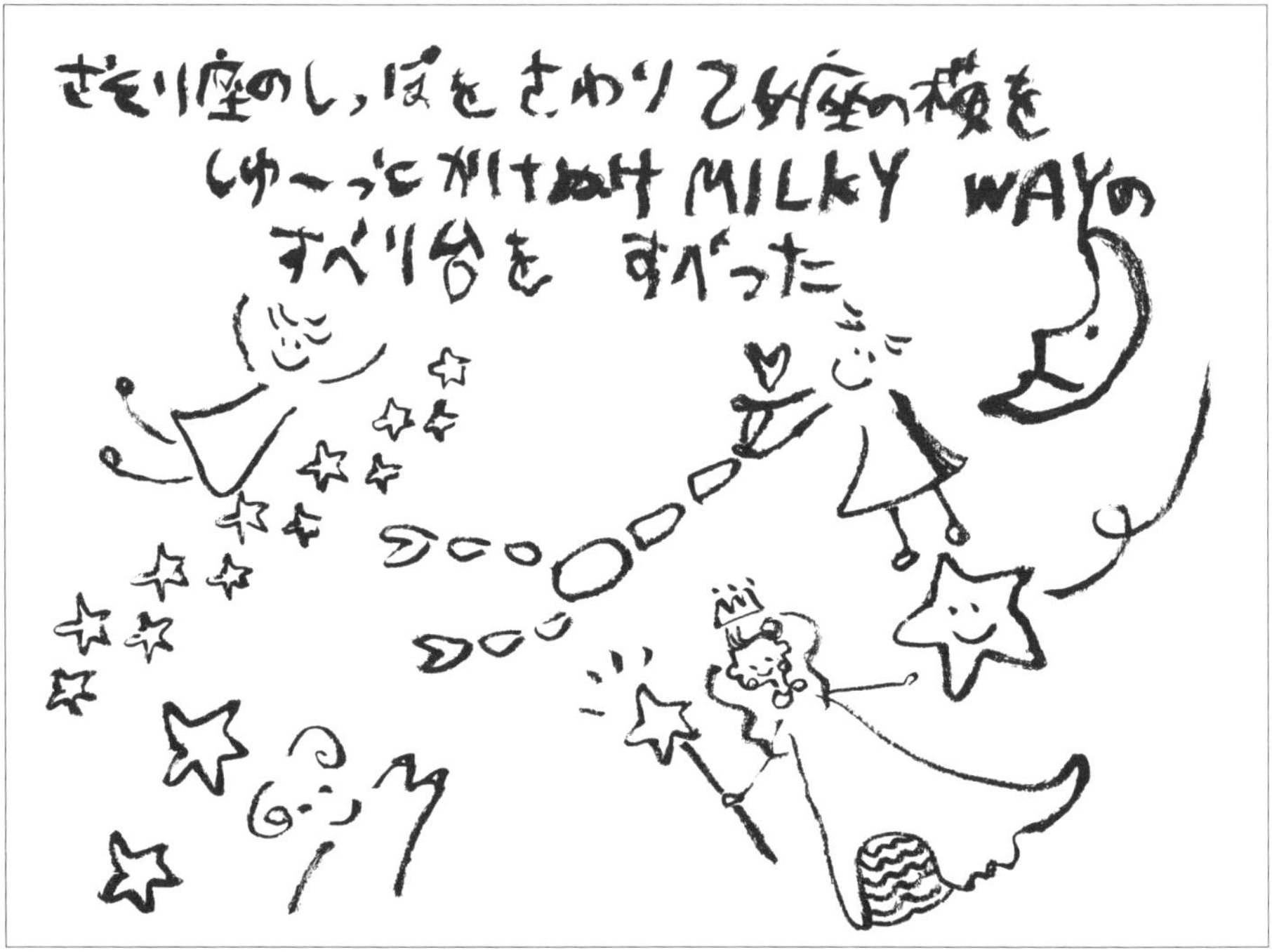

さそり座のしっぽをさわり乙女座の横を
しゅーっとかけぬけMILKY WAYの
すべり台をすべった

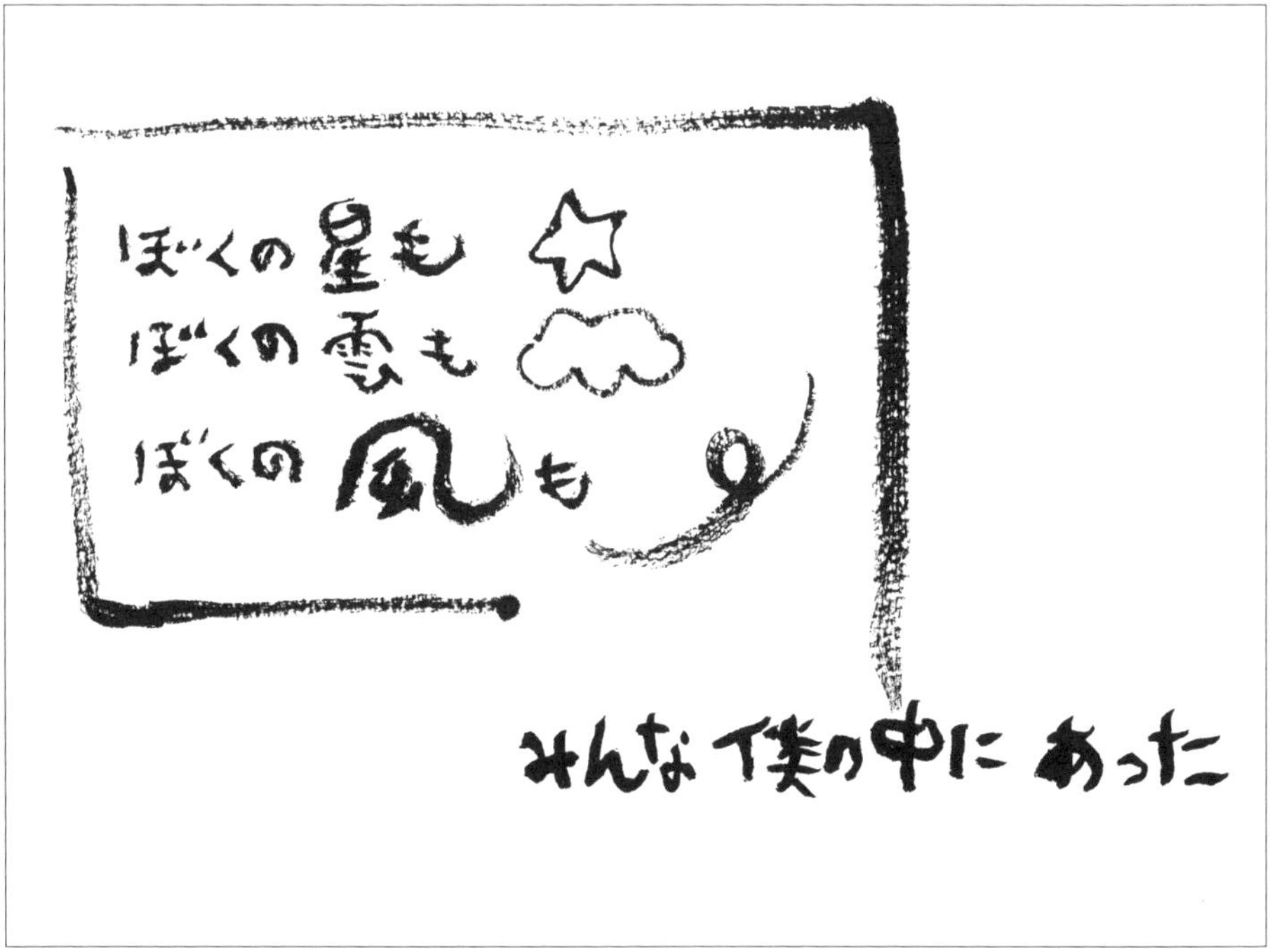

ぼくの星も
ぼくの雲も
ぼくの風も

みんな僕の中にあった

ぼくの夢も——

ぼくの願いも——

勇気も——

みんな　僕のこの中に

もっていたんだ～

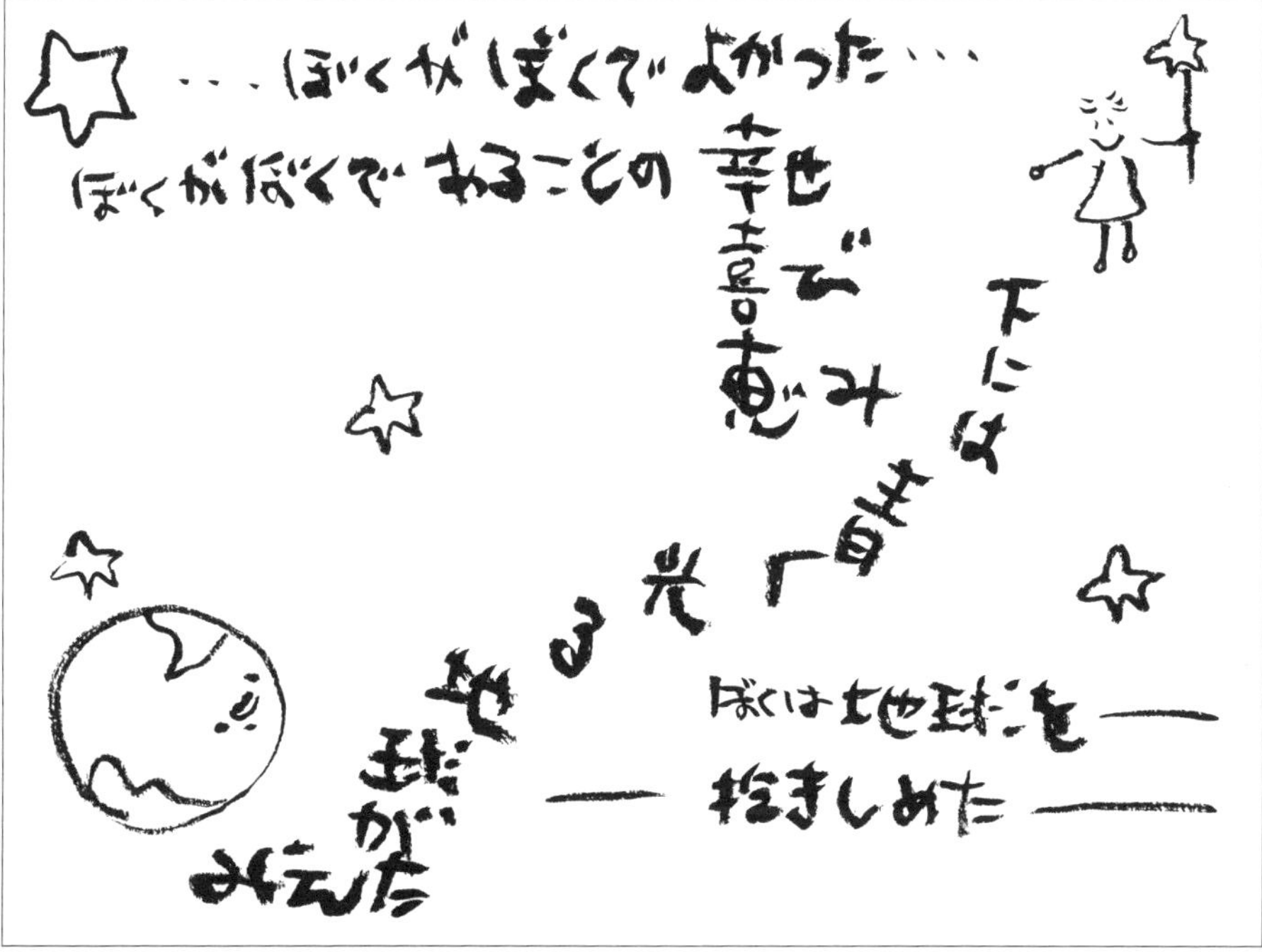

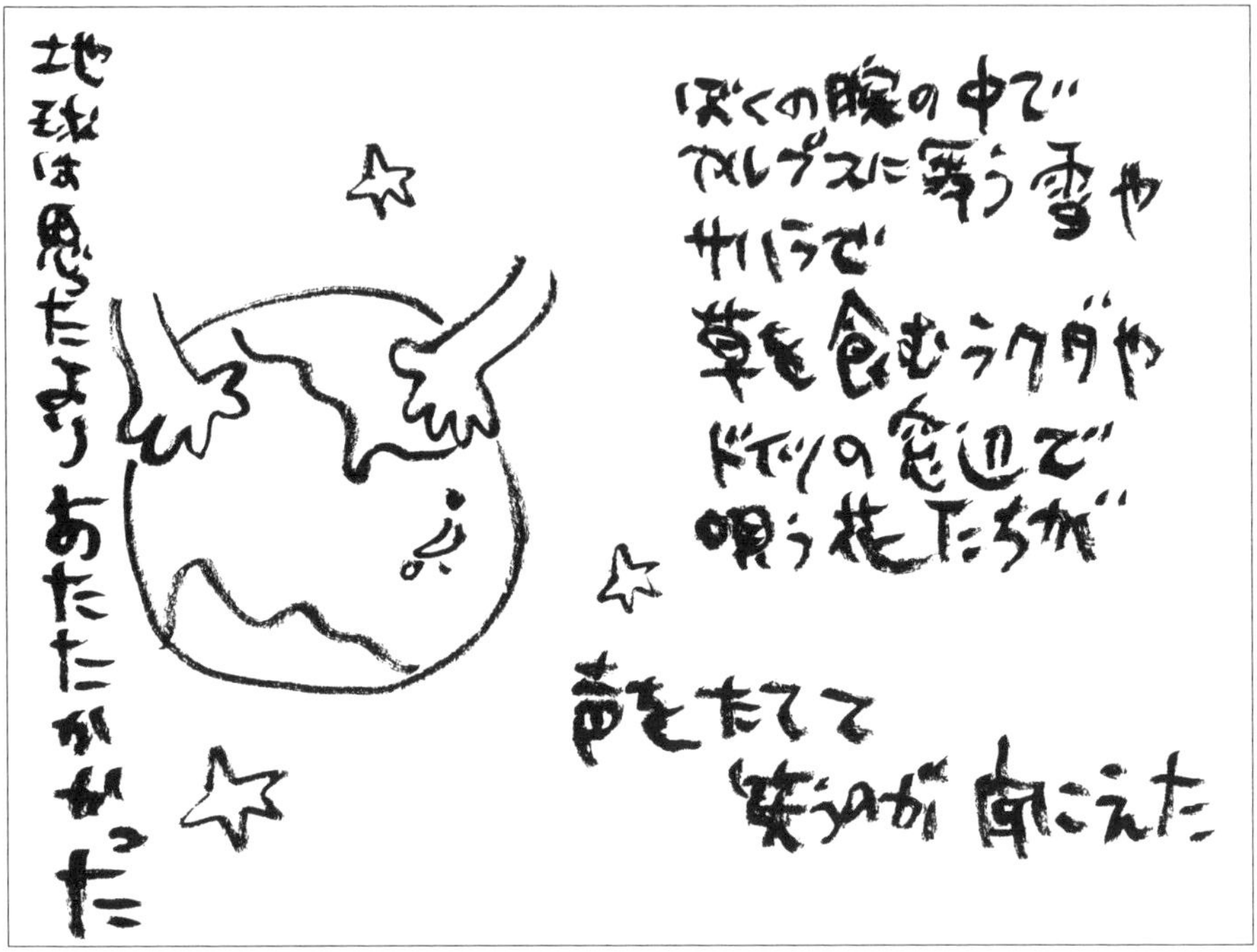

地球は思ったより あたたかかった

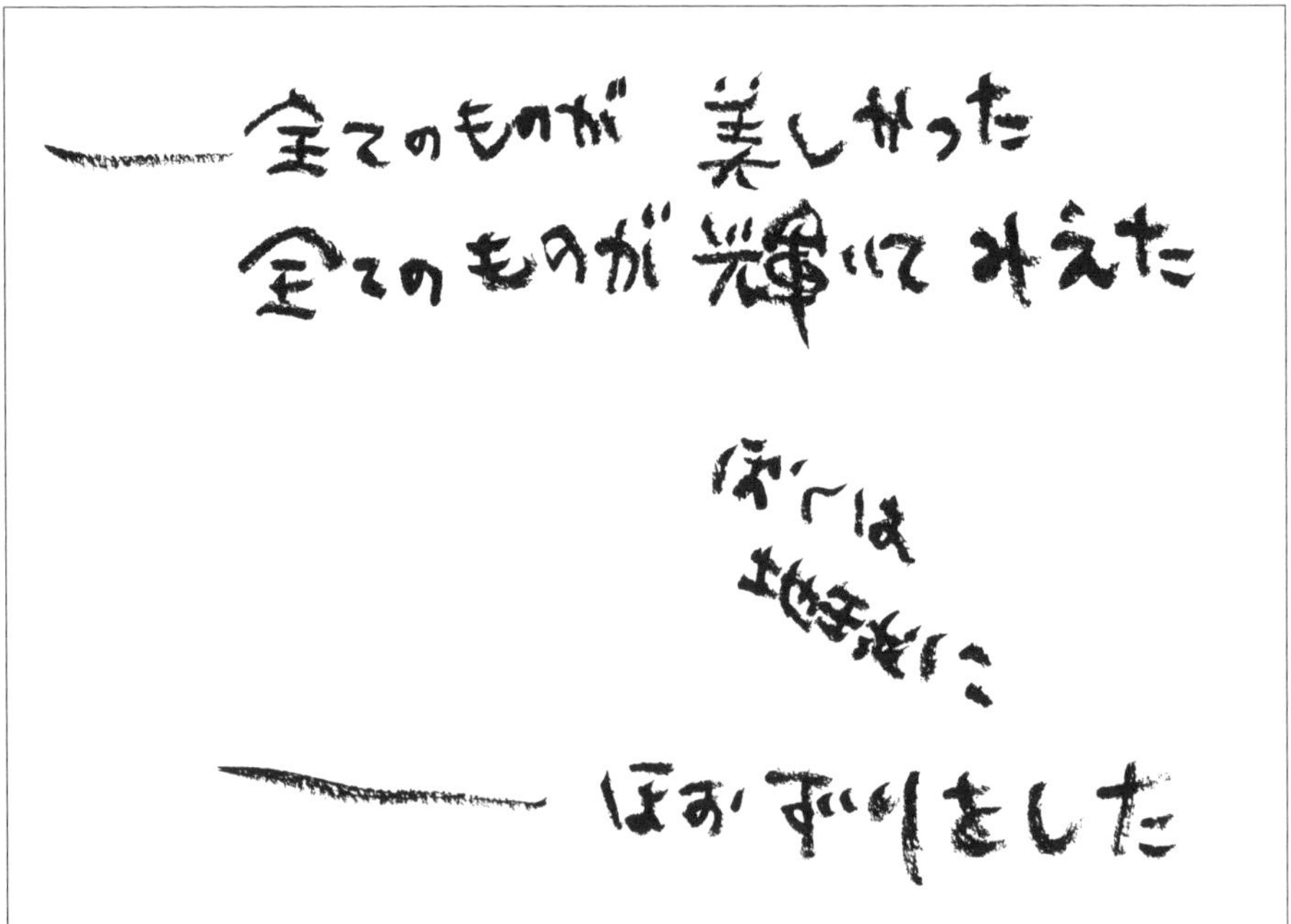

ぼくの腕の中で
アルプスに舞う雪や
サハラで
草を食むラクダや
ドイツの窓辺で
唄う花たちが

声をたてて
笑うのが聞こえた

――全てのものが 美しかった
全てのものが 光輝いてみえた

ぼくは
地球に

――ほおずりをした

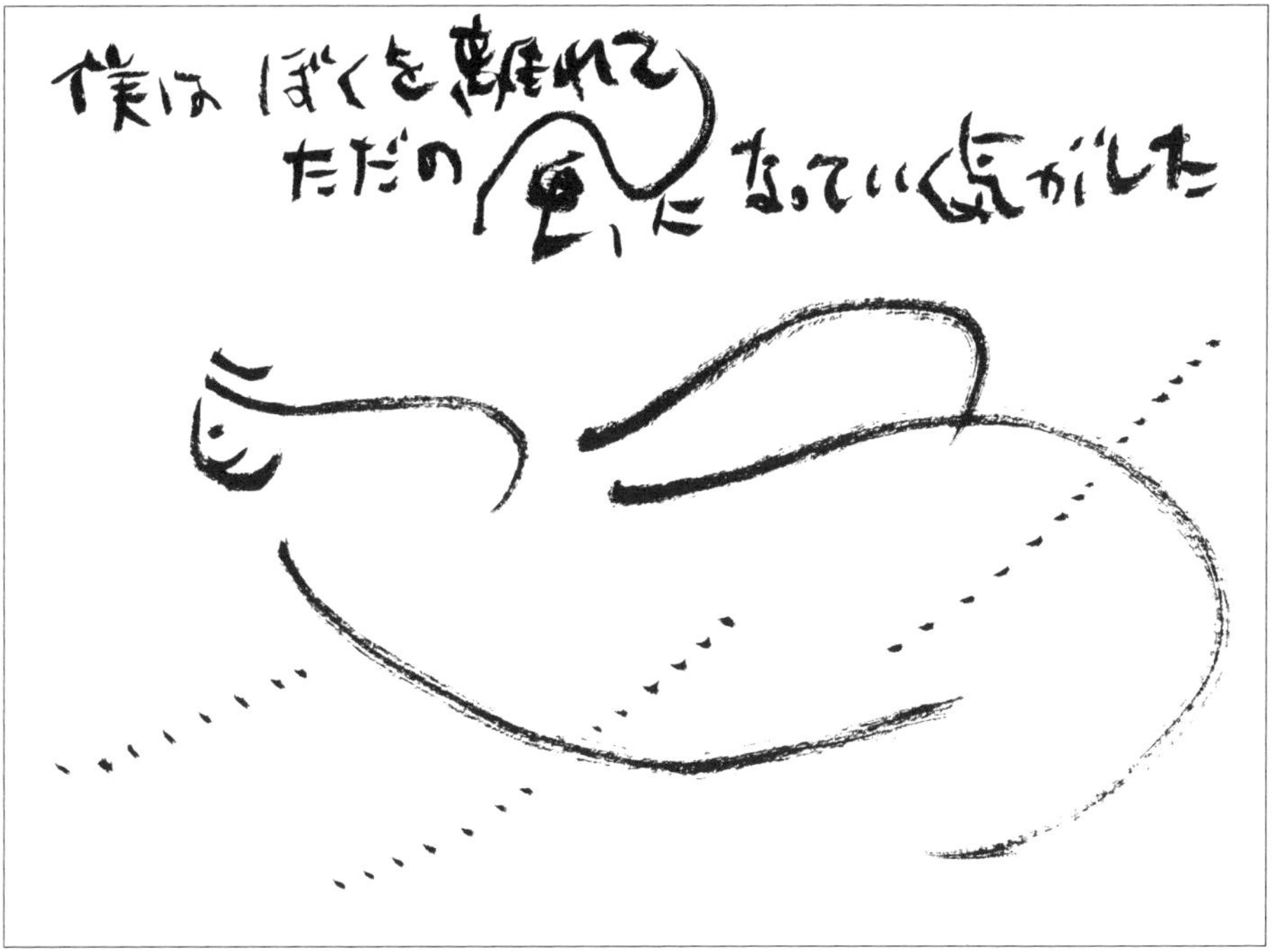

僕は ぼくを離れて
ただの魚になっていく気がした

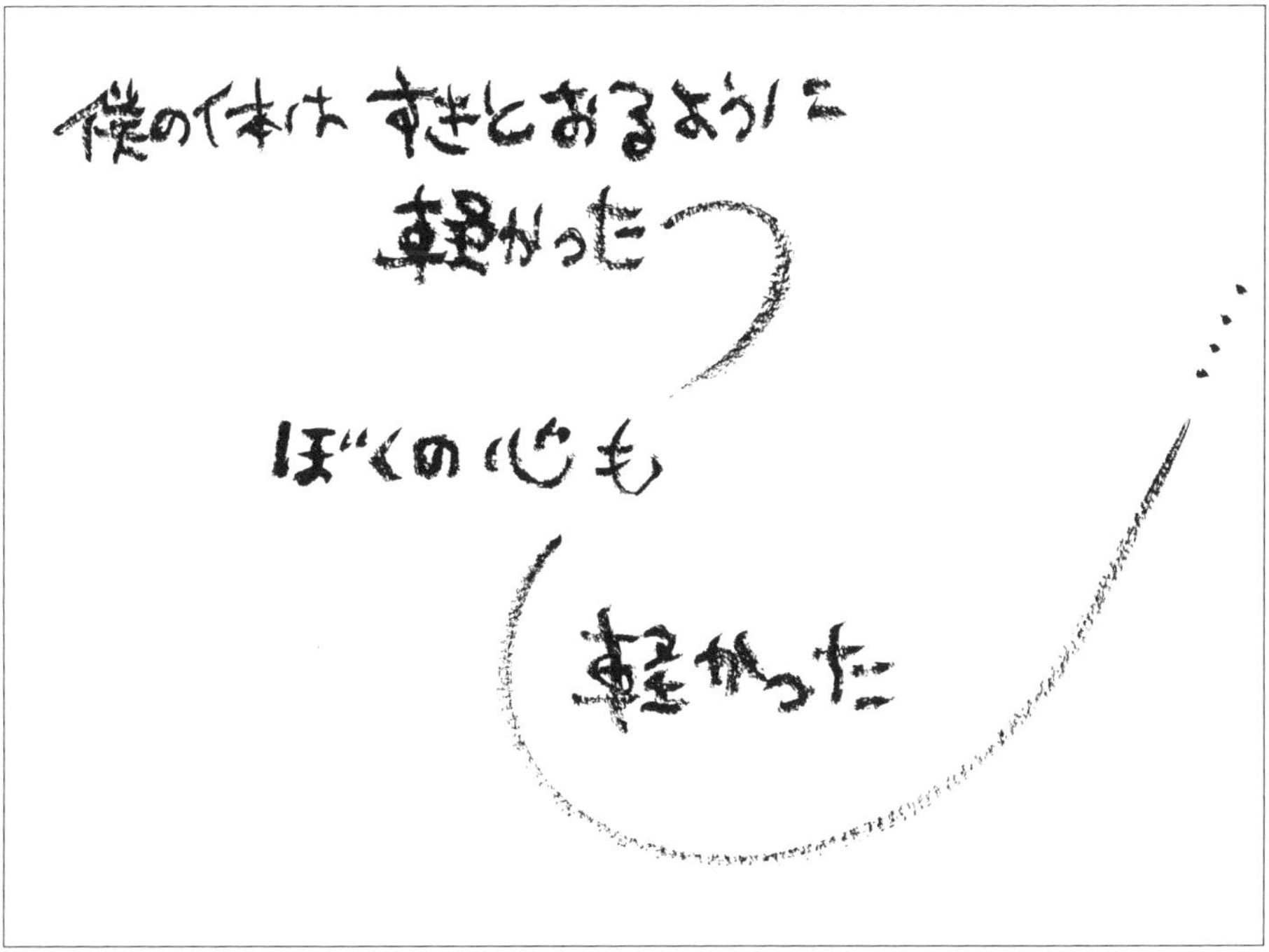

僕の体は すきとおるように
軽かった

ぼくの心も

軽かった

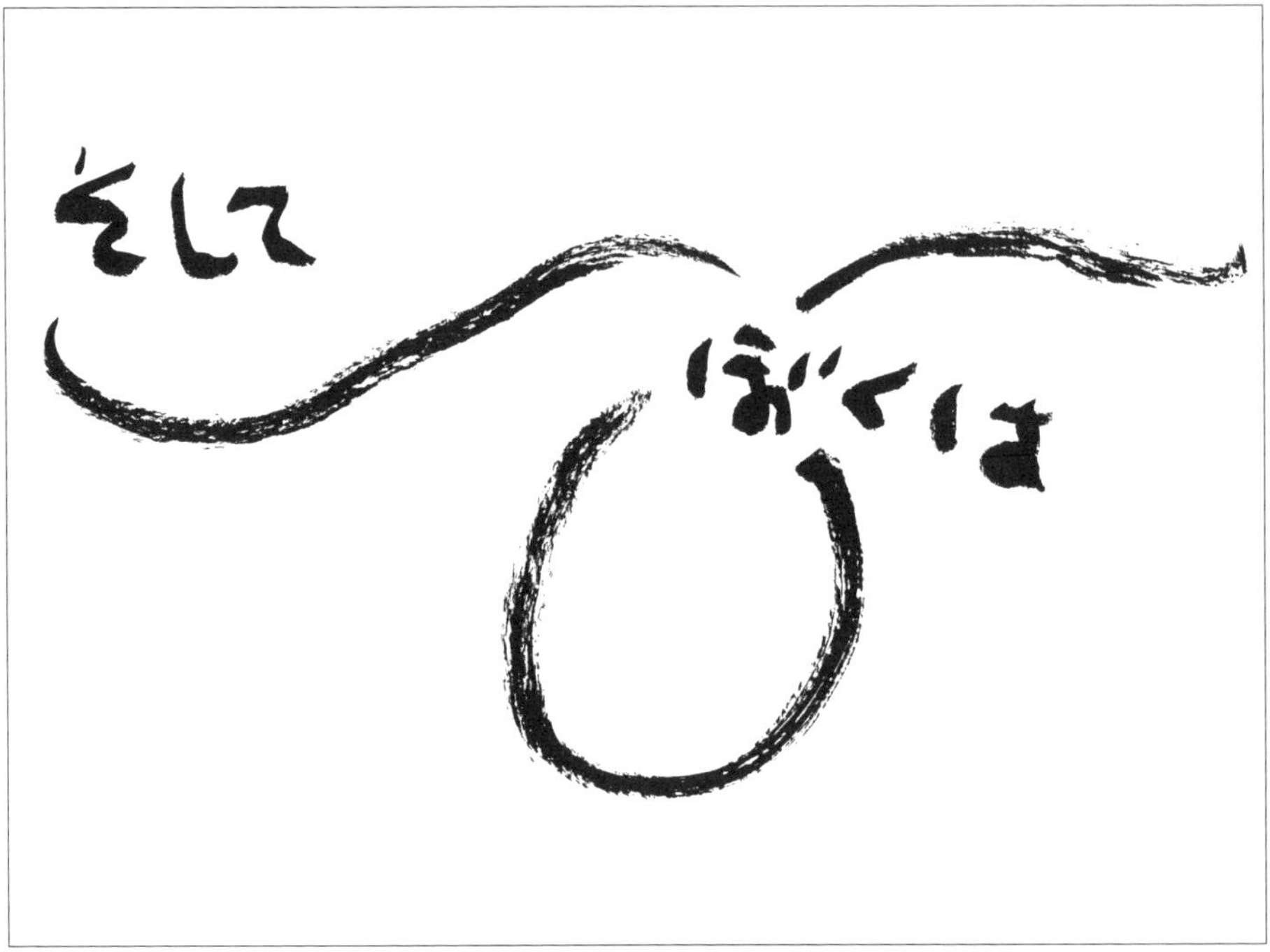

そして

ぼくは

風

になった

春をこえ
夏を越え
山をこえ
お花畑を越えて

ぼくはかけまわる

時を超えて
明日をこえ
きのうを こえ
悲しみを超えて

僕の風は

風のぼくは
全ての束縛から離れて
全ての重さを捨て
自由に心のおもむくまま
どこにでも行けた

あの日

まっくらな中で

ひとつめの扉を

押した日から

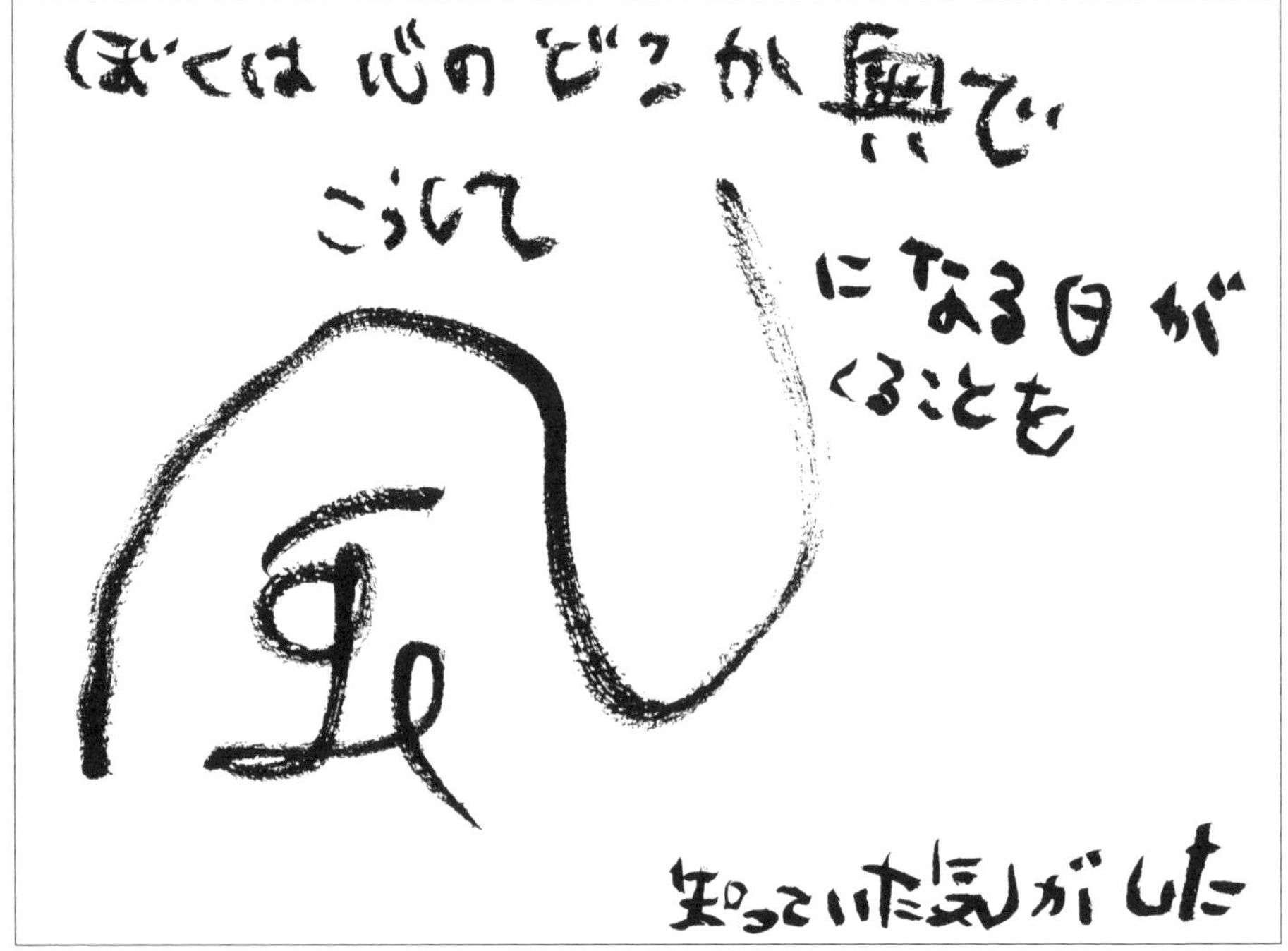

ぼくは心のどこか奥で
こうして
になる日が
くることを
知っていた気がした

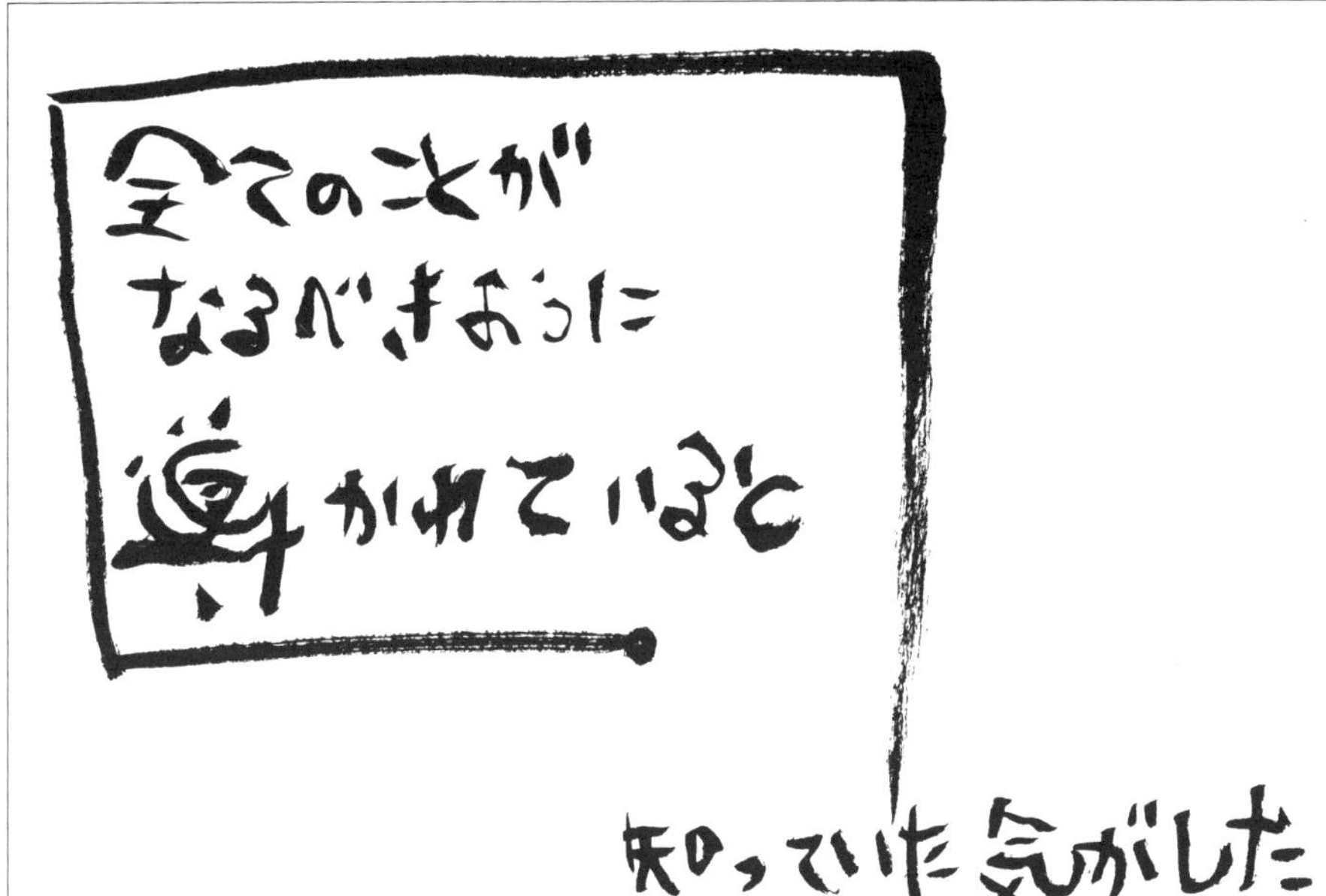
全てのことが
なるべきように
導かれていると
知っていた気がした

僕が神で

僕が宇宙で……

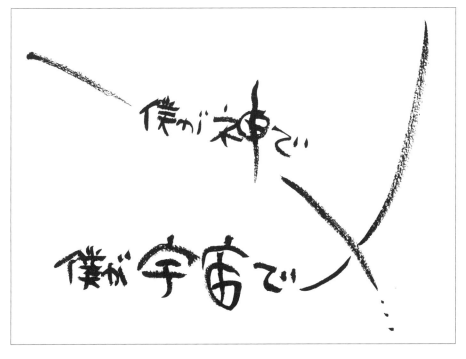

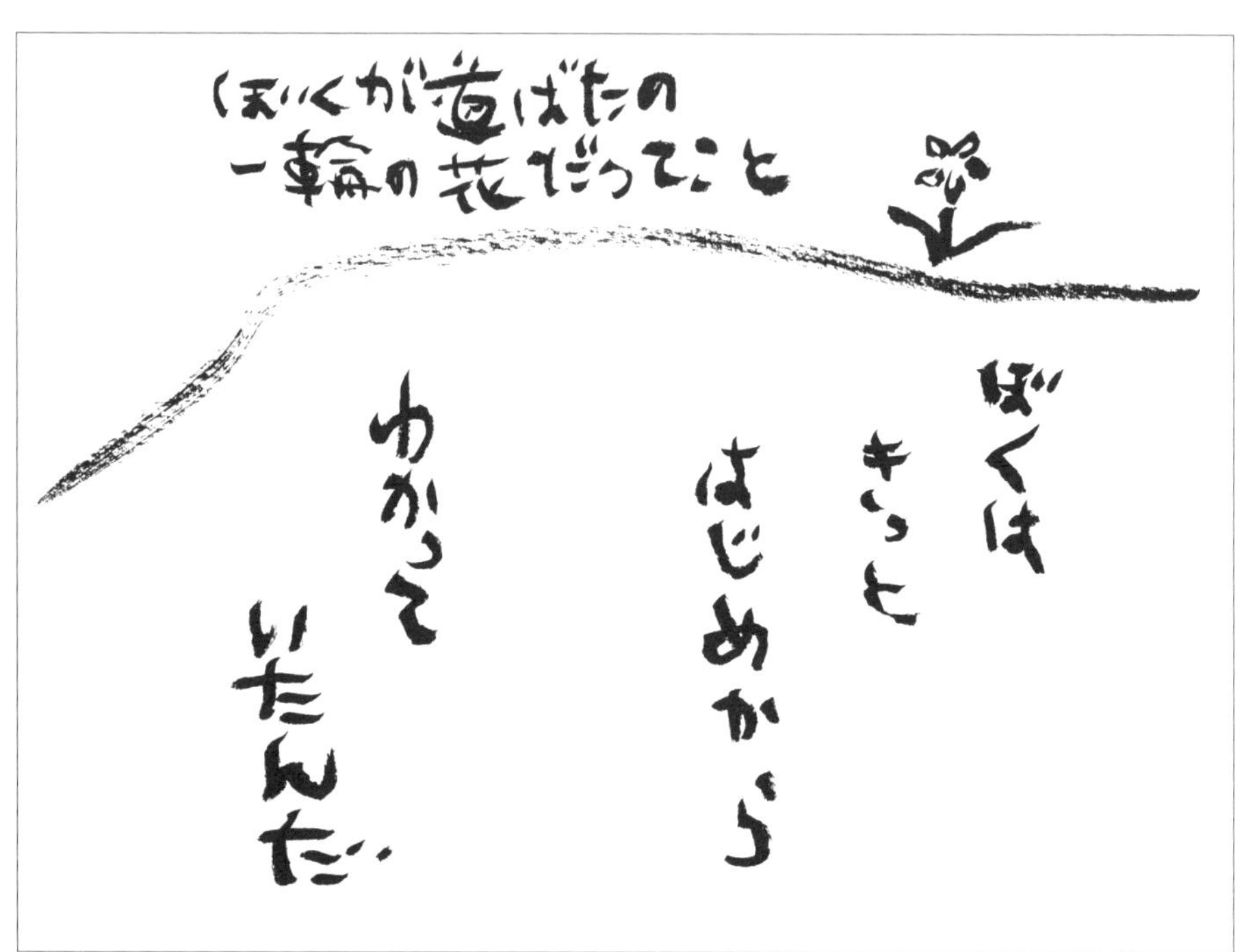

ぼくが道ばたの
一輪の花だってこと
ぼくは
きっと
はじめから
わかって
いたんだ

そして

あなたも。

Thank You for Reading

…いつからだろう、風のにおいを知ったのは。
いつからだろう、木をずっと前からの知り合いのように抱きしめたのは
私の中の誰かが だんだん目をあきだして今までとは全然ちがった何かを
みつめようとしている。 それは超能力とかパワーとか そんな特別なものでは
なくて もっと素朴な もっと自然な 宇宙への愛のようなものだった。

この本が"宇宙の流れに身を任せて生きていく勇気"の背中を押す力になることを祈っています。白い大きな翼をハートにつけて大きな空にはばたこう。
自分を信じて、自分を愛して。せっかく生まれてきた何よりも大切なその命。
「うまれてきてくれてありがとう」と心の底から自分に言えるその日が
いつか必ずくることを 心から願って。 with ♡ fatima.coo

流れに身を任せて
生を遊ぶ

ひとり在ることの中に
くつろぐ
まつことの中に
ゆだねる信頼
いつもより
少し深く
息を吸う

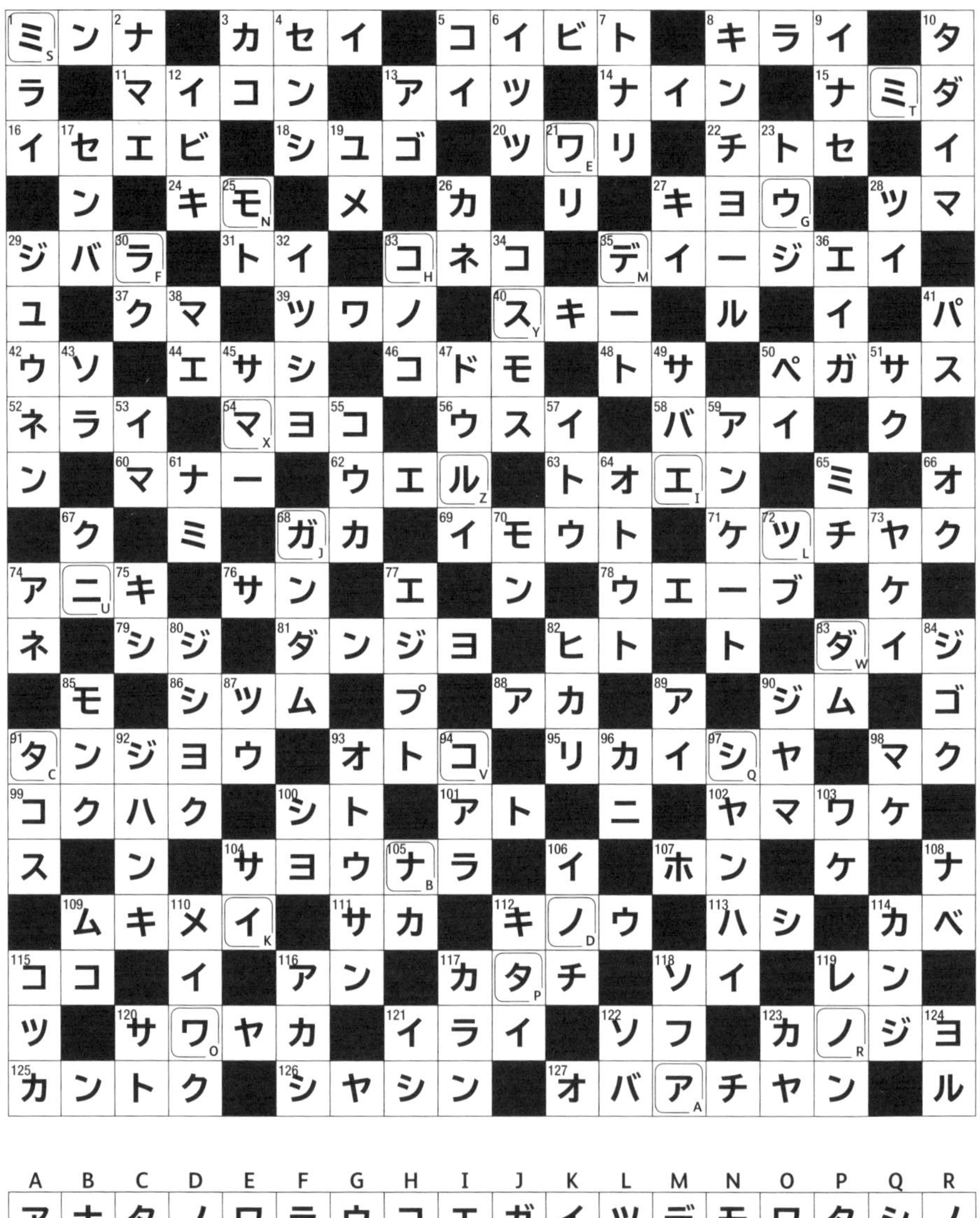

A	B	C	D	E	F	G	H	I	J	K	L	M	N	O	P	Q	R
ア	ナ	タ	ノ	ワ	ラ	ウ	コ	エ	ガ	イ	ツ	デ	モ	ワ	タ	シ	ノ

S	T	U	V	W	X	Y	Z
ミ	ミ	ニ	コ	ダ	マ	ス	ル

編集後記

▼本書は、4月に刊行して大きな反響を呼んだ『三浦春馬　死を超えて生きる人』の第2弾です。今回もたくさんの春友さんたちの協力によって作られました。前回に続いてクロスワードパズルを作ってくれたのはパズル作家の春友さん。三浦春馬さんの作品年譜も春友さんたちの多大の協力を得て作成しました。また今回は「想いの星」という企画で川柳を募集しましたが、これも多くの春友さんにご協力いただきました。

▼今回の目玉企画は巻頭ページに綴じ込んだカードです。切り抜くと表が海扉アラジンさんの切り絵、裏側にそれに関連する春馬さんの言葉が書かれています。これまでも『創』表紙の切り絵を額に入れて飾っている方がいましたが、今回は切り離しやすいようにしたものです。

▼7・18を機に立ち上げた【春友さん「藍染め」プロジェクト】については本書でも紹介しましたが、大好評でした。最初にお送りした人たちには、何と7・18当日に届いたようで、受け取った人達が感激していました。抽選漏れで入手できなかった方も多いのですが、今後も行うかどうかは未定です。徳島で藍染めをやっていただいたお2人の女性はもちろんですが、本書編集部の発送作業も予想以上に大変だったので、いろいろ考えて決めねばなりません。例えば、携帯アドレスに当選のお知らせを送ってもセキュリティ対策で届かない方が多く、個々に電話をおかけするといったことになりました。ただ、藍染めを受け取って、嬉しくて涙を流したという方も多く、そうした声を聞くと、苦労したかいがあったと思いました。今後もいろいろな企画を考えます。

（篠田博之）

三浦春馬　死を超えて生きる人 Part2

2021年9月15日　初版第1刷発行

月刊『創』編集部編

編集発行人……篠田博之
〒160-0004 東京都新宿区四谷2-13-27 KC四谷ビル4F
電話　03-3225-1413　　FAX　03-3225-0898
http://www.tsukuru.co.jp
mail@tsukuru.co.jp
印　刷　所……モリモト印刷㈱
表紙デザイン……鈴木一誌
切　り　絵……海扉アラジン

ISBN 978-4-904795-67-5

※月刊『創』購読ご希望の方は書店または弊社ホームページから申し込むか、郵便振替で料金を振り込んでください。
定価は1冊につき713円。郵便振替口座00110(1)76277。送料弊社負担で郵送（但し振込手数料や代引手数料は別です）。

月刊『創』定期購読のお勧め！

書店が各地で姿を消しており、雑誌が入手しにくくなっています。月刊『創』は書店販売が大半を占めているし、書店に頑張ってほしいと考えているので、近くに書店がある場合はそこでご購入いただきたいのですが、一方で確実に購読するための方法として定期購読もお勧めします。

現在、『創』の定期購読として以下のような方法があります。

1 創出版に直接注文する方法

①創出版ホームページからネット注文。
http://www.tsukuru.co.jp
クレジット決済や銀行振り込みなど支払い方法も選択できます。
右のQRコードから創出版ネットショップへ直接アクセスができます。
②郵便局から郵便振替にて申し込んで下さい。
振替口座は00110(1)76277 創出版
半年分なら4278円(税込)、１年分なら8556円(同)を振り込んで下さい。通信欄に必ず何年何月号からと明記下さい。合併号が出た場合は繰り越していきます。

2 フジサンマガジンから申し込む方法

「創　Fujisan」で検索するかQRコードでアクセス、またはフリーダイヤル0120-223-223へお問い合わせ下さい。

定期購読のほか月額払いサービスも。これは、申し込み手続きをしておけば購読した号のみクレジット決済されます。お支払いは自動引き落としで、継続中止はいつでも可能です。定期購読・月額払いともに毎号１割引という割引料金です。

3 YONDEMILL（ヨンデミル）から電子版を購読する方法

創出版ホームページから「創e-books」のページに入ると、クレジット決済で『創』がスマホやパソコンで読めます。１冊500円ですが、特定の記事や特集だけを300円以下で読むことも可能です。また月額500円の読み放題サービスに登録すれば、バックナンバーも含めて読み放題になります。